ライラとサイラスに捧ぐ

Palaces for the People

by

Eric Klinenberg

集まる場所が必要だ　もくじ

日本語版への序文

この序文を書いているのは2021年8月、日本でオリンピックが開かれているときだ。いつもの年なら、オリンピックはスポーツイベントであると同時に、交流の機会でもある。何千人もの選手が選手村に住みこみ、生涯にわたる人間関係を築く。無数の人たちが競技を一緒に見て、フランスの社会学者エミール・デュルケームが「集団的興奮」と呼んだものを経験する。これは、その場面を共有するからこそ得られる稀有な自己超越の瞬間だ。でも、今年は、スタジアムはがらんとしていて、選手村は隔離された空間になっている。アスリートたちは自分の部屋か、アクリル板で仕切られた食堂で食事をする。

新型コロナウイルス感染症のパンデミック（世界的大流行）は、私たちが長い間当たり前だと思っていた集まる場や交流の機会を奪った。と同時に、私たちがこのコロナ禍から立ち上がり、公衆衛生や気候変動や社会の分断といった21世紀の課題に立ち向かうとき、こうした場や交流がいかに必要になるかも思い出させてくれた。

『集まる場所が必要だ』は、アメリカが不快なイデオロギーの対立と二極化に飲み込まれていた2018年に刊行された。多くの人が、孤立や孤独、そしてソーシャルメディアにおける有害な行動（と感じられるもの）を心配していた。識者や政策立案者は、人々がもっとお互いの共通点を見つけて、市民的な交流に参加することが大切だと呼びかけた。でも、私の提案は違った。オープンな社会と民主主義の未来は、私たちの文化的な価値観だけでなく、社会的インフラ、つまり私たちの交流の形や暮らしの質を左右する物理的な場によっても決まると主張したのだ。

社会的インフラとは抽象的な概念ではなく、図書館や公園、遊び場、学校、運動場、市民農園など集団生活を条件づける物理的な場のことだ。社会的インフラをきちんとデザインして、構築し、維持し、投資すれば、私たちはコミュニティーとしても、個人としても、幅広い恩恵を受けられることが、私の研究でわかっている。逆に、その努力を怠れば、大きな代償を払うことになる。

社会的インフラはどんなときも重要だが、現在の日本では、差し迫った関心事だろう。なにより、パンデミックが続くなか、どうやって日常生活を取り戻すかは喫緊の課題だ。

国内各地には、どのような屋外の集まりの場があるか。図書館や学校のような屋内の公共スペースは、利用者の健康とウェルビーイングを守るようにデザインされているか。必要な人すべてに開かれているか。きちんとメンテナンスがされていて、活気や魅力が維持されているか。利用者がぜひ参加したいと思うようなプログラムが用意されているか。

世界のあらゆる国と同じように、日本も、地球温暖化にともなう命に関わる問題（とくに水害と熱波）に直面している。社会的インフラは、日常生活の質を高めるだけでなく、天災による被害を小さくするしくみのカギにもなる。危機や異常気象のとき、最弱者であるひとり暮らしのお年寄りを助ける取り組みにおいても重要だ。

日本は長い間、技術的発展のハブとなってきたけれど、最近は、デジタル文化に力を入れすぎだという声も聞く。そのせいで、とりわけ若者たちはオンラインの世界にどっぷりつかり、かえって孤立して、現実世界に関与しなくなっているというのだ。インターネットは社会的インフラではないと私は思うし、日本を含む多くの国が抱える分断や断絶の問題を解決してくれないことも間違いない。

本書が日本の読者のために翻訳されたことを光栄に思う。ぜひお読みいただいて、議論してほしい。それが、今後の再建に役立つことを願ってやまない。

エリック・クリネンバーグ
2021年8月
ニューヨーク市

序章

社会的インフラが命を救う

1995年7月12日、高温多湿の熱帯気団がシカゴに居座り、まるでジャカルタかクアラルンプールのような蒸し暑さになった。翌13日の気温は41度。暑さ指数（体感温度）は52度に達した。地元の新聞やテレビ局は、熱波の危険性を報じたが、ことの重大性はわかっていなかった。基本的な注意喚起と気象情報のすぐあとで、「湿気で服がヨレヨレになったり、メイクが崩れたりするのを防ぐ方法」とか、「賢いエアコンの選び方」など、のんきな情報を流していた。「願ってもない天気だ」と、ある家電品店の広報担当者は喜んだ。シカゴ・トリビューン紙は、生活の「ペースを落とし」て、「クールなことを考えよう」と提案した。[1]

その日、シカゴの電力使用量は過去最大となり、送電網はパンクし、20万世帯以上が停電した。それが数日続いた地区もあった。停電でポンプが動かなくなり、建物の上階では水が出なくなった。シカゴじゅうの建物がオーブンで焼いたように焼け上がり、道路や線路は熱でゆがんだ。サマーキャンプに向かう子どもたちを乗せたスクールバスは、大渋滞で身動きがとれなくなり、緊急通報をして車体に水をかけてもらった。そうでもしなければ、車内の子どもたちが熱中症になってしまうからだ。さまざまなトラブルの通報があったのに、市は非常事態宣言を出さなかった。市長も、主要部局の責任者も、休暇をとってシカゴにいなかった。数百万人の市民は猛烈な暑さの中に放置された。

多くの都市と同じように、シカゴもヒートアイランド現象が起こりやすい。舗装道路とコンクリートのビルが太陽熱を集め、そこに汚染された大気がフタをする。このため、夜になると、緑が多い郊外は涼しくなったが、街の中心部は蒸し暑いままだった。救急車を呼ぶ電話が殺到し、救急隊員は全てに対応することができなくなった。市内の病院には熱中症の人がつぎつぎと運びこまれ、半分ちかくが満床となり、新規患者の受け入れを拒否せざるをえなかった。シカゴがあるクック郡の検視局には、遺体を運びこむ車の行列ができた。検視局には222人分の遺体を安置するスペースがあったが、すぐにいっぱいになってしまい、食肉加工会社のオーナーが冷凍トラックの提供を申し出た。全長14メートルのトラックもすぐいっぱいになり、もう1台、あと1台と増やして、最終的に9台の冷凍トラックに数百体が安置された。「こんな光景は見たことがない」と、ある監察医が言った。「我々の対応能力を大きく上回っている」[2]

7月14日から20日までの1週間に、シカゴでは平年より739人も多くの死者が出た。2012年のハリケーン・サンディの死者の約7倍、1871年のシカゴ大火の犠牲者の2倍以上だ。これほどの大惨事になった理由を探るため、遺体の埋葬も始まらない時期から調査が始まった。米疾病対策予防センター(CDC)は、アトランタの研究チームを派遣したほか、シカゴでも数十人のスタッフを確保してパターン調査を実施した。戸別訪問により700人以上の話を聞き、犠牲者と条件が似ている隣人の「マッチドペア」や、人口統計に基づく比較がなされた。その結果わかったことの一部は、さほど驚きではなかった。自宅にエアコンがあると、死亡リスクは80%下がる。一方、社会的孤立は死亡リスクを高める。ひとり暮らしの人は、体調不良や熱中症に気づかないことも多く、とくに危険だった。誰か(ペットでもいい)と密接なつながりがあると、生存率は大幅に高まった。

その一方で、驚きのパターンも明らかになった。女性は男性よりもはるかに生存率が高かった。女性のほうが、友達や家族とのつながりが強いからだ。また、中南米系住民は、ほかの人種よりも犠牲者が少なかった。多くは貧しく、人口密度の高い地区のアパートに集団で住んでいたため、そもそも「ひとりで死ぬ」ことが不可能に近かったのだ。

熱波による致死率は、人種分離や格差と強い相関関係があることもわかった。致死率がもっとも高かった10地区のうちの8つでは、事実上すべて、アフリカ系アメリカ人の住民が大多数を占め、貧困と暴力犯罪が蔓延していた。こうした地区では、老人や病人は自宅に閉じこもりがちで、熱波のとき孤独死するリスクが高い。ところが、熱波による死亡率がもっとも低かった10地区のうち3つでも、アフリカ系アメリカ人の住民が大多数を占め、貧しく、暴力が頻発していた。また、別の1地区は、中南米系住民が圧倒的に多く、やはり貧困と暴力が蔓延していた。この4地区は、理論的には、熱波によって大量の犠牲者が出てもおかしくなかったが、実際には、シカゴでもトップクラスの高級住宅街と同じくらい死亡率が低かった。いったいなぜなのか。

私はシカゴで育った。そしてこの熱波の年、カリフォルニアの大学院に進もうとしていた。シカゴに帰ってくる予定はなかったし、それまで地域社会や自然災害や気候問題について考えたことも、あまりなかった。だが、この熱波と、なぜ大きな被害を受けると思われた人や地区の一部が、それを回避できたのかという疑問が頭を離れなくなってしまった。このため、予定通りカリフォルニアの大学院に進学したものの、麻薬産業について研究する計画はお払い箱にして、この大災害について調べはじめた。できるだけ頻繁にシカゴに戻り、ついにはフィールドワークのために引っ越し、実家の地下室をオペレーションセンターにして、この熱波をテーマとする学位論文に取り組んだ。

ＣＤＣと同じように、私もマッチドペア分析をしてみた。ただし、個人間ではなく、地区間の比較分析だ。まず、熱中症による死者の分布図を見つけてきて、それを貧困や暴力犯罪、人種、高齢者の分布図と重ねあわせてみた。すると、隣りあっていて、人口動態が同じ地区でも、熱波による死亡率がはっきり異なるエリアがあることに気がついた。あれこれ統計を調べ、社会学者が通常使う地域データを分析してみたが、一般的な変数では、その違いは説明できなかった。そこで私はコンピューターを閉じて、現地に足を運んでみることにした。

すると、数字ではわからない地域の実態が見えてきた。統計上は、同じように貧しいマイノリティーの居住地区でも、空き家や、ひび割れた歩道や、シャッターが閉まった店ばかりの地区と、多くの人が歩道を行き交い、活発な商業活動が存在し、手入れの行き届いた公園があって、地域団体の強力な支えがある地区があった。さまざまな地区の生活リズムを知るにしたがい、こうしたローカルな条件が、日常生活でも災害時も、重要な違いをもたらすことがわかってきた。

たとえば、イングルウッド地区とオーバーングレシャム地区は、シカゴのサウスサイドに隣りあう地区だ。１９９５年当時、どちらの地区も住民の99％はアフリカ系アメリカ人で、高齢者の割合も同じくらいだった。どちらも貧困率、失業率、暴力犯罪の発生率が高かった。ところが熱波のとき、イングルウッドの死者数は住民10万人あたり33人だったのに対して、オーバーングレシャムは3人で、高級住宅街のリンカーンパークやニアノースサイドよりも少なく、シカゴでもっともレジリエントな（耐性の強い）地区の１つとなった。

研究を終えるときまでに、オーバーングレシャムのように耐性の強い地区と、人口動態は似ているが被害が大きかった地区の運命をわけたのは、私が社会的インフラと呼ぶ、人々の交流を生む物理的な場や組織であることが明らかになった。

社会的インフラは、「社会関係資本《ソーシャルキャピタル》」（人間関係や人的ネットワークを測定するときに使われる概念）とは異なるけれど、社会関係資本が育つかどうかを決定づける物理的条件だ。強力な社会的インフラが存在すると、友達や近隣住民の接触や助けあいや協力が増える。ぎゃくに、社会的インフラが衰えると、社会活動が妨げられ、家族や個人は自助努力を余儀なくされる。社会的インフラは決定的に重要なものだ。ローカルな対面交流（学校やプレイグラウンドや地元のレストランで）は、社会的な生活の基本になる。健全な社会的インフラがある場所では、人間どうしの絆が生まれる。それは当事者たちがコミュニティをつくろうと思うからではなく、継続的かつ反復的に交流すると（とくに自分が楽しいと思う活動のために）、自然に人間関係が育つからだ。

熱波がシカゴを襲ったとき、イングルウッドの人々が被害を受けやすかったのは、黒人で貧しかったからだけでなく、その地区が荒廃していたからだ。家屋は「爆撃された」ようにぼろぼろで、雰囲気もすさんでいた。かつて集団生活を支えた社会的インフラは衰えていた。1960年からの30年間で住民が半減し、商店も社会的な結びつきも失われていた。「昔はもっとお互いが親しくて、固い絆で結ばれていた」と、イングルウッドに52年間住み、暴力追放キャンペーンのリーダーを務めるハル・バスキンは言う。「今は、お向かいさんや、通りの角に誰が住んでいるか知らない。老人は外出するのを恐れている」

ある人の社会との結びつきと、健康や寿命との間に相関関係があることは、疫学的に証明されている。ここ数十年、保健関連の主要学術誌には、社会とのつながりが心身にプラスになることを示す研究論文が多数掲載されてきた。[3] だが、まだ徹底的に研究されていない先行する問題がある。住民が強力な人間関係を築いたり、助けあったりする可能性を高めるのは、住む場所のどのような条件なのか。ぎゃくに、人々が孤立したり、孤独になったりする可能性を高めるのは、どのような条件なのか。

熱波のあと、シカゴ市上層部は、社会的に孤立して死亡した人は、事実上自ら死を招いたのであり、さらに、住んでいるコミュニティがそれを決定づけたのだと公然と言い放った。リチャード・M・デーリー市長は、近隣住民の助けあいが足りないと批判し、ダニエル・アルバレス市福祉局長は、メディアに対して、「死んだのは自分をネグレクトしていたからだ」と語った。だが、私がシカゴの最弱者地区で見たものは違った。住民は、レジリエントな地区の住民と同じ価値観を持ち、平時も困難なときも、お互いに助けあう努力をしていた。違っていたのは、文化でも、人々が近隣住民や自分のコミュニティをどれだけ気にかけていたかでもなかった。イングルウッドのような地区が抱えていた問題は、ぼろぼろの社会的インフラが、住民の交流意欲を低下させ、助けあいを妨げていたことだ。オーバーングレシャムなど犠牲者が少なかった地区には、しっかりした社会的インフラがあった。

イングルウッドから約半分の住民が流出した30年間に、もっともレジリエントな地区では人口の流出がほとんど、またはまったく起こらなかった。1995年、オーバーングレシャムの住民は、歩いてレストランや公園や理髪店や食料雑貨店に通い、町内会や教会の活動に参加していた。近隣住民はみんな知りあいだった。それは特別な努力をしたからではなく、気軽な交流が日常生活の一部になっている場所に住んでいたからだ。こうした日常生活のおかげで、熱波のとき、人々はお互いの様子を聞いたり、高齢者や弱者の家を訪ねたりしやすかった。「ここでは、とても暑い日や寒い日はいつもそうしている」と、オーバーングレシャムに50年ちかく住むベティ・スワンソンは言った。それは天気に関係なく、住民がいつもしていることだったのだ。熱波がもっと頻繁に、もっと激しいレベルで到来するようになった今、オーバーングレシャムのような社会的インフラのある地区に住んでいることは、エアコンがあるのと同じくらい命を守る効果があるのだ。

私は、このシカゴ熱波で社会的インフラが果たした重要性を修士論文に書き、のちに『熱波』(原題)という本にまとめた。それが一段落したとき、特別な災害時でなく、平時に、図書館や理髪店や地域団体が住民に与える影響を調べたいと思いはじめた。そこで、シカゴ熱波のときレジリエントだった地区をあらためて調べたところ、並外れたことに気がついた。これらの地区は、災害時だけでなく、平時でも、同じような人口動態の地区より大幅に安全かつ健康的だったのだ。たとえば、熱波の5年前の時点で、オーバーングレシャムの住民の平均寿命は、イングルウッドの平均寿命よりも5年も長かった。別のマッチドペアであるサウスローンデール地区（別名リトルビレッジ）とノースローンデール地区では、平均寿命の差は10年にも達した。

この違いがあまりにも大きく、あまりにも広範に見られたため、ひょっとすると社会的インフラは、当初思ったよりもずっと重要な役割を果たすのかもしれないと、私は考えるようになった。あらゆるタイプの集団生活を支える（あるいはダメージを与える）目に見えないネットワークや、当たり前のものと受け止められているシステムを探る必要があった。

ばらばらになる社会

そこで私は、ついにシカゴを離れた。故郷の街の荒廃地区は、社会的分断に苦しんでいる唯一の場所ではないし、社会的インフラが影響を与える問題は、熱波と健康だけではない。私はニューヨークに引っ越し、ニューヨーク大学で教鞭をとりはじめた。その後、スタンフォード大学でも計2年間を過ごした。さらに、アメリカの多くの都市と、アルゼンチン、イギリス、フランス、オランダ、日本、そしてシンガポールでも研究活動をした。それぞれの場所には、独自のエコロジー上の課題と政治システム、そして文化的な傾向があるが、住民は似たような懸念を抱いていた。それは、社会をまとめあげていた接着剤が失われてしまって、人々がバラバラに分断し、対立していることだった。

カナダの報道局グローバルニュースによると、「私たちはバブルの中に生きている」。BBCは、イギリスで「階級分離」が「拡大している」と警告した。シンガポールのオンラインメディアのトゥデイは、「インドが幸福度ランキングで後退している最大の理由は、劣悪な社会関係資本と人間どうしの信頼関係の欠如だ」と報じた。中南米諸国では、極端な貧富の差により人々の間で不信感と不安が高まり、ゲーテッド・コミュニティ（訳注：出入り口にゲートを設け周囲を塀などで囲った住宅地）と武装警備員が急増している。AP通信によると、ブラジルでは「ボディーガードの数が警察官の数を」4倍、グアテマラでは5倍、ホンジュラスでは7倍ちかく上回るという。フォーリンポリシー誌によると、中国では、「これまで階級……という概念を撲滅しようとしてきた社会で、階級が生まれている。社会的な階級はじょじょに固定的になり、地位上昇の機会は限定的になりつつある」という。これまでにない文化的多様性と民主的なコミュニケーションをもたらすはずだったインターネットでさえ、自分が信じることを強化するエコーチェンバー（反響室）になってきた。[4]

アメリカでは、2016年大統領選が政治的二極化のきわめて憂慮すべき例となった。長期にわたる選挙期間中に、社会の亀裂が予想以上に深刻であることが明らかになった。「レッド・ステート」（共和党支持州）と「ブルー・ステート」（民主党支持州）という言葉では表現しきれないほど、文化面および政治面における地理的分断は深刻になっている。

対立軸はイデオロギーだけでないし、分断はトランプ対クリントン、ブラック・ライブズ・マター（訳注：警察の黒人に対する不当な暴力の是正を求める運動）対ブルー・ライブズ・マター（訳注：警察に対する暴力の是正を求める運動）、セーブ・ザ・プラネット（訳注：環境保護）対ドリル・ベイビー・ドリル（訳注：石油などの化石燃料の採掘継続支持）よりも深い。アメリカじゅうで、「コミュニティが弱くなったと感じる」とか「スマホやゲームに費やす時間が増えて、人間どうしで費やす時間が減った」とか「学校もスポーツクラブも職場も耐えがたいほど競争的になった」とか「どこもかしこも安心できない」とか「未来が不透明で、一部の地域はお先真っ暗だ」といった不満が聞かれる。コミュニティの衰退を心配することは、現代社会の特徴になり、知識人の決まり文句になった。私も社会的な孤立について多くの記事や論文を書いてきたが、かつての輝かしかった（とされる）時代と比べて、現代人が孤独で孤立しているという主張には懐疑的だ。しかし、そんな私でさえ、現在のアメリカの社会秩序は心もとないと認めざるをえない。権威主義国のリーダーたちは、伝統的な民主主義システムを解体すると息巻いている。政治同盟から離脱する国が相次いでいる。ケーブルテレビ局は、視聴者が見聞きしたいことだけを報じる。

こうした亀裂の拡大は、タイミングの悪いときに起こった。ほとんどの先進国と同じように、アメリカは、気候変動や人口の高齢化、格差の著しい拡大、そして爆発寸前の人種的分断など、大きな課題に直面している。どれも、私たちがお互いの絆を強化して、一定の利益を共有しなければ太刀打ちできない課題だ。深く分断した社会では、誰もが自分の属するグループを優先しようとする。金持ちは慈善的な寄付をするかもしれないが、一番重要なのは自分たちの利益だ。若者は高齢者の面倒を見ず、工場は風下や川下のことなど考えずに環境を汚染する。

こうした分断を喜んでいる人はほとんどいないようだ。奇妙なことに、いわゆる勝ち組も、そうらしい。20世紀のほとんどの間、企業リーダーや裕福な一族は、ブルーカラーの労働者や中間層と社会契約を結ぶことが、自分たちにとってプラスになると考えていた。だから大恐慌後は、貧困層向け住宅や失業保険制度の確立を支持した。アメリカが構築したシステムは完璧とは程遠かったし、「大衆」に恩恵をもたらすとされた社会政策（とりわけ住宅、医療、教育など）は、実のところ、アフリカ系アメリカ人と中南米系を排除し、別の社会に追いやった。それでも富を共有し、重要インフラに投資し、公益というビジョンをいちだんと拡大することによって、アメリカは過去に例のないレベルの社会的安定と安全を実現した。

だが今、この集団的プロジェクトは最悪の状態にある。ここ数十年は、所得上位1％の人々が、国全体の経済的利益の大部分を手にする一方で、所得下位80％の労働者の賃金は、頭打ち状態か、減少の憂き目にあってきた。住宅ローン危機で多くの人が家を失うなか、最富裕層は、高騰する都市部の高層マンションを購入して「空の安全な預金箱」にし、自分たちの戦利品にカギをかけている。[5] さらに余裕がある人は、文明の終わりに備えて、ニュージーランドや緑豊かなアメリカの太平洋岸北西部に、サバイバリスト・リトリート（人里離れた隠遁場所）をつくっている。[6] 行政サービスや重要インフラの質が著しく低下する一方で、一握りのとてつもなくリッチな人々は、空の旅を楽しみ、ボディガードをつけ、さらには電力さえもプライベートな供給システムを構築している。そこまでいかずとも懐に余裕がある人たちは、空港で、有料道路で、そして遊園地の行列でさえ「ファストトラック」を購入する。その結果は、あらゆる場所に見て取れる。大多数の人は、使い古されたおんぼろのシステムに耐えている。公共交通機関はガタガタで、異常に混みあっている。公園と遊び場は、メンテナンスがされていない。公立学校は十分な機能を果たせていない。図書館の分室は開館時間を短縮し、閉鎖されたところもある。かつては熱波や豪雨や火事や暴風に耐えられた場所が、今は耐えられずに壊れている。不安定な空気が社会に充満している。

そのどれ1つとして持続可能ではない。

アメリカの有権者は2016年、そのシステムを吹き飛ばすと約束した人物を大統領に選んだ（選挙人を通じてであって、総得票数においてではなかったが）。だが、アメリカの分断は、トランプ大統領が就任して以来、深まる一方だ。現在、全米の都市とコミュニティと大学キャンパスには、社会騒乱が起こる不安が漂っている。私たちは互いに怯え、誰もが「向こう側」から自分を守ってくれる存在を求めている。

私は社会学者として、こうした社会の断層線による強力な揺れに深い懸念を抱いている。また、市民として、多様な民主主義国家の基礎となる市民社会を、どうすれば再建できるのかと問わずにいられない。さらに、歴史を学ぶ者として、敵と思われる相手に暴力で応じるのではなく、正義と良識への信頼に基づき、共通の目的意識を育てるにはどうすればいいのかと思う。そして小さな子どもを持つ親として、子どもたちが私たちが残した問題の尻拭いではなく、豊かな人生を送れるようにしたいと思う。

でも、どうやって？　経済成長は1つの方法だが、それが社会のまとまりにつながるのは、万人がその恩恵を共有できたときだ。ほかにも2つの方法が、これまでの議論では有力な社会の再建方法とされてきた。1つは技術的な方法で、物理的なシステムを構築してセキュリティーを高め、人とモノの循環を円滑化するというもの。もう1つは市民的な方法で、フリーメーソンや全米黒人地位向上協会（ＮＡＡＣＰ）、町内会、市民農園クラブ、ボウリングクラブなどの自発的に公益活動に取り組む団体活動を奨励することで、人々をコミュニティに結びつけるものだ。どちらも重要なアイデアだが、どちらも問題の部分的な解決策にすぎない。社会的インフラは、そのパズルの欠けたピースだ。あらゆる人が集まれる場所をつくることは、ばらばらに砕けた社会を修復する最善の方法だ。

道徳的な警告は役に立たない

反復的な交流と、共同プロジェクトへの参加が、社会にまとまりを生み出すことは、昔から理解されてきた。アレクシス・ド・トクヴィルは、アメリカの民主主義の秩序を確立した法律を絶賛する一方で、アメリカの強力な市民社会の真の源になっているのは、ボランティア組織だと主張した。アメリカの思想家ジョン・デューイは、社会のつながりの前提となるのは、「近接的かつ直接的な交流と愛着のバイタリティーと深さ」だと説いた。デューイが、「民主主義は家庭から始まらなければならない」と書いたことは有名だ。「そして家庭とは、隣人のようなコミュニティだ[7]」

市民社会を研究する現代の専門家も、同じような考察をしてきた。ハーバード大学のロバート・パットナム教授（公共政策）は、著書『孤独なボウリング』で、健康や幸福感、教育、経済的生産性、そして信頼が低下したのは、コミュニティが崩壊して、市民団体に参加する人が減少したことが原因だと書いている。保守派の論客チャールズ・マレーは著書『階級「断絶」社会アメリカ』で、「アメリカン・プロジェクト」は、人々が「共通の問題を解決するために自発的に集まる」ことを前提としてきたと主張する。そしてトクヴィルと同じように、こうした「市民文化」は、かつて「アメリカ人の間で非常に幅広く共有されていたため、民間の宗教になった」と言う。しかし最近は、「新しいアッパークラス」が事実上、集団プロジェクトを放棄して、「空間的、経済的、教育的、文化的、そしてある程度まで政治的に断絶」した別個の社会を形成していると、マレーは指摘する（それが書名につながった）。国が階級を超えた連帯感を再生しないかぎり、「アメリカを例外的な存在にしてきたことすべてが消滅するだろう」と、マレーは警告する。[8]

パットナムもマレーも、アメリカ人が市民生活やコミュニティ建設を煙たがる文化的態度を改めて、公益活動に再び力を入れるべきだと主張する。社会関係資本の衰退に関するパットナムの権威ある説明と、公共への関与を拡大するべきだという明快な呼びかけは、ほぼ20年ちかくにわたり、政治指導者や宗教界の指導者、活動家、ジャーナリスト、学者に大きな影響を与えてきた。だが、パットナムが『孤独なボウリング』を刊行したときに懸念していた問題は、現在も同じように蔓延しており、ある意味でもっと極端になっている。

この本が書かれた1990年代末、パットナムの最大の懸念の1つは、家族が公共の活動（スポーツリーグや地域団体）に参加することをやめて、自宅のリビングルームに引きこもり、親子でテレビを見るようになったことだった。だが今は、ある晩、家族全員が同じ部屋に集まって、同じテレビ番組を見るなどということは、おとぎばなしの一場面のようだ。もちろん、スーパーボウルやアカデミー賞授賞式、大統領選、あるいはみんなでビデオゲームをするときなど、特別なときにはあるかもしれない。だが、たいていの夜は、みな自分のデバイスをいじっている。

だが、ハーバード大学のピーター・マーズデン教授（社会学）は入手可能なデータに基づき、驚くべきことに、アメリカ人の社会活動は、1970年代以降さほど変わっていないことを明らかにした。[9] かつてよりも友達と過ごす時間はわずかに増えて、近隣住民と過ごす時間はわずかに減った。そして交流する場所は、（予想通り）レストランやバーよりもインターネットが増えたけれど、伝統的なボランティア団体の会員数はさほど減っていない。それなのに、「ほとんどの人」を信頼できないと言うアメリカ人は増えた。米労働統計局の最新の統計によると、ボランティア活動に従事する割合は、控えめだが、確実に低下してきた。しかも「あらゆる学歴グループ」で下がっている。[10] このことは、おそらく、自分の世界への没入と密接に関連しているとカリフォルニア大学バークレー校のクロード・フィッシャー教授（社会学）は指摘する。[11]

道徳的な警告だけでは、民主主義が根を張る場所である地域への関与は回復してこなかった。だが、文化的な価値観や、それを変えるようにという後押し以外にも、人間の社会活動に影響を与える方法がある。ニューアーバニズム運動の支持者たちが示してきたように、人々が過ごす場所を工夫すれば、社会のつながりや、コミュニティ構築、そして市民参加の機会をつくることができるのだ。社会的・物理的な環境は、人間の行動に知らず知らずのうちに影響を与えるのだ。それが私たちを育て、私たちの生き方を決める。

人々の行動を変えるインフラ

本書は、現代社会では、社会的インフラが決定的に重要な役割を担っているにもかかわらず、正当な評価を与えられていないことを主張する。社会的インフラは、都市や郊外における人々の活動や、見ず知らずの人や友達や近隣住民と交流する機会など、一見なにげないけれど、実は重大なパターンに影響を与える。子どもや高齢者など、移動能力が限られるため、あるいは自律性がないため、住んでいる地区に縛られている人にとっては、社会的インフラがとくに重要な意味を持つ。社会的インフラだけでは、二極化した社会を統合し、弱者コミュニティを守り、孤立した人を結びつけることはできないが、社会的インフラなしでは、こうした課題に取り組むことはできない。その理由を本書で説明する。

インフラ（インフラストラクチャー）とは、比較的新しい概念だ。オックスフォード英語辞典によると、「事業や下部構造や基盤に従属する部分の総称」とある。インフラが支えるプロジェクトには、経済的なものもあれば、軍事的あるいは社会的なものもある。「さまざまな機能を背後で支える、本質的に目に見えない部分」と、社会・テクノロジー研究者の故スーザン・リー・スターは、論文『インフラの民族誌』（原題）で書いている。それは、「ほかの構造物や社会的なしくみや技術の内部に組みこまれ、埋めこまれている」とも、彼女はつけ加えている。[12]「毎回つくりなおしたり、タスクごとに組み立てたりする必要がないという意味で、インフラは透明だが、目に見えないかたちでこうしたタスクを支える」。その時間的・空間的な範囲は大きい。それは「基礎の強化部分に固定されており、いきなり、あるいは世界中同じように（構築されるものではは）ない」。インフラは、それをもっともよく使う集団には当然の存在だ。そして重要なことに、その存在は、壊れたときもっとも意識される。

バンダービルト大学の文化人類学者アシュリー・カースによると、「インフラストラクチャー」という言葉が初めて英語に登場したのは19世紀末だ。フランスから入ってきた言葉で、フランスでは堤防や橋梁やトンネルなど、鉄道建設に必要な土木工事を意味する言葉として使われていた。第二次世界大戦後、インフラという言葉は軍事開発や経済開発の分野で流行した。「インフラには単語以上の意味があった」と、カースは指摘する。「画期的なものだった」。なぜならそれは、冷戦の考案者たちが擁護した「特定のかたちの政治や社会や経済の組織と理論」を正当化したからだ。ところが1980年代になると、インフラの概念は突然、政治用語からアメリカの大衆の会話に入りこんできた。きっかけは、ロナルド・レーガン大統領が外交政策目標として、「（途上国の）人々が自らの進む道を選べるように、民主主義と報道の自由、組合、政党、大学といったインフラ」の整備を支援すると発表したことだった。[13]

現在は、「インフラ」というと、エンジニアや政策立案者がハードインフラ（物理的なインフラ）と呼ぶものが想起される。具体的には、大規模な輸送システムや、電力、ガソリン、石油、食品、金融、上下水道管、暖房、通信、そして風水害対策のシステムなどで、「基幹インフラ」とも呼ばれる。社会がきちんと機能するためには、こうしたシステムが必要不可欠だと、政策立案者たちが認識している証拠だ。

堤防が決壊すると、市街地や沿岸部が浸水する。停電になれば、ほとんどの企業や医療機関や学校は動かなくなり、多くの輸送網や通信網もストップする。燃料供給が寸断されれば、もっと大きなダメージが生じる恐れがある。石油は私たちの暖房の大部分を動かし、ガソリンは、大都市と郊外で消費されるほぼすべての食料と医療品を運ぶトラックと、ほとんどの人の移動手段である車の燃料になっている。下水設備が機能しなくなれば、どんな問題が起こるかは、長々と説明する必要はないだろう。しかし本当に大きな問題が起こるのは、異常気象やテロ事件などにより、こうしたシステムのいくつか、または全部が同時に壊れたときだ。残念ながら、技術やデザインがどんなに進歩しても、こうした事態は避けられないことを歴史は示している。そして、ほとんどの政策立案者やエンジニアが理解していることだが、ハードインフラが破綻したとき、私たちの運命を決めるのは、ソフトな社会的インフラだ。シカゴ熱波はそれをはっきり示した。

「インフラ」は、伝統的に、社会生活の基礎を指す言葉としては使われてこなかった。だが、これは重大な見落としだ。物理的に構築された環境は、人間関係の幅や深みにも影響を与える。国や社会が社会的インフラとそのしくみを理解しなければ、コミュニティ内外で市民の関与と交流を促進する強力な手段を見落とすことになる。

では、どのようなものが社会的インフラにあたるのか。大まかに言うと、図書館や学校、遊び場、公園、運動場、スイミングプールといった公共施設は、重要な社会的インフラだ。歩道や中庭、市民農園など人々を公共の場に誘う緑地も社会的インフラだ。教会や市民団体などの地域団体は、人々が集まる固定的かつ物理的スペースがある場合、社会的インフラの役割を果たす。食料品や家具、衣料品などの定期的に開かれるマーケットも社会的インフラだ。商業施設も、社会的インフラの重要な一部になりうる。社会学者のレイ・オルデンバーグが「サードプレイス」と呼ぶ場所として機能するときは、なおさらだ。カフェやダイナーや理髪店や書店など、何も買わなくても、人が集まって長居することが歓迎される場所がこれにあたる。この種の店は、あくまで営利目的で始まったものだが、やがて、ジェイン・ジェイコブズやイエール大学の民族誌学者イライジャ・アンダーソンが指摘したような街の注意深い観察者として、社会の重要な基盤づくりを助けるようになる。[14]

では、社会的インフラにあたらないものは何か。交通機関は、私たちがどこに住み、どこで働き、遊ぶかに影響を与え、移動に要する時間を左右するが、それが社会的インフラかどうかは、その態様で決まる。たとえば、自家用車のような個人的な乗り物は、移動中に他人と接触することがない（そして大量の燃料を消費する）が、バスや電車などの公共交通機関なら、市民の交流を促進する可能性がある。上下水道システムや浄水施設、燃料供給網、送電網も、社会的な役割は大きいが、通常は社会的インフラではない（こうした場所に人々が集うことはない）。だが、社会的インフラの役割を兼ねるように工夫できる従来型インフラもある。

たとえば堤防。従来型の堤防は、水が入ってきてほしくない場所に、水が入ってこないように構築された人工的な土手だ。「典型的な堤防は、基本的に、粘土のように透過性の低い土を盛った小山だ。川沿いや、湖沿い、あるいは海沿いに、場合によっては数キロの長距離にわたり設置されている」[15]と、マーシャル・ブレインとロバート・ラムは、人気ウェブサイト「ハウスタッフワークス」に書いている。この種の堤防は、陸側の社会的生活を守る物理的なインフラであって、力強い社会的インフラとはいえない。だが、それもデザイン次第だ。

たとえば1930年代、ワシントン近郊では長期にわたる大雨で大規模な水害が起こり、フェデラル・トライアングル地区を守る土木工事が必要になった。このとき技師たちは、シンプルな土の壁を建てることもできたが、そうではなく、ポトマック公園堤防を建設した。緩やかな傾斜の丘をつくり、そこに散歩道と石壁を設置したのだ。以来、堤防と公園という2つの役割を持つこの場所は、市民の憩いの場となり、毎日、数千人が基幹インフラの上にいることも知らずに散歩している。最近はハードインフラ（防波堤や橋）をつくるにあたり、公園や散歩道やコミュニティセンターを組みこむことで、社会的インフラとしても機能させようと考える建築家や技師が増えている。すでにイスタンブールやシンガポール、ロッテルダム、ニューオーリンズには、高潮をブロックしつつ、地域住民の交流促進などの機能も果たすハードインフラが構築されている。

社会的インフラが果たす役割や、それが強化する社会的絆は、周辺の環境によって異なる。図書館やＹＭＣＡや学校は、反復的な交流（用意されたプログラムに基づくことが多い）を提供して、長期にわたる人間関係をもたらすことが多い。これに対して、遊び場や市場は、もっとゆるい人間関係をサポートする傾向がある。もちろんそれも、交流が頻繁になれば、あるいは、当事者がより深い絆を構築すれば、もっと濃い関係に発展する場合もある。子どもたちのお気に入りのブランコの周囲では、母親たちの親しい友人関係や、家族ぐるみのつきあいが無数に生まれる。近所のバスケットボールコートで、定期的にゲームに参加する住民は、支持政党や人種や宗教や社会的階級が異なる人と友達になり、コート外ではけっして知る機会がなかったであろう考え方を知る。

これに対して、効率を重視する社会的インフラでは、交流や人間関係の強化は抑制される傾向がある。最近のある調査では、子どもを迎えにきた保護者が、施設内で（多くの場合教室で、子どもたちが同時に引き渡されるのを）待つことを奨励する託児所は、保護者がそれぞれ都合のいい時間に送迎ができる託児所よりも、保護者間の社会的つながりや助けあいを推進することがわかった。[16] ハイウェーや空港、食品のサプライチェーンなど、ハードインフラの多くは、利用者や物資の効率輸送を実現するようにできているため、社会的孤立を加速させる恐れがある。すべての住民が、１つの井戸から水を汲む村と、自宅で蛇口をひねれば水が出る都市では、ハードインフラが生み出す交流に大きな差があるのがいい例だ。

すべてのハードインフラが孤立をもたらすわけではない。たとえば最近のニューヨーク市の地下鉄利用者についての研究によると、利用者は「渡り鳥的なコミュニティ」をつくる。混みあった列車を毎日利用するからといって、長期的な人間関係が生まれることはめったにないが、利用者は、他人との違いや、混雑具合や、多様性など、他人のニーズに対処することを学ぶ。その経験は、協力関係や信頼関係を促進するとともに、他人の予期せぬ言動を見聞きし、特定の集団に関する自分のステレオタイプに疑問を抱く機会をもたらす。地下鉄は、ニューヨーク市の交通の大動脈であるだけでなく、最大かつもっとも非均質な公共空間なのだ。[17]

地下鉄は、運動場や託児所のように集団の枠組みを超えた交流を促す一種の社会的インフラだが、すでに多くの共通点を持つ人たちの絆づくりを促す社会的インフラでもある。アメリカのエリート層の間では、プライベートクラブ（その一部は女人禁制で、非公式に特定の民族や人種の入会も禁止している）が、社会的な関係やビジネスネットワークを構築する助けになっている（それは究極的に国内の分断と格差を大きくする）。これに対して、イスラエルとパレスチナ自治区の分離壁や、トランプ大統領がメキシコとアメリカの国境に建設すると公約した壁など、国境の壁は一般に反社会的インフラだ。ただし、こうした壁の周辺（検問所やゲートを含む）は、多様な人々（その壁がまさに遠ざけようとしている人々を含む）を引き寄せ、政治活動や抗議の場所となることが多い。それでも、壁の存在がもたらすインパクト（分断と差別と格差を拡大し、ひどければ暴力を煽る）は疑問の余地がない。

世界の文化的多様性を考えると、生活に不可欠とみなされる社会的インフラにも多様性があるのは当然だろう。農村部では、狩猟クラブや対話集会や品評会が、人々が集まる重要な場となるし、近隣住民の夕食会は恒例イベントだ。酒場は、地球上のあらゆる地域で社会活動のハブとなる。なかには、とくに重要な意味を持つ場合もある。イギリスの社会研究プロジェクト「マス・オブザベーション」は、次のように報告している。「工業都市では、男性が家庭でも職場でもない領域で社会生活をかたちづくる社会施設のうち、パブの数は、教会と映画館とダンスホールと政治団体の合計を上回る」上に、これらの施設よりも「多くの人が集まり、より多くの時間とお金が費やされる」。他の公共空間では、人々は「政治、宗教、演劇、映画、学校、あるいはスポーツの出し物の見物客」にすぎない。だが「ひとたびビールを注文すれば、あるいはおごってもらえば、その人は見物人ではなく参加者となる[18]」。もちろん酒場が、市民活動の場になる社会もある。ドイツ人にとってはビアガーデンが、フランス人にはカフェが、日本人には居酒屋とカラオケバーがこれにあたる。こうした場所は、自宅のようにこぢんまりして、温かくて、親密な場所に感じられる公共空間「サードプレイス」のいきいきとした例だ[19]。

私は世界の国々で、強力な社会的インフラが実に多様な共同体を生みだしているのを見た。

わが家は、冬をアルゼンチンのブエノスアイレスで過ごした時期があるのだが、このとき地元住民ともっとも有意義な出会いの一部をもたらしてくれたのは、サッカー場だった。息子が地元のサッカーチームのレギュラーになったからだが、そうでなくても、子どもたちは毎日放課後になると、思い思いにサッカー場に集まって、事実上の遊び場にしていた。ドーハとエルサレムでは、中東とアフリカの多くの都市と同じように、スーク（市場）が魅力的な文化活動の場となっており、私はすっかりとりこになった。上海と北京では、無数の高齢者が早朝から公園で太極拳やダンスにいそしみ、社交面でも健康面でも恩恵を得ていた。アイスランドでは、「ホットポット」と呼ばれる地熱スイミングプールが、市民の重要な憩いの場になっていて、階級や世代を超えた人たちで連日にぎわっていた。メキシコのソカロや、スペインのプラザ（バルセロナではプラサ）、そしてイタリアのピアッツァも同じ役割を果たす。リオデジャネイロ（ブラジル）やセーシェル、キングストン（ジャマイカ）、あるいはケープタウン（南アフリカ）には行ったことがないが、さまざまな国の海岸や湖畔で長い時間を過ごした経験から、手入れの行き届いたビーチがもたらす社交の機会を、あらゆる人が高く評価していることは想像できる。

現代では、自然環境が社会的インフラになっていることはめったになく、人口密度が高い地域では、ビーチや森林も慎重な手入れと管理が必要だ。つまり、新たに構築するためであれ、維持するためであれ、すべての社会的インフラには投資が必要だ。さもないと、私たちの社会と市民生活の重要な基盤が損なわれることになる。

社会的インフラは、橋の崩落や、電柱の転倒のように派手に崩壊することはめったにない。しかしその衰えは、はっきりわかる。人々は公共の場で過ごさなくなり、安全な自宅にこもっている時間が増える。社会的ネットワークが弱くなる。犯罪が増える。高齢者や病人が孤立する。若者は違法薬物に溺れ、過剰摂取で命を失うリスクが高まる。社会に対する不信感が高まり、市民の参加は衰える。

今すぐ取り組むべき課題

強力な社会的インフラは、経済成長にも寄与する。最近の都市計画と地域計画でもっとも有力なトレンドの1つは、廃線や使われなくなった船のドックなど古くなったハードインフラを、歩行者が利用できる活気ある社会的インフラに転換することだ。ニューヨークの廃線の高架部分につくられた公園「ハイライン」は、ロウワーマンハッタンの不動産や商業開発に投資が殺到するきっかけになるとともに、社会活動を爆発的に増やした（残念ながら、猛烈な高級住宅街化《ジェントリフィケーション》により、昔ながらの住民は事実上の立ち退きを強いられた）。ハイラインは、新しい都市のかたちを示すもっとも顕著なモデルだろう。老朽化したハードインフラを、社会的インフラと結びつけて復活させ、住民や観光客や商店や企業を呼びこんでいるプロジェクトもある。ジョージア州アトランタの「ベルトライン」は、廃線となった全長35キロの環状線路に多目的トレイルをつくるプロジェクトだ。歳月をかけて少しずつ整備されており、隣接する45地区で公園やパブリックアート、そして低所得層向け団地が整備される予定だ。ニューオーリンズでは、自転車と歩行者向けのトレイル「ラフィット・グリーンウェー」が、それまで交流のなかった住民や地区を結びつけている。シカゴの「ザ・606」トレイル、フィラデルフィアの「レイルパーク」、ロサンゼルスの「リバー・バイタリゼーション」、そしてパリの「プティット・サンチュール」も、同じような機能を果たす設計になっている。ボストンでは、高速道路の地下化プロジェクト「ビッグ・ディグ」にともない、地上に散歩道が建設された。カナダのトロント市議会は、ガーディナー高速道路の高架下を公園にすることに決めた。オーストラリアのシドニーでは、アンザック橋を巨大な緑地にする案が浮上している。オランダのロッテルダムの元高架線路につくられた公園と歩道も、環境に優しいと同時に、社会的恩恵をもたらしている。設計を担当した建築事務所ドゥープル・ストライケシュは、線路沿いの建物の暖房用に産業廃棄物を使うシステムを構築して、二酸化炭素排出量を大幅に削減するとともに、歩行者が吸いこむ空気を少しばかりきれいにしたのだ。[20]

世界中で進むこうしたプロジェクトは、社会的インフラの価値とその需要の高まりを示している。さほど遠くない昔、ジェイン・ジェイコブズら都市生活の改善を訴えた著名人たちは、社会的交流をサポートする空間をつくる仕事は、政府ではなく、起業家が担うべきだと主張した。しかしハイラインなどの場所は、市場原理から生まれたものではない。思慮深い設計と慎重な計画立案、そして重要なことに、公共部門の賢明なリーダーシップが必要だった。その一方で、行政だけでは手に負えないイニシアチブを、非政府組織（NGO）や市民連合がサポートするかたちで実現した社会的インフラも多い。

ほとんどの国がそうであるように、現在のアメリカは、何十年も放置されてきたインフラに、大規模な投資をするべきときを迎えている。多くの問題で意見が対立しがちな有権者も、この点では一致している。大規模なインフラ投資の必要性は、2016年大統領選でトランプとクリントンの意見が一致した数少ない争点の1つでもあった（財源については意見がわかれたかもしれないが）。これからの数十年、ひょっとすると数年間に、アメリカでは数千億ドル、世界では数兆ドルがインフラに投じられるだろう。人口増加、消費拡大、そして地球温暖化がもたらす巨大なストレスを考えると、またアメリカが電力供給や運輸、食品、水、通信、環境保護のために依存するシステムの残念な状態を考えると、それ以外の選択肢はありえない。

しかし、こうしたインフラ整備に、社会的インフラを含めるかどうかは、私たちが選択をしなければならない。最近の議論は、もっぱら、従来型のハードウエアの整備に集中しており、社会や市民生活を支えるインフラは無関係のような扱いだ[21]。公平のために言うと、アメリカ人はまだ社会的インフラという概念に馴染みが薄いからかもしれない。ほかの国では、インフラはもっと幅広いものとみなされており、アメリカもそれにならうべきだ。さもないと、私たちが生活したり仕事をしたりする場所を補強する歴史的チャンスを逃すことになりかねない。

本書はそのために、社会的インフラの基本的なかたちを明らかにし、それが都市と郊外、富裕層と貧困層、アメリカと世界で、さまざまな場の条件をかたちづくることを示す。可能な場合は、私がシカゴ熱波を研究したときに使ったのと同じ手法を使う。ポジティブな事例とネガティブな事例を詳しく比較すると、何がうまくいき、何がうまくいかないか、そして場合によってはその理由が明らかになるからだ。私の主張を裏づける証拠のほとんどは、私自身の研究と経験に基づくが、人間の交流や生死にさえ「場」が影響を与えることを示す、社会科学とデザイン分野のパイオニア的研究も引用していきたい。こうした研究は、「社会的インフラ」という表現こそ使っていないが、私が社会的インフラの価値と、それが市民社会の再建において果たす役割を理解する上で大いに助けになった。

各章では、社会的孤立や犯罪、教育、健康、二酸化炭素排出、気候変動など、私たちが多くの時間と資金とエネルギーを投じて解決しようとしている現代の問題を、社会的インフラがどのくらい緩和できるか（あるいは悪化させるか）を示す。

こうしたグローバルな課題を探っていると、社会的インフラが基幹インフラと同じくらい重要であること、そして私たちが理解している以上に互いに依存しあっていることがわかるだろう。私が言いたいのは、社会的インフラがハードインフラよりも重要だということでも、社会的インフラに投資すれば、現在を危険な時代にしている経済格差や環境悪化などの根本問題を解決できるということでもない。ただ、新しい社会的インフラを、堤防や空港や橋を修理するのと同じくらい早急に構築する必要がある、ということだ。本書で明らかにするように、物理的インフラと社会的インフラは、同時に強化できる場合も多い。アンドリュー・カーネギーは、世界中に建設した２８００カ所もの壮大な図書館を「人々のための宮殿《パレス・フォー・ザ・ピープル》」と呼んだ[22]。その表現を借りれば、私たちはライフラインになると同時に、人々のための宮殿となる場所を構築できる。そのためにはまず、そのチャンスに気がつく必要がある。

第1章

図書館という宮殿

3月最後の木曜日の朝。イーストニューヨークのニューロッツ地区は、気温が20度ほどで、さわやかに晴れあがっていた。歩道に活気が出てきた。雑貨店の軒先や、この辺りに多いレンガづくりの家の前階段では、中年男性のグループがおしゃべりをしている。母親やおばあちゃんたちがベビーカーを押しながら、季節外れの暖かさに大喜びで跳ね回る子どもたちに目を配っている。小学校は、休み時間にはまだ早いようだが、校庭はにぎやかだった。住宅街の狭い道路を走る車は少ないが、ときどき誰かがクラクションを鳴らしたり、バイクのエンジンをぶるんとふかす音が響いたり、トラックが威勢よく走り過ぎたりしていく。

WE ARE HERE.

イーストニューヨークの路上はにぎわっているが、いつも快適というわけではない。この地区は、ニューヨーク市でも最貧困地区の1つであり、住民の約半分が貧困ライン以下で暮らしている。また、人種分断がもっともはっきりした地区の1つでもある。住民の95％ちかくが黒人か中南米系で、白人は1％にすぎない。ブルックリン区でも最東部に位置し、公共交通機関が少なく、よそへのアクセスが限られているため、社会的に孤立した地区だと言う社会科学者もいる。住民以外は訪れる理由がほとんどない場所で、むしろ足を踏み入れたくないと思われることのほうが多い。[1]

イーストニューヨークは、ニューヨーク市でもっとも暴力犯罪が多い地区の1つでもある。殺人、暴行、そして性犯罪がとくに多い。誰にとっても良い環境ではないが、とりわけ高齢者と病人、弱者にとっては危険な住環境とされる。治安が悪いため、自宅アパートに引きこもり、危険なくらい孤立している人がいるのだ。これは私がシカゴ熱波の研究をしたときも見られたパターンで、孤独に関する研究でも明らかになっている。[2]

イーストニューヨークのように治安の悪い場所で生きていくためには、一種の対処戦略を身につける必要がある。多くの住民、とりわけ高齢者や子どもなど最弱者にとって、それは安全な避難場所を見つけることを意味する。そしてこの日、さもなければ自宅にとどまっていたかもしれない9人の中高年の住民が、近隣でもっとも広く使われている公共施設であるニューロッツ図書館の地下室に集まることになっていた。

一見したところ、ニューロッツ図書館は、あまり魅力的な施設ではなかった。広い歩道に面していて、バス停の目の前にあったが、石造のファサードがついた2階建ての建物は、古びたレンガづくりで、周囲に張り巡らされたフェンスは、ところどころ破れていた。裏手には小さなアスファルトの駐車場があった。近年、このエリアには「アフリカン・ベリアル・グラウンド・スクエア（アフリカ系墓地広場）」という名前がつけられた。独立戦争のとき、ここに奴隷や兵士を埋葬した墓地があったからだ。

図書館は小さく、まだ午前中で天気もよかったのに、すでに混みあっていた。1階には、インターネットに接続したコンピューターが並ぶブロックが2つあり、全部使用中だった（2人以上で使われている場合もあった）。ガラスのショーケースには、歴代ノーベル賞受賞者の写真と経歴が紹介されている。背の高い木の書棚は、新着本と地図帳、百科事典のコーナーだ。案内デスクには、乳幼児向け、子ども向け、ティーンエイジャー向け、子育て中の人向け、英語学習中の学生向け、高齢者向けのイベントのチラシが置いてある。1人の図書館員が本を整理している横から、別の職員が何か探しているのかと声をかけてきた。

私は、2階も見学させてもらえるかと聞いてみた。すると、温厚そうな情報担当主事のエドウィンが案内してくれることになった。2階には3種類のスペースがあった。1つは児童室で、古びていたが、エドウィンによるとちかく改修予定だという。2つめの部屋にはテーブルが置かれていて、英語教室が開かれる。いつも定員を超える申しこみがある人気クラスだという。その奥には、ラーニングセンターがある。18歳以上で、読解力がGED（訳注：日本でいう高校卒業資格）レベルに満たない人が、個人またはグループで特別授業を受けることができる場所だ。

この図書館では、市民も、永住者も、元重罪犯も、誰もが歓迎される。そしてすべてのサービスが無料で提供されていると、エドウィンはつけ加えた。

実は、地下のコミュニティルームで開かれるイベントの見学に来たのだと言うと、エドウィンもそこに行くところだという。そこで一緒に階段を下りながら、私たちは建物の老朽化について話した。書棚も天井も階段も壁板もすり減っていた。配線が露出しているところもある。トイレと手洗いシンクは錆びていた。ドアはきちんと閉まらない。コミュニティルームは、古い黄ばんだ床に、蛍光灯がまぶしいほどに照りつけていた。壁は羽目板が施されて、小さな舞台にプラスチックの椅子が乱雑に置かれていた。ここは墓地があった場所だということを急に思い出して、この壁の向こうに人骨が埋まっているかなと思ったりした。

コミュニティルームは、劇場、教室、アトリエ、集会所など、さまざまな役割を果たしている。でも、その朝は、職員のテリーとクリスティンによって、まったく異なる場所に変えられようとしていた。バーチャル・ボウリング場だ。2人は朝早くに来て、薄型テレビを設置し、ゲーム機「Ｘｂｏｘ」をインターネットにつなぎ、プレイスペースをつくり、折り畳み椅子を2列に並べていた。その日は、ブルックリンにある12の図書館の高齢者チームによる地区対抗戦「ライブラリー・レーン・ボウリング・リーグ」の初日だったのだ。ニューロッツからは9人の参加者が、隔週木曜日に練習に励み、ブラウンズビル図書館とサイプレスヒルズ図書館のチームと戦う準備をしてきた。

支部図書館は、すべての利用者にサービスを提供するが、高齢者向けのプログラムはとりわけ重要だ。2016年の時点で、アメリカでは65歳以上の高齢者のうち1200万人以上がひとり暮らしで、多くの国でも、ひとりで歳をとる人が着実に増えている。ほとんどの人は社会的な活動をしているが、孤立するリスクは非常に高い。転倒や病気、そして避けることのできない体力の衰えをきっかけに、自宅にひきこもる可能性がある。高齢の友達や近隣住民がどこかへ引っ越してしまったり死んでしまったりすると、たちまち社会的ネットワークを失いかねない。鬱になって、社交への関心が衰える恐れもある。路上犯罪が多い地区では、誰もが外出を控えがちになるが、高齢者にとってはとりわけ大きな不安の種だ。犯罪率が高いか、社会的インフラが衰えた地区では、高齢者はほかに行く場所もなく、自宅に引きこもりがちだ[3]。

だが、ニューロッツには図書館がある。そして今日の開館時間は午前10時だ。すぐに50代〜80代後半の10人（女性8人、男性2人）が地下に降りてきた。ミス・ジョニーもその1人だ。マラソン選手がつけるようなラップ型サングラスをかけ、赤いロングブーツを履き、黒と赤の水玉模様のスカーフを巻き、グレーのハンチング帽をかぶっている。サヒルは、スウェットの上下に白いヒジャブをつけていた。サントンは柔和な語り口のガイアナ出身の男性で、青い野球帽をかぶり、ゆとりのあるズボンを穿いていた。残りのメンバーはウナ、バーン、サリマ、ミバ、デイジー、ジェシーだ。お互いにハグをしたり、固く握手をしたりと、温かい挨拶を交わしている。デイジーはウナと軽くハイタッチをすると、微笑んで、そのまま手を握りあった。

図書館の情報担当員のテリーは、大きな目が印象的な元気いっぱいの女性だ。まぶしいほど明るい笑みをたたえて、ロイヤルブルーのボウリングシャツを全員に配る。胸ポケットにニューヨーク公共図書館の白いロゴ、右腕には「チーム・ニューロッツ」の黄色い文字が入っている。テリーはチームのコーチ兼チアリーダーで、試合に向けて懸命にチームを盛り上げようとしていた。ベテラン職員のクリスティンは、このイベントを企画した中心人物だ。長方形のメガネをかけて、胸ポケットには鉛筆とスマートフォンを入れている。選手の多くは、図書館のコンピューター教室と、彼女が開く読書クラブからスカウトされてきた。テリーとクリスティンは各選手がシャツを着て、ボタンをかけるのを手伝い、ボウリング中に邪魔にならないよう裾をまとめてやった。

全員がシャツを着終わると、選手たちはそれぞれの席につき、おしゃべりをしたり、落ちつかないように、つま先をトントンと鳴らしたりしていた。クリスティンは、Ｘｂｏｘをブラウンズビル図書館のシステムと接続しようとしていた。こちらからは見えないが、向こうの地下室でも、対戦相手たちが同じようにチームのシャツを着こんで、ゲームの準備をしているはずだ。ところが練習のときは問題がなかったのに、今日は接続がうまくいかない。クリスティンはブラウンズビルに電話をした。あちらも選手はスタンバイしていたが、Ｗｉ－Ｆｉの調子が悪いという。しばらくしてマシンが同期すると、ついにゲームが始まった。

先攻はブラウンズビルだ。ニューロッツのチームがじっと見守るなか、あちらの選手が投げたボールが斜めにレーンを転がっていく。何本かピンが倒れたが、ほとんどは直立したままだ。ニューロッツの地下室は、少しざわついたあと、緊張ぎみの笑いが起こった。次の一投がピンを1本も倒せずに終わると、その笑いは大きくなった。このゲームは勝てると、みんな確信をもったようだった。

ニューロッツの一番手はジェシーだ。真剣そのものの表情をしている。「行け、ジェシー！」と、テリーが叫ぶ。チームメイトも熱狂的に手を叩いた。「がんばっていこう！」と、またテリーが言う。ジェシーはスクリーンに近づき、指定された場所で立ち止まると、コントローラーを右手でつかみ天井に向けて高くあげた。Ｘｂｏｘに認識してもらうためだ。それがすむと、「ボール」を取るために手を水平に伸ばす。画面上でボールが持ち上がり、準備ができたことを示す。ジェシーはゆっくりと腕を後ろに引くと、さっと前方に振った。まるで本当にボウリング場でプレーしているかのように。画面上のボールは、ピンの列に向かってまっすぐに転がっていく。だが、あまりにもど真ん中に命中したため、両サイドに計3本のピンが残ってしまった。歓声をあげる選手もいれば、悔しそうにため息をつく選手もいる。ジェシーは、おかしいなと言いたげな表情だった。でも、テリーは「やったじゃない！」と叫んだ。「いい感じ」。ジェシーは断固たる表情で、再びボールを持ち上げると、さっと投げた。残りのピンが3本とも倒れる。見事なスペアに、部屋中の喜びが爆発した。

ニューロッツは絶好調で、どんどんリードを伸ばしていった。みんな高齢で、なかにはかなり弱々しくて、本物のボールだったらとうてい投げられそうにない人もいた。そもそも、ピカピカのボウリングシューズを履いて、つやつやのフロアでボウリングをしたことがあるメンバーは1人しかいなかった。ロバート・パットナムは著書で、20世紀末にボウリング大会がなくなったことを嘆き、それは、社会の絆の衰えを示していると主張した。だが、ニューロッツの図書館では、友達や近隣住民から孤立して引きこもっていてもおかしくない人たちが、本物のボウリングよりも素晴らしいこと、つまり集団生活を心の底から楽しんでいた。会場は大盛り上がりだった。自分が投げる順番になるたびに、選手たちは立ち上がり、チームメイトの歓声と、図書館員の激励を浴びながら、画面に向けて一礼をし、デジタルターゲットを撃破した。「ブラウンズビルが気の毒になってきたわ」と、テリーが叫んだ。「な一んてね！」

チーム・ニューロッツは、勝つ気満々で2試合目をスタートした。ところがすぐに、今度の対戦相手であるサイプレスヒルズは、ブラウンズビルよりもずっと強敵であることがわかってきた。相手が先攻で早々にストライクを決める。ジェシーがストライクのお返しをする。

するとサイプレスヒルズがまたもストライクをとり、テリーは口をとんがらせ、信じられないというように目をむいた。サヒルがスペアを決めた。チーム・ニューロッツは波に乗っていたが、サイプレスヒルズは3人目もストライクを決めた。テリーは何か変だという表情だった。「おかしなことになってるわね！」と、彼女は言った。「きっとウォルターよ」と、サイプレスヒルズの職員の名前を口にした。「ウォルターがやってるんだわ。電話してやる」

だが、実際には電話をしなかった。ニューロッツの選手たちのほとんどが好得点を叩き出したものの、サイプレスヒルズが徐々に差を広げていく。ゲームが進むにつれて、コミュニティルームは静かになっていった。やがて試合が終了すると、わずかな沈黙があり、「これからどうなるの？」と困惑した雰囲気になった。「再試合を申し入れるべきよ」と、クリスティンが言う。「次は勝てる」

クリスティンは壁に設置された固定電話に飛びついた。サイプレスヒルズ図書館のウォルターが電話に出る。「ボールを投げていたの、あなたじゃないわよね？」と、クリスティンはすかさず皮肉を言う。「まあいいわ。それじゃ、まだ時間も早いから、もう1ゲームやる？」。こうして、すぐにまたゲームが始まった。

チーム・ニューロッツは1ミリたりとも気を抜かなかった。テリーは、サイプレスヒルズの職員のウォルターがやっているなら私も、とゲームに参加して、ストライクを連発した。サントンはスペアをとった。「決めて、ミス・ジョニー！」と、テリーが叫ぶ。するとミス・ジョニーは、その日初のストライクを決めた。バーンがそれに続き完璧なストライクをとり、ウナもストライクを出した。今度はニューロッツが3連続ストライクを決めて、リードを決定的にした。テリーは有頂天だった。大声で応援し、誰かがストライクやスペアを決めるたびに、女王のように部屋の中を練り歩いた。ジェシーが10フレーム目のストライクで勝利を確実にすると、地下室全体が歓喜に包まれた。まるでニューヨーク・ヤンキースが優勝を決めたときのヤンキースタジアムのようだ。

チームの記念撮影があり、ハイタッチがあり、そこらじゅうでハグがあった。クリスティンは選手たちに、上位チームにはトロフィーが授与され、優勝チームには特大のトロフィーが贈呈されることを告げた。ミバは上機嫌で、今のゲームで優勝トロフィーにニューロッツの名を刻みこんだも同然だと言った。チームは極度の興奮状態にあり、誰もが満面の笑みを浮かべていた。

祝福モードはしばらく続いた。そうこうして正午になり、みんなお腹が空いてることに気がついた。まだ太陽が出ている時間はたっぷりある。私はあらためてチームにお祝いを言い、シーズンを通じての健闘を祈った。「ありがとう」とテリーは言った。「うまくいきそう」

大きな歓声と、仲間意識と、ほとんど知らない人どうしが地域をコミュニティに変える瞬間を目撃して、私は心強い気分になって図書館を出た。フランスの偉大な社会学者エミール・デュルケームが「集団的興奮」と呼んだものを目の当たりにした貴重な経験だった。そんな瞬間を見ることができるとは思いもしなかった。それも図書館で。

現代社会には、孤立や疎外感、不信感、恐怖を生む原因がたくさんあるかもしれないが、人口動態も、政治と同じくらい大きな困難を社会に突きつけている。ひとり暮らしをする人の数は史上最大となっており、アメリカでは65歳以上の人口の4分の1以上を占める。ひとり暮らしの高齢者は社会的に孤立するリスクがとくに高い。そして多くの研究によると、社会的孤立と孤独は、肥満や喫煙と同じくらい健康に影響を与える。[4] だが、人々を孤立させずに、結束させる場所もある。私がその朝イーストニューヨークで目撃した社会的な絆は、年間をつうじて多くの図書館で生み出されている。

経営難にあえぐ地域社会の要

社会科学者や政策立案者やコミュニティリーダーが、社会関係資本とその構築方法を検討するとき、図書館が話題になることはめったにない。トクヴィル以来、社会生活や市民生活を論じた思想家のほとんどは、ボウリング大会や家庭菜園クラブのような自発的集まりの価値を称えてきたが、交流を促す（か抑制する）物理的・物質的な条件にはあまり目を向けてこなかった。だが、社会的インフラは、社会参加の舞台や条件を提供する。そして図書館は、現代のもっとも重要な社会的インフラの1つだ。[5]

また図書館は、もっとも過小評価されている社会的インフラの1つでもある。近年、アメリカの一部地域で図書の貸し出しが減っている事実を引きあいに出して、もはや図書館は、公教育や社会的上昇を助ける歴史的役割を終えたと言う人たちがいる。ほかのことに予算を割きたい役人は、ほとんどのコンテンツがインターネットで無料で見られるようになったのだから、21世紀の図書館はかつてのようなリソースを必要としないと言う。新たな知識の殿堂を建てることに熱心な建築家やデザイナーは、書籍がデジタル化され、公共文化の多くがオンライン化した世の中に合わせて、図書館もつくり変えるべきだと言う。

たしかに、多くの公共図書館はリノベーションを必要としている。各都市の中央図書館ではなく、支部図書館はとくにそうだ。だが、図書館が直面する問題は、利用者がいないとか、本が借りられないことではない。現実は正反対だ。実に多くの人が、さまざまな目的のために図書館を利用するため、図書館システムとその職員は圧倒されているのだ。ピュー・リサーチセンターの2016年の調査によると、アメリカでは16歳以上の人口の約半分が過去1年間に公共図書館を利用し、3分の2が、近隣の支部図書館が閉鎖されれば、「自分のコミュニティは重大なインパクト」を受けると答えている。[6] 多くの地区では、そのリスクは明白だ。図書館の建物もシステムも資金不足で、ニーズに対応しきれていないからだ。

私が住むニューヨーク市では、図書の貸出率は上昇し、イベント参加者は増加し、イベントそのものの数も増えて、利用者が図書館で過ごす平均時間も増えている。[7] だが、全米の図書館と比べれば、ニューヨークの図書館文化は飛び抜けて活発なわけではない。1人あたりの年間図書貸出冊数の第1位は、ワシントン州シアトルで、第2位はオハイオ州コロンバスだ。そこにインディアナ州インディアナポリス、カリフォルニア州サンノゼ、同サンフランシスコ、フロリダ州ジャクソンビル、アリゾナ州フェニックスが続く。イベント参加者の数では、コロンバスが全米第1位だ。次点はサンフランシスコとフィラデルフィアで、そこにボストン、デトロイト、シャーロット（ノースカロライナ州）が続く。ニューヨークはこれらの街よりも下だ。

ニューヨーク市は、住民1人あたりの図書館予算も少ない。ニューヨーク公共図書館の住民1人あたり予算は32ドルで、オースティン（テキサス州）とシカゴ（イリノイ州）と同水準だが、サンフランシスコ（住民1人あたり101ドル）と比べると3分の1以下だ。[8]

アメリカの大都市は長年、図書館事業の大部分を、慈善団体の寄付でまかなってきた。なぜ、ほとんどの都市が図書館にごくわずかな予算しか割いてこなかったのかを理解するのは難しい。ピュー・リサーチセンターの最近の調査によると、アメリカ人の90％以上が、地元の図書館をコミュニティにとって「とても」または「どちらかといえば」重要だと考えている。また、過去10年間に「主要機関（政府、教会、銀行、企業）はいずれも大衆の敬意を失ってきたが、図書館と軍と救急隊員だけは例外だ」とされる。[9] これほど頼りにされているのに、近年は全米の自治体が、図書館の予算を削り、なかには完全に閉鎖してしまっている。行政は、図書館を住民にとって必要な施設ではなく、贅沢のための施設とみなしているため、財政が悪化すると、真っ先にその予算を削ってしまうからだ。

子育ての孤独を癒やす

ニューヨーク市で研究をしているうちに、図書館などの社会的インフラは、地域を活性化するためだけでなく、人々が抱えるさまざまな問題を和らげる上でも必要不可欠であることがわかってきた。孤立や孤独もその1つだ。こうした問題は、イーストニューヨークのような貧困地区で深刻化しているが、ほかの地域にも見られる。30代後半のデニスの場合を見てみよう。4月のある肌寒い朝に、スワードパーク図書館の児童フロアで私が出会った写真家だ。ジーンズに黒いロングコートを羽織り、大きなべっ甲のメガネをかけた彼女は、部屋をさっと見回しながら腰を下ろすと、すぐにリラックスした姿勢になった。娘がプレスクールに通いはじめてからは、やや足が遠のいたものの、出産後の数年は、ほぼ毎日ここに通い詰めていたという。「近所だから」と、彼女は言った。「6年前に引っ越してくるまで、図書館の近くに住む利点なんて考えたこともなかった。でも、ここは本当に愛すべき場所だ。ここに来たおかげで、いいことがたくさんあった」。デニスは出産後仕事を休んだが、弁護士の夫は違った。それどころか、どんどん忙しくなって帰宅時間も遅くなり、彼女は小さなアパートに赤ん坊と取り残された。娘のことはこの上なく愛していたけれど、それまで経験したことがないほどの孤独に襲われた。「ひどい産後鬱になった」とデニスは言う。「外出するのも大変な時期があった。大好きな仕事に熱中していた生活から、突然、一日中自宅にこもって、とても大切だけれど、どう扱っていいかわからない赤ん坊の世話をする日々。まるで井戸にはまりこんだような気分だった。あれでは情緒もおかしくなる。外に出なくちゃと思ったけれど、難しかった。行くあてもなかった」

最初はカフェに行こうとした。娘が昼寝をしたり、静かにしている間に、ネットを見たり、読書ができるのではないかと思ったのだ。ところが、そうはいかなかった。「スターバックスに行ったけれど、周囲は仕事をしたり、ミーティングをしたりしている人ばかり。大人のための場所、よね？　赤ん坊が泣き出すと、誰もが振り向いて親の顔を見る。『こんなところで何してるんだ？　さっさとどこかに連れて行ってくれ』とでも言うように。子どもにフレンドリーな雰囲気ではとてもなかった」

デニスは、子どものとき図書館で過ごしたことがあったが、マンハッタンに引っ越してきてからは、ほとんど利用したことがなかった。でも、とりわけ大きなストレスを感じたある日、娘をベビーカーに乗せて、スワードパーク図書館にやってきた。とりあえずどんな場所か様子を見るために。「その日、まったく新しい世界が開けた」と、彼女は言う。「まず、当然ながら本があった。小さなアパートに住んでいると、多くの本は持てないけれど、ここには読みきれないほどたくさんの本があった。それから、利用者の活発な交流があった。親、ベビーシッター、子どもたち、近隣の住民、スタッフ！　ここでは、誰もがとても親切だ」

すぐにデニスは新米ママたちと知りあい、お互いの苦労話や、子育ての楽しさを共有できるようになった。何も問題がないはずなのに、泣いたり、食事や昼寝を嫌がったりするのは、彼女の娘だけではないこともわかった。自分はひとりではないのだと気がついた。また、子育ての疑問のほとんどは、経験豊かな母親やベビーシッターが答えを知っていた。「なんとなく、おしゃべりを始めるだけだけど」と彼女は言う。「いつのまにか、すごく親身で、すごく濃い会話になっている」。公園や遊び場でも似たような経験が得られるのではないかと、私は聞いてみた。たしかにある程度は経験できると、デニスは答えた。でも、図書館のほうが楽だと言う。児童フロアはとくにそうだ。部屋は暖かくて広々として見通しがよく、安全で、親どうしが仲良くなりやすい雰囲気がある。「ここでは、いわば『ママ族』の一員になれる」と、デニスは説明する。「おかげで子育てが、ずっと孤独でなくなった」。その仲間は、子どもたちが学校にあがり、支部図書館で過ごす時間が減っても維持される。デニスと娘が初期に図書館で出会った人の一部は、いまも親しい友達だ。

図書館が優れた社会的インフラである理由は、物理的なアクセスのよさ以外にもある。専門職員が、オープンでインクルーシブ（包摂的）であること、という理念に基づき、さまざまなイベントを企画して、利用者間の交流を促しているのだ。図書館で保護者の間に友情が芽生える一因は、子ども向けのイベントには、保護者も参加できるからだ。デニスと娘は、幼児向け読み書き教室や、２カ国語で歌や物語を聞く教室、マジックショーや音楽とアートの教室に参加した。「子どもが小さいときは、ランダムな空き時間がたくさんある」と、デニスは言う。「有料の教室を提供しているところもあるけれど、高いし、遠かったり、スケジュールが合わなかったりする。図書館の素晴らしいところは、立ち寄ってみると、いつも何かが起こっていることだ。カレンダーをチェックして、それを一週間の予定に組みこんでもいいし、思いつきで立ち寄ってもいい」

図書館で親子連れが快適に過ごせるのは、職員が重要な役割を果たしているからだと、デニスは気がついた。それが予想以上に大きなこともある。「あるとき、飼い猫が病気になった。『大好きな猫が死んでしまったら、うちの子はどうなってしまうだろう』と、私は心配になった。そこで多くの児童書を紹介してくれていた司書に、娘が死を理解する助けになる物語はないか聞いてみた。すると、ペットが死んでしまう本を何冊か教えてくれた。私に必要なことをちゃんとわかってくれていたの！」結果的には、デニスの猫は元気になった。「本当に猫は9つの命を持っているのね」と、彼女は言って笑った（訳注：「猫に九生あり」という言い伝えがある）。「図書館が本当に頼りになるリソースであることを実感した。そうした助けがあるって、とても幸運だと思っている」

図書館は、デニスの母親としての意識にも変化をもたらし、仕事に復帰しても大丈夫だという自信を与えてくれた。ただ、仕事を再開するためには、ベビーシッターを雇う必要がある。娘を知らない人に預けるのは容易な決断ではない。「感情的にとても大きなハードルだった」と、デニスは振り返る。「でも、図書館でよく会うベビーシッターがいて、彼女が子どもを世話する姿がとてもいいなと思っていた。献身的で、人柄がよくて、愛すべき人物だった。そこで彼女に、仕事に復帰するつもりだと相談したら、知りあいを紹介してくれた。その人は今、娘にとって最高のベビーシッターであるだけでなく、個人的にも大好きな人になった」。デニスは今、その図書館を「ライフセーバー（人生を救ってくれた存在）」だと言う。誇張も混じっているかもしれないが、彼女にとってスワードパーク図書館が、予想もしないほど貴重な場所になったのは間違いない。

さらば、ひとりぼっちのボウリング

なぜ、多くの政治家や役人は、図書館の価値と、社会的インフラとしての役割に気づかないのか。ひょっとするとそれは、「すべての人には、自分が共有する文化と遺産に無料かつオープンにアクセスし、自分が適切と考えるあらゆる目的に使用する権利がある」という図書館の基本理念が、現代を支配する市場の論理と相容れないせいかもしれない（もしすでに図書館が存在していなかったら、現代のリーダーが図書館を新たに発明したとは考えにくい）。また、現代の有力者の多くが、図書館がコミュニティで果たす役割や、もっと支援があれば果たせる役割を理解していないせいかもしれない。

世界中の都市でそうであるように、ニューヨークの支部図書館とその職員たちは、驚くほど多くの人のために、驚くほど多くのことをやっている。その中核的なミッションは、人々の自己研鑽と生活改善を助けることだ。図書館は、できるだけ幅広い文化的資料を、あらゆる年齢と人種の人々に無料で提供することで、このミッションを達成しようとしている。

高齢者、とりわけ配偶者に先立たれた人やひとり暮らしの人にとって、図書館は読書クラブや映画会や手芸サークル、絵画教室や音楽教室、さらには時事ニュースやコンピューターの教室などを通じて、文化に触れたり、誰かと交流したりする場所だ。ブルックリン区が企画した支部図書館対抗ボウリング大会が、ニューヨーク市全体に広がれば、5つの区の高齢者は二度とひとりぼっちでボウリングをする必要はない。こうした活動は高齢者センターでもできるが、参加者は高齢者だけだから、「年寄り」の烙印を押されている気がする。まるで高齢者であることが、彼らのアイデンティティーのすべてであるかのように。多くの高齢者にとって、図書館は、ほかの世代と交流する最大の機会を与えてくれる場所だ。誰もが体力の衰えに怯えている均質なコミュニティではなく、ボランティア活動をするなどして、自分もなんらかの役に立ち、多様で力強いコミュニティの一員だと感じられる場所だ。

図書館は、若い世代にもさまざまな恩恵をもたらす。乳幼児は、無数の本や物語に触れる機会を得る。子どもたちが図書館カードをつくり、自分が好きな使い方を学び、ひとり立ちするのを助ける。また、路上にたむろするよりも、勉強したり、友達と交流したりしたいティーンエイジャーに安全な居場所を提供する。学生の宿題を助け、アートや科学、外国語や数学を学べる教室を開く。他人とは違うものを探しているけれど、それが何かわからない若者に、本や作家やジャンルを紹介する。また、小さな子どもたちに、本を借りたり、公共の物を大切に扱ったり、次の人が利用できるように返却することを教えて、自分と自分が住む地域に対する責任感を養う。

図書館はこうした活動を通じて、利用者の家族や介護者も助ける。乳幼児の面倒をひとりでみていて、孤独感から、くじけそうになっている親や祖父母やベビーシッターに、交流の機会やグループ活動を提供する。図書館の教室に参加するまで一度も会ったことがなかった近隣住民が、友達になったり、助けあいのネットワークをつくったりするのを助ける。必要な人には子育てのスキルを教える。夜遅くまで、あるいは週末に働かなければならないが、託児所の料金を払えない家庭の子どもたちを見守る。自分の子は安全な場所にいるという安心感を、家族に与える。

託児所から生まれる助けあい

図書館は、いきいきとした社会的インフラの典型例だが、ほかにも、助けを必要としている人たちを結びつける重要な働きをする場所がある。ハーバード大学のマリオ・スモール教授（社会学）は、託児所のしくみが、親、とりわけシングルマザーどうしの関係に影響を与えることを調べた。送迎のときだけでも、親の関与を歓迎する託児所では、母親たちが友情を育むことが多い（たとえ本人たちがそれを求めていなくても）。このような託児施設は、「交流の空間でもある。母親たちは、玄関や階段やロビーで友達をつくるだけでなく、友達にならなくても、ほかの親子とくり返し顔を合わせる。それは、自宅から託児所に寄って職場に向かい、再び託児所に寄って帰宅するという、多くの働く母親の日常の一部になる[10]」とスモールは書いている。何度も顔を合わせることで、同じ託児所を利用する母親たちは、お互いに対して高いレベルの信頼を築き、それが友情や助けあいの絆に迅速に発展する。託児所は重要な社会活動の場所となり、子どもたちの遊ぶ約束を通じて、一方の母親が数時間余計に仕事をしたり、休憩したりする時間を与え、学校や奨学金に関する情報や求人情報を交換し、働く親なら誰でも経験するピンチのとき助けの手を差し伸べる関係をもたらしてくれる。

すべての託児所が、こうした助けあいや絆を促進するわけではない。スモールが話を聞いた母親の1人であるドナは、ダウンタウンの金融街にある託児所を利用したことがあった。忙しい企業に勤めていて、長時間労働で退社時間が予想しにくい親のために、玄関口で子どもの受け渡しができる託児所だった。このため、親どうしが日常的に交流する機会や、よその子どもをよく知る機会はなかった。また、託児所はコンパクトかつ効率的な設計で、送迎に来た親がリラックスしたり交流したりするスペースはあまりなかった。保育士側も、親が施設に長居して、子どもたちと遊べるようにする努力はほとんどしていなかった。その結果、「座って他の親とおしゃべりや、それに類することをする親はひとりもいなかった」と、ドナは言う。息子を預ける場所としては信頼できたが、ドナの生涯にわたり続くような人間関係を構築する助けにはならなかった。

教育をめぐる議論の多くは、学校の質と生徒の学力の関係に集中しがちだ。現代社会では、どのような教育を受けたかは子どもの人生に重大な影響を与えるから（学歴や実力よりも家柄のほうが大きな役割を果たす場合もあるが）、このような議論は合理的ともいえる。だが、教育機関は、教えるよりもはるかに大きな役割を果たす。託児所から大学まで、学校は社会をつくり、コミュニティを形成・維持する。子どもに民主主義の理念を植えつけ、市民生活のスキルを教える最初の公共機関だ。学校は現代のアゴラだ。私たちが自分を形成し、再形成し、所属意識を育む集会所だ。[11]

学校は社会的インフラでもある。学校がどのように計画され、設計され、どのようなプログラムが行われるかは、学校内外で生まれる交流のかたちを決める。学校は生徒、教員、親、そしてコミュニティ全体で、信頼と連帯と公益に対する共通のコミットメントを育てることも、つぶすこともできる。誰がコミュニティの一員で、誰が排除されるかの境界線も定めることができる。学校は、人々を統合することも分断することもできるし、人々にチャンスを与えることも、現在の場所に押し留めることもできる。

若者も物理的な場を求めている

もちろん学校は、子どもにとって特別に重要な社会的空間だ。学校は、子どもたちが友情を育み、どのような人間になるかに影響を与える物理的な場だ。多くの心理学の研究によると、ピアグループと学校の社会環境が、子どもの発育に与える影響は、親よりもはるかに大きい[12]。だが、ソーシャルメディアの登場以来、インターネットとスマートフォンが、学校の優位性を脅かすようになった。学校だけではない。パブから遊び場、教会、地域グループなど、対面交流が行われるすべての物理的な空間を脅かしている。このことが社会的な孤立と人間のつながりにどのような影響を与えるかは、現代のもっとも難しい問題の1つだ。

インターネットとソーシャルメディアが、見知らぬ人と出会ったり、友達や家族と連絡をとったりするのを簡単にしてきたのは間違いない。また、どうでもいい噂話から、プライベートな写真まで、あらゆる種類の情報を莫大な数の人とリアルタイムにシェアすることもできる(フェイスブックだけでも月間ユーザーは20億人を超える)。私と俳優アジズ・アンサリが共著『当世出会い事情――スマホ時代の恋愛社会学』の取材で発見したように、インターネットは今、アメリカ人が配偶者を探し、実際に見つける可能性がもっとも高い場所にもなっている。[13]デモや集会の場所を探すのもインターネットでできるし、子どもの成長や家族旅行、さらには今日の朝食や自分のファッションを見せびらかすこともできる。

最近、インターネット、とりわけソーシャルメディアのせいで、私たちはこれまでになく孤独になり、孤立しているという声をよく聞く。[14]すべてがもっと単純で、もっとハッピーだった時代を懐かしむ人たちは、その通りだと思うかもしれないが、実のところ、この主張が正しいことを示す十分な証拠はない。それどころか、カリフォルニア大学バークレー校のクロード・フィッシャー教授(社会学)の研究は、正反対のことを示唆している。フィッシャーは過去40年間の社会研究を調べて、アメリカ人の人間関係の質と量は、インターネットが登場する前と後で、ほとんど変わっていないことを発見した。[15]現在入手できるもっとも信頼できる行動データによると、携帯電話やインターネットやソーシャルメディアは、個人のネットワークを規模と多様性の両面で拡大する助けになってきた。[16]たいていの人にとって、フェイスブックの「友達」やインスタグラムのフォロワーは、社会生活の代わりではなく、それを補うものにすぎない。オンラインで生まれた友情は有意義かもしれないが、対面交流につながらないなら不満を感じる人がほとんどだ。真のつながりをつくるためには、物理的環境を共有できる場所、つまり社会的インフラが必要なのだ。

マサチューセッツ工科大学（ＭＩＴ）の権威ある心理学者であるシェリー・タークル教授は、ソーシャルメディアが交流の質に与える影響に関心を抱いた。彼女の研究によると、実に多くの若者がやっているチャットは、対面で会話をする時間を奪っている。これは問題だと、彼女は書いている。なぜなら、会話は「もっとも人間的で、人間を人間らしくする活動だからだ。……私たちは（会話により）共感する力をつける。自分の声を聞いてもらったり、自分を理解してもらったりする喜びを経験する。また、会話は自省、すなわち自分自身との対話も推進する。これは幼年期の発達の基礎となるとともに、生涯を通じて重要な要となる」[17]

対面の会話は人間を人間らしくするが、オンラインでの会話は、正反対の影響をもたらすことが実に多い。ティンダーやＯｋキューピッドといったマッチングアプリは、無数の他人との電子的な会話を可能にするが、それは短期間で終わることが多い。出会い系アプリでは、対面交流の場合よりも、相手に対して無礼かつ冷酷な態度を取りがちになるからだ。アジズと私の聞き取り調査では、善意に満ちた人でさえ、オンラインで会う相手は血の通った人間というより、「画面上のシャボン玉」のように感じられると告白した。愛や親密な関係を求める人たちが集まるアプリでこうした現象が起こっているのだから、ツイッターやレディットなどのソーシャルメディアでは、もっと毒を帯びたやりとりが展開されても不思議ではない。

インターネットでスムーズな交流を維持するのは容易ではない。だから、世界中の人が過剰なインターネット文化に不満を抱いている。タークルは、スマートフォンやコンピューターに背を向けて、目の前の人と場に集中して、「会話を取り戻す」ことを呼びかける。そのためには、自分とは違うタイプの人に共通点を探し、自分とは反対意見の人に人間性を見出す必要がある。また、コミュニケーション技術は、誰でも利用できる物理的な場に導いてくれるとき、もっともうまく機能し、もっとも満足感を与えてくれることを知る必要がある。対面交流よりも電子的なコミュニケーションを優先しているとして、もっとも非難されがちな社会的グループであるティーンエイジャーの場合を考えてみよう。

データ社会研究所のデーナ・ボイド所長の研究によると、若者が多くの社交をオンラインでするのは、子どもの行動を逐一監視するヘリコプター・ペアレンツや、異常に用心深い学校の職員や警備員ら大人のせいであり、それ以外の選択肢がほとんどないからだ。ひと昔前のティーンエイジャーは、今より犯罪率が高い時代でも、近所や地元の公共スペースをもっと自由にぶらつくことができた。今の若者ほど放課後に予定が詰まっておらず、学校でももっと自由時間があり、もっと監視の目は少なかった。「規制が増えれば、ティーンエイジャーが集まれる公共スペースは減る」と、ボイドは書いている。「フェイスブックやツイッターやマイスペースは、新しい公共空間であるだけではない。多くの場合、ティーンエイジャーが大人数で容易に集まれる唯一の『公共の』空間なのだ。しかも重要なことに、物理的には自宅に閉じこめられていても、集まることができる場所だ[18]」

ボイドが話を聞いたティーンエイジャーはみな、スマートフォンでチャットするよりも、対面でつるむほうが好きだと言った。しかし、大人が子どもの行動をあまりにも徹底的に制限してきたために、それ以外の方法がほぼない。インターネットが若者の中核的な社会的インフラになったのは、意義あるつながりを求めて物理的な場にアクセスする機会を、大人が不当に奪ってきたからだ。年齢や階級、人種や民族に関係なく、誰もがお互いに交流を楽しめる物理的な場をつくらなければ、大人も同じような制約を受ける事になるだろう。

民主主義の実験場所

図書館はまさにこうした物理的な場になる。多くの地区（とくに子どもたちの放課後が習い事で埋まっていない地区）では、同年代の友達と一緒にいたいティーンエイジャーなど青少年の間でも、高齢者や新米の親の間でも、図書館は人気の場所だ。それが事実であることは容易に証明できる。近隣の学校の下校時間の少し前に支部図書館に行ってみれば、生徒たちが続々とやってくるのを目撃できるだろう。

なぜ、ティーンエイジャーに図書館が人気なのか。それは、誰でも無料で利用できるからだ。図書館の職員が歓迎してくれることも大きい。ティーンエイジャー専用のスペースを設けている支部図書館もある。なぜそれが重要なのかを理解するために、図書館の交流スペースを、人気商業施設の交流スペース（たとえばスターバックスやマクドナルド）と比べてみよう。商業施設は価値ある社会的インフラだし、カフェやバーやレストランといった典型的な「サードプレイス」が、街や郊外の再活性化を助けてきたのは間違いない。だが、経済的な理由から、誰もが頻繁に行けるわけではない。また、お金を払っても、すべての客が長居を歓迎されるわけではない。市場原理に基づき運営される社会的インフラでは、たとえ比較的安価なファストフード店やパン屋であっても、長居するという特権には支払いが求められる。ほぼすべてのスターバックス、ダンキンドーナツ、マクドナルド（とくにティーンエイジャーや貧困層や高齢者が多い地域の店）には、「たむろ禁止」の張り紙がしてある。それはたんなる忠告ではない。

ニューヨーク市のマクドナルドの一部店舗では、「食べ物を消費する時間」として20～30分の時間制限が設けられており、店長がそのルールを行使するかどうかは、客を見て決まる。とくに人種が大きな判断材料になるが、階級と年齢も考慮される。ティーンエイジャーのグループは、買い物をしても、商業施設から追い払われがちだ。ニューヨーク市では２０１４年、マクドナルドを訪れた韓国系高齢者のグループが、注文から1時間もしないのに、「座席を占領して営業の邪魔をしている」として追い出された。

高齢者と貧困者は、めったにスターバックスに近寄らない。価格帯が高すぎる上に、場違いな気分にさせられるからだ。私がニューヨーク市で知りあった高齢の図書館利用者たちは、高級住宅街化した地区に多いトレンディーなカフェやカクテルバーやレストランには、スターバックス以上に歓迎されていない気がすると言っていた。ホームレスの図書館利用者は、こうした店に入ろうとさえ思わない。経験上、高級レストランやバーは、外に立っているだけでも、店長が警察を呼ぶことがあると知っているからだ。

図書館で警察官を見かけることは滅多にない。だが、図書館は利用者がお互いに目を配りあう場所だ。どんなにスマホを眺める時間が増えて、もっとも親しい人とさえも交流する時間が減っても、誰でも利用できる公共施設では、周囲に注意を払わないわけにはいかない。なにしろ自分の周りは見知らぬ人でいっぱいなのだ。体型も、服装も、なまりも、言語も、においも（ときには不快なにおいだが）違う。公共の社会的インフラで時間を過ごすためには、こうした違いに市民的な方法で対処することを学習する必要がある。

公共施設がいつも平和的で穏やかな場所だと言っているのではない。私自身、多くの支部図書館で、いざこざを目撃した。貧窮した男性たちがトイレの順番をめぐり言い争っていたり、親のつき添いのない子どもたちがイベントの合間に取っ組みあいのケンカを始めたり、大人専用のコンピューターでビデオゲームをしているティーンエイジャーを失業者が怒鳴りつけたり、精神を病んだホームレスが乱暴な脅し文句を口にして、フロア全体が大混乱に陥ったりといった具合だ。私がよく足を運んだ支部図書館の警備員によると、ヘロイン依存症者が過剰摂取で倒れたため救急車を呼んだことや、誰かがフロアに排泄してしまったこともあったという。

こうした問題は、誰でも利用できる公共施設では避けられない。薬物依存者の診療所やホームレスのシェルター、フードバンクなどの施設が、もっとも助けを必要とする人たちを日常的に追い返している（かわりに図書館を紹介することも多い）現状では、なおさらだ。だが、もっと注目すべきなのは、図書館では、こうしたトラブルはめったになく、もしあっても、実に市民的に対処され、迅速に日常が取り戻されることだ。もっとも荒廃した地区でさえ、支部図書館に厳しい警備が敷かれていることはないし、ソーシャルワーカーやカウンセラーが常駐していることもない。かわりに、図書館は独自の規範と行動規則をゆるやかに適用し、利用者がそれを守ってくれることを信頼する。実際、99%の場合は遵守される。「この図書館から追い出されるには、相当なことをする必要がある」と、ある支部図書館の館長は言った。「私たちは、利用者が居場所を見つけられるように全力を尽くしている」

図書館の日常は、民主主義の実験だ。そして、その扉が開いているかぎり、大勢の人々がその実験に参加する。

スワードパーク図書館の魅力

地域の図書館の豊かなオープン性と多様性は、かつては都市文化の特徴だった。実際、都市文化に関する有力な理論の多くは、その特徴として、歓楽とともに、日常的に多様性に対処する必要性をあげている。

ある意味で、アメリカの都市はいちだんと多様になりつつある。とくにニューヨークでは移民が急増している。現在、ニューヨーク市の移民人口は300万人を超えるが、その3割は2000年以降にアメリカに来た人たちだ。全米の都市で、ひと昔前はなじみがなかった言語や料理や文化活動に出会うことができる。アメリカは今もオープンな社会であり、新しい人々を迎え入れて、変化を遂げているのだ。

だが、依然として分断していて、不平等な都市もある。なかには人種や社会階級的な違いを排除して均質化している地区もある。壁やゲートを張り巡らせたコミュニティや、場違いに見える人を積極的に警察活動の対象にしている地区がそれにあたる。ニューヨーク市の一部の富裕地区のように、もっとさりげなく、ひょっとすると意図せず、分断を実現している地区もある。まず、不動産価格が著しく上昇して、金持ちしか住めなくなる。次に、商店とレストランが高級化して、特定の客層しか引き寄せなくなる。住民は均質化し、特定の人種が固まり、オープンで多様ではなくなる。受容性のある社会環境ではなくなり、威嚇的で冷たい雰囲気の建築が増える。

スワードパーク図書館は、堂々とした赤煉瓦と石灰石のイタリア・ルネッサンス建築で、アメリカ初の市立公園であるスワードパークの一角にある。南北戦争後の金ピカ時代の富で建てられた壮麗な建物は、エリート向けで排他的に見えるかもしれない。だが、この図書館は、チャイナタウンと、低所得層向けの団地と、急開発が進む若手専門職向けの高級住宅街が交わる場所にあり、長年、ロウワーイーストサイドのコミュニティの中心的な役割を果たしてきた。その扉は、あらゆる人に対して開かれており、誰でも利用することができる。

ロウワーイーストサイドは、過去170年間、貧しい移民が多く住んできた地区だ。これは、川の近くの低地のため、良好な環境を求める富裕層には人気がなかったせいもあるが、数千棟の団地（今もある）に、とてつもなく多くの人が住んでいるせいでもある。19世紀半ば、アイルランド系移民がこの地区に大量に流れこんできた。すでに一定の地位を築いていたニューヨーカーたちは、豊かな地区がスラムになったとして彼らを非難した。その次にドイツ人、さらに東ヨーロッパのユダヤ人がやってきて、20世紀のほとんどの間、この地域にとどまった。今も高齢のユダヤ系住民が数千人住んでいて、小さなシナゴーグ（訳注：ユダヤ教の礼拝所）も残っている。だが、現在のロウワーイーストサイドの最多の住民は、プエルトリコ系と中国系で、子どもの貧困率は31％にものぼる。

21世紀に入ると、スワードパーク周辺は高級住宅街化しはじめた。公園のすぐ隣にある、もともと肉体労働者のために建てられた集合住宅は、今、一戸１００万ドル以上で販売されている。道路をはさんで向かい側にある、ユダヤ系アメリカ人向け新聞フォワードの本部があった建物は、最近、高級コンドミニアムに生まれ変わった。その隣には、サンフランシスコで大人気となった中華料理店ミッションの支店と、高級カクテルバー、さらには最近人気のジュースバーが並ぶ。それでもまだ、この地区は移民の街であり続けている。そして、その目じるし的な存在であるスワードパーク図書館は、アンドリュー・カーネギーが１９０１年に寄付した５２０万ドルで建てられた65のニューヨーク公共図書館の１つであり、成功を夢見る住民たちによって、１９０９年の開館時とほぼ同じように使われている。スワードパークの貸出冊数は年間50万冊（1日あたり約１４００冊と何枚かのＤＶＤ）以上で、イベント参加者は年間2万人以上と、ニューヨークでもっとも活気ある支部図書館の１つだ。

私が初めてこの図書館を訪れたのは、1月のどんよりした天気の朝だった。地下鉄の西4丁目駅でＦ系統に乗り換え、マンハッタン島で最後の駅であるイーストブロードウェイ駅で下車した。ホームレスが身支度をしている横を通り過ぎて、階段を上がると、ラトガーズ通りに出る。最初に目についたのは、イーストリバー沿いを走るＦＤＲドライブを臨む赤煉瓦の高層団地だ。その数年前、私はハリケーン・サンディの復興計画のコンペ「リビルド・バイ・デザイン」のリーダーとして、この団地の浸水被害を調べたことがあった。建物内に海水が入りこみ、1階は居住不可能となり、エレベーターは故障し、地下にあった電線や電話線などのケーブル類は絡まって腐食していた。共有エリアは放置され、アスファルトにはひびが入り、ベンチは座り心地が悪く、ところどころ残った芝生は伸び放題になっていた。こんな地区に住む数千人の人たちは、いったいどこに息抜きにいくのだろうかなど、当時はあまり考えなかったが、スワードパークに行って、その答えがわかった。

公園のゲートを越えると、寒空の下、20人ほどの高齢者（全員中国系でほとんどが女性）が、ダンスをして体を動かしていた。ブランコでは、何人かの未就学児が遊んでいる。老人のグループはのんびり散歩している。公衆トイレ（春までカギがかかって閉鎖されている）の近くでは、ホームレスの男性が眠っていた。

公園の北東部にある図書館は、大きなアーチ型の窓と、堂々とした石灰石の基礎を持つ威厳ある4階建ての建物だった。エントランスの前には細長い石のベンチがある。私が到着したのは、午前10時の開館の数分前だったが、すでに14人が待っていた。入り口の近くや、階段付近をそぞろ歩いている人もいれば、アスファルトの歩道にじっと立っている人もいる。若い専門職のカップルは、男性のほうは道路の向かい側にある高級カフェで買ったコーヒーを持っていて、女性はＤＶＤを2枚持っていた。頭にスカーフを巻いた年配のユダヤ系女性もいた。本を入れた小さなバッグを持っていて、ジーンズとパーカー姿の白髪の男性と、ドナルド・トランプについて話していた。30代か40代くらいの大柄の中南米系の女性２人は、階段の手すりに寄りかかって腕を組み、ときどきスマートフォンをチェックしている。灰色の帽子にベージュのコートを着こんだ中国系男性は、冷たい石のベンチに座っていた。重そうなバックパックを背負った大学生らしき数人は、それぞれひとりで立っていた。そしてホームレス風の男性４人は、入り口の前に固まっていた。1人が時間をチェックした。

10時きっかりに、ぶかぶかのジャケットを着た図書館員がカギをあけると、ドアを押さえて人々を迎え入れた。「おはようございます」と彼は言うと、顔馴染みの利用者に温かく微笑んだり、うなずいたりして挨拶し、初めて見た私には親しみのこもった歓迎するような笑みを浮かべた。

ホームレス風の男性たちは大急ぎで中に入っていった。１人が１階のトイレに直行する。誰でも利用できる唯一のトイレだ。トイレは地下にも２つあるほか、２階には子ども専用のトイレがある。さらに１人が競うように階段を上がっていき、それ以外は大きな窓の横にあるテーブルの前で荷物を下ろすと、新着本をチェックしはじめた。ほとんどの利用者は、彼らの臭いを避けようと少しばかり距離を置いて、それぞれの目的地へと向かった。カップルはＤＶＤを返却すると、新たに１枚を借りて帰っていった。スカーフを頭に巻いた高齢の女性は、コンピューターに直行して、メールをチェックしはじめた。中国系男性は階段で３階に上がっていった。あとでわかったのだが、彼はそこで２人の友達と中国語の新聞を読むのが日課になっていた。中南米系の女性２人は、貸出デスクをぐるりと回ってラウンジに向かった。そこは午後2時からティーンエイジャー専用スペースになるまでは、誰でも使えることになっていた。席につくとすぐにスマートフォンを取り出していた。

第1波が落ちつく場所に落ちつくと、私は図書館員のところに向かった。玄関で全員を迎えてくれた男性だ。私が自己紹介をすると、彼は「アンドリューです」と名乗って、ビンテージの黒いジャケットの袖から骨っぽい手を伸ばして、私の手を握った。「何かお探しですか?」

カーネギーが建てた「人々のための宮殿《パレス・フォー・ザ・ピープル》」

支部図書館の職員にとって、利用者が求める以上のものを見つけてあげることほど大きなやり甲斐はない。「いまどき公務員として、善良なことだけができる仕事は、ほとんどない」と、ある日アンドリューは言った。「誰をひどい目にあわせるわけでもなく、誰かを利用することもない。ただ、無料のサービスを提供するだけだ」

ロサンゼルスで育ったアンドリューには、双子の兄弟がいるという。イギリス人の母親は、週末になるとよく、ロサンゼルスの中央図書館かビバリーヒルズ市立図書館に双子を連れて行ってくれた。運転ができなかったから、長時間バスに揺られての外出だ。「かなり遠かった」とアンドリューは振り返る。「でも、図書館の建物はとても美しくて、母は、その建築に私たちを触れさせたかったのだと思う。図書館に通った経験は、ほかのどこに行くのとも違っていた。すごく特別に感じられた。その感覚は今もずっと残っている」

「父は不在のことが多く、母にとっては、私たち兄弟が本を見ている間にゆっくりできる場所だったのだろう。一番思い出深いのは、『けんかしちゃだめ、かみついちゃだめ！』（未邦訳）という絵本だ。Ｅ・Ｈ・ミナリックの本だったと思う。絵はモーリス・センダックだ。ああ、何度あの本を読み返しただろう。２人の兄弟がしょっちゅうケンカをする話で、母はそれを読み聞かせるたびに、いたずらっぽく私たち２人を見たものだ。永遠に忘れることのない思い出だ」

　やがて、アンドリューはニューヨークに引っ越した。そして図書館の「情報スペシャリスト」の求人に応募した。新人レベルだったので、給料はよくなかった。ニューヨーク公共図書館の職員の初任給は約４万８５００ドルだが、図書館学の学位をもたない「情報スペシャリスト」の初任給はそれよりも大幅に安い。だが、スターバックスよりはましだったと、アンドリューは言う。それに有意義で、目的意識に満ちた仕事だった。ひとたび働きはじめると、その選択は正しかったと、すぐに確信したという。

「この仕事を始めてわかったことがある」と、アンドリューは言った。「スターバックスも、ほとんどの商業施設も、客は買ったものを手に入れることで、よりよい存在になると考えられている。でも、図書館は、利用者はすでに素晴らしい人間だという前提に立っている。それを本や教育によって、引き出せばいいだけだ。図書館は、人間の一番いい部分を引き出す。人はチャンスさえ与えられれば、自分を向上させることができるという前提に基づいて運営されているんだ」。私が観察したところでは、図書館員や他の利用者との交流も、人々を向上させる重要な方法の1つになっている。

子どもも大人も、支部図書館で構築した人間関係から恩恵を得る。「子どもは成長過程にあるから、どんどん物事を吸収する」とアンドリューは言う。「願わくば、大人もそうであってほしい。でも、図書館を利用する大人は、知的能力などを向上させようとする人ばかりではない。自分のことをどういう人間かを勝手に決めつけ、自分を利用し、自分と関わりあいになりたがらず、社会における自分の役割を理解してくれない環境とは違う場所を求めて、ここに来る人たちもいる。彼らは、自分の人間性をおおらかに理解してくれると感じられる場所を求めている。図書館ではそれがかならず得られる」。図書館は、誰かが気にかけてくれていると感じられる場所、誰かとつながっていると感じられる場所だ。それは彼らの支えになる。孤独なときは、とくにそうだ。

図書館の職員は、新しいイベントを企画するにあたり、私が予想していたよりもずっと大きな裁量を与えられていた。館長は、司書や情報スペシャリストを完全に信頼しているようだ。アンドリューがスワードパークに来て最初に企画したイベントの1つは、「ティータイム」だった。現在は3階の資料室兼読書室の片隅で開かれている。「多くの人が朝早く来るけれど、イベントには参加しないことに気がついた」と、彼は言う。「図書館を息抜きの場所として使っているのだ。そこで、『お茶を飲みながら新聞や本を読むことほど、いい息抜きはあるだろうか』と思った。両親がイギリス人だった影響かもしれないね」

ティータイムはたちまち人気イベントの1つになった。高齢の常連利用者に好評なだけでなく、無料で温かい飲み物とビスケットをもらえることを喜ぶ新規利用者の呼び水にもなった。また、良質の社会活動の場にもなった。一緒にお茶を飲みながら、新聞やニュースを回し読みするうちに、中国系、トルコ系、中南米系、ユダヤ系、アフリカ系が混ざった意外なコミュニティができあがったのだ。「いろいろな人が集まっていることをとても気に入っている」と、アンドリューは言う。「それだけではない。ティータイムは図書館が利用者を信頼していることを示す絶好の機会だ。最近は聞かないが、カーネギーの支援により支部図書館がいくつもオープンしたとき、よく使われた表現がある。『人々のための宮殿』だ。図書館は本当に宮殿だ。人々を高貴な気分にさせることができるのだから。さもなければ、そんな気分を感じる余裕なんてまったくない人たちにね。人生には気高さと尊厳が必要だ。また、それを人に認めてもらう必要がある。お茶を出すなんて、たいしたことではないと思うかもしれないが、実は私がしているもっとも重要なことの1つだ」

第2章

犯罪を減らすインフラ

プルイット・アイゴーは、1954〜56年にミズーリ州セントルイス北部に相次ぎ完成した団地だ。11階建ての建物が33棟立ち並ぶこの団地は、アメリカの公営団地史上、もっとも有名な失敗例かもしれない。[1] 高名な建築家のミノル・ヤマサキ（のちにニューヨークの世界貿易センタービルも手がけた）による当初のデザインでは、階数の異なる棟が、歩道と「川のような並木」によって結ばれていた。ところが、それでは金がかかりすぎるとして、公共住宅庁（PHA）が見直しを強いた。その結果、各棟はすべて同じ形状になり、建築資材もヤマサキの提案より安いものに変更された。各棟には、共用フロアとして1階に集会室や洗濯

WELCOME
GOD IS GREAT
COMMUNITY PARK

室があり、「数階おきに設けられたアンカー階」にゴミ収集室が置かれた。エレベーターと階段は、同じ棟に住む約100世帯の共用だ。それが33棟つくられた。当時は住宅需要が高く、新しいアパートには入居申しこみが殺到した。1957年の入居率は90％を超えた[2]。

当初は、きわめて現代的な空間効率と、緑がたっぷりあるデザインを称賛する専門家もいたが、すぐに大きな問題が生じた。1960年代に調査に乗り出したワシントン大学セントルイス校の若手教授オスカー・ニューマンは、現場に足を運んで大きな衝撃を受けた。報道よりもずっと荒れていたのだ。洗濯機やゴミ収集設備は破壊され、共用スペースの壁は落書きだらけ。建物の中も外もゴミが散らばり、歩道にはガラス片も散乱していた。売買春や麻薬取引、強盗、暴力犯罪などが急増して、子どもがいる家庭は、心配で家から出てこないようになった。「廊下も、ロビーも、エレベーターも、階段も、危険だった[3]」と、ニューマンは書いている。「女性たちは交代で子どもたちの通学につき添い、集団で買い物にいった」。やがて、よそへ引っ越す人が現れると、たちまち大量の住民が流出しはじめた。1971年までに、半分以上の棟が閉鎖され、団地全体の入居率は35％に落ちこんだ[4]。

ニューマンは当初、美しくて近代的な住宅が台無しになったのは、住民の質が悪かったせいだと思った。「犯罪や荒らし行為のピーク時にプルイット・アイゴーを訪れたら、ロクでもない住民ばかりだと思わずにいられないだろう[5]」と、彼は言う。無理もない。長年、犯罪の原因に関する有力理論は、犯罪行為を働く人に注目してきたからだ。凶悪犯罪の原因を探るとき、たいていの犯罪学者は、犯人の人種や性別、所得、家庭環境、教育水準、場合によっては道徳観念や自制心といった「背景要因」に目を向ける。ニューマンも当初、同じことをした。そして、多くの役人と同じものを見た。すなわち、黒人の貧しいシングルマザーとその子どもたちが大多数を占めるコミュニティだ。すべてが野放し状態に見えた。

ところが、プルイット・アイゴーで過ごす時間が増えるうちに、もっと複雑な現実が見えてきた。たとえば、ほとんどの住民は、自分の居室は「整頓して、きちんと手入れをしていた。家具は質素かもしれないが、大きなプライドを持っていた」[6]。また、2世帯が共用するバルコニーも、「清潔で、安全で、整頓されたエリア」になっていた。

なぜ、団地のプライベートなスペースと公共スペースが対照的な状態なのか。ニューマンは答えを探しはじめた。

手入れの行き届いた住戸と、セミプライベートなバルコニーは、1つのヒントだった。だが、隣接する団地は、もっと大きなヒントをくれた。「プルイット・アイゴーの向かい側には、もっと古くて、もっと小さいロウハウス（低層集合住宅）群のカースクエア・ビレッジがあった。住民の属性はプルイット・アイゴーとほぼ同じだ」とニューマンは書いている。「プルイット・アイゴーの建設中も、入居中も、衰退中も、カースクエア・ビレッジはずっと満室で、トラブルもなかった」[7]。住民はセミプライベートの庭と共用エリアをうまく活用していた。ジェイン・ジェイコブズが「街の目」[8]と呼んだ、インフォーマルな監視がたっぷりあって、みな安全かつ比較的快適に暮らしていた。カースクエア・ビレッジの犯罪率は、プルイット・アイゴーの3分の1だった。ニューマンは大きな興味を抱いた。「この2つの公営住宅は共通の社会的属性を持つ」が、「一方は存続し、もう一方は荒廃した」根本的な原因は、住民の属性ではなく、「物理的な相違」にあったのだ。[9]

ニューマンが2つの公営住宅の物理的な特徴を比較してみると、その違いは歴然としていた。カースクエア・ビレッジでは、各ロウハウスの世帯数が少なく、全員が友達とは言わずとも、「ご近所さん」と認識していた。コンパクトなエントランスと、セミプライベートな屋外スペースは共用だったが、世帯数が少ないため、その使い方や手入れのルールを比較的簡単に決められた。これに対してプルイット・アイゴーでは、設計上、建物内外の使い方を住民が決めることは不可能だった。あまりにも多くの人が共用エリアを使っていたため、誰も管理や手入れができなかった。中間層が住む高層マンションのように、ドアマンや管理人を雇う余裕もなかった。また、1棟の住民数が非常に多かったため、「住民と部外者を見わけることができなかった」。

ニューマンに言わせれば、そこから導かれる教訓は明白だった。プルイット・アイゴーの悲惨な状況は、住民の属性が原因ではなく、物理的なインフラのせいだった。建物と景観のデザインは、「犯罪を減らし、住民が自らの住環境の使い方を管理する上で重要な役割を果たす」と、ニューマンは結論づけている。「住民は、明らかに自分のエリアと決められた場所は、きちんと手入れし、管理していた」が、より大きな共用スペースでは「当事者意識や管理意識」が喚起されず、「どのような使い方が許容されるかについて、隣人どうしで合意を形成できなかった[10]」。

ニューマンは1972年の著書『まもりやすい住空間──都市設計による犯罪防止』で、プルイット・アイゴーをカースクエア・ビレッジよりもはるかに危険な住宅にした物理的要因を説明している[11]。この年、プルイット・アイゴーは解体工事が始まり、1976年まで続いた。ニューマンが唱える「まもりやすい住空間」論は、都市計画者や犯罪学者に大きな影響を与え、世界中の公共住宅のデザインにも影響を与えた（ニューマンは2015年のHBOの実話をベースにしたドラマ『HERO　野望の代償』にも登場する）。

しかしその後の研究を見るかぎり、ニューマンの発見のすべてを一般化することはできなそうだ。一部の都市では、高層の公営団地がある貧困地区のほうが、こうした住宅がない貧困地区よりも治安がいいことがわかっている。また、ニューマンは、どのような条件が、公営住宅の成功のカギになるかも明記していない。また、犯罪と住宅に関して、「高層住宅そのものが……真の決定的な悪者だ[12]」と結論づけたのは間違いだ。だが、ニューマンの主張の最大のポイント、すなわち人工的につくられた住環境が、犯罪レベルを決定する要因になるという説は幅広く受け入れられている。それどころか今、その証拠はこれまでになく強力になっている。

その証拠の一部は、ニューマンが「まもりやすい住空間」論を唱えたのと同じ頃に、ある犯罪防止論を唱えるグループによって示された。防犯環境設計（CPTED）論は、ある環境では犯罪を働く可能性が高い人が、別の環境では、犯罪など考えもしないというインサイトを出発点にしている。CPTEDを考案した犯罪学者のC・レイ・ジェフリーは、「犯罪者というものは存在しない。犯罪行動に帰結する環境条件が存在するだけだ。適切な環境構造を与えれば、誰もが犯罪者にも非犯罪者にもなりうる」と述べた。したがって、犯罪者個人をターゲットにした犯罪防止措置は、効果が薄い。犯罪を管理する最善の方法は、「犯罪が生じる環境を操作することだ」というのだ。[13]

しかし、ほとんどの犯罪対策は、場所を改善するよりも、人々を処罰することに焦点を絞ってきた。トランプ大統領は「ストップ・アンド・フリスク（警察による任意の職務質問と所持品検査）」を奨励し、司法長官は量刑の厳格化を求め、「法と秩序」の擁護者たちが勢いを得ている。政府は住宅にほとんど投資しないし、安全な歩道や、図書館や、高齢者センターや、市民農園のような地域インフラへの投資はもっと乏しい。こうした場所は、人々を公共空間に出てこさせ、「街の目」を増やすにもかかわらず、だ。違法活動を促すことがわかっている空き地や廃墟ビルや酒屋などの犯罪の「ホットスポット」を改善する投資も増えていない。犯罪や暴力の被害がもっとも大きい場所では、コミュニティを改善し、路面レベルの環境を改善するための投資は不足している。

政治家は、明らかに危険な場所を改善することよりも、潜在的な危険人物を取り締まりたい政治的理由があるのかもしれない。だがその科学的根拠は疑わしいものだ。もっと効果的で、さほどお金のかからない犯罪削減方法があるのだから。なかでも最高の選択肢には、社会的インフラへの投資が含まれる。

割れ窓の前に空き家があった

イギリスでは19世紀に、都市や地区によって犯罪の発生率が違うのはなぜなのかが研究されるようになった。その一部は、貧困の集中が犯罪率の上昇につながるという、比較的単純な結論を示したが、同じように貧しくても地区によって犯罪率に大きな開きがある理由を解き明かそうとした研究もあった。「ほとんどの研究は（犯罪の）説明に終始し、理論を示すばかりだった」と、ペンシルベニア大学のジョン・マクドナルド教授（犯罪学）は書いている。「犯罪を抑制する方法について、手がかりを示す試みはなかった[14]」。マクドナルドは、こうした伝統的な研究姿勢に対して、イギリスの保健専門家たちの働きを紹介している。たとえば、ジョン・スノウのコレラ研究は、「空間的環境が健康に与える影響に注目し、飲用井戸を下水道から離れた場所に設置することで、飲料水媒介病を予防する方法を提案した」という。犯罪を減らすことは、コレラを予防するよりも難しいが、環境が犯罪に与える影響についてパイオニア的な研究をしてきたマクドナルドは、現代の多くの環境犯罪学者らとともに、新しい重要な解決策を提案してきた。

昔から社会学者は、政府や警察が犯罪対策を練るうえで大きな役割を果たしてきた。たとえば「割れ窓理論」は、ハーバード大学の政治学者ジェームズ・ウィルソンと、ラトガーズ大学の犯罪学者ジョージ・ケリングが、1982年にアトランティック誌に発表したものだ。ウィルソンとケリングによると、犯罪者は、割れ窓などの無秩序な外観は社会の管理が弱いことのサインであり、犯罪を働いても抑止される可能性は低いと考える。「インフォーマルな管理によって公共空間における人々の行動を規制できると住民が自信を持つ地域とは異なり、このような地域では麻薬が売買され、売春婦が客待ちをし、車上荒らしが起こる可能性が高い。泥酔者は少年たちの盗み（愉快犯だ）にあい、買春客は（ひょっとすると暴力的に）美人局の被害にあう。ひったくりが起こる」[15]と、彼らは主張する。

アトランティック誌の記事「割れ窓」は、犯罪学史上、もっとも頻繁に引用される文献になっただけでなく、公共政策の分野でもっとも有力な研究の1つとなり、「警察活動のバイブル」だとか「コミュニティ警察活動の基本」と呼ばれることさえある。[16] 1980年代以降、世界中の都市がウィルソンとケリングのアイデアに基づき、「ゼロ・トレランス」的な警察活動を展開してきた。つまり、落書きや、たむろや、公共の場での泥酔や、物乞いのような軽犯罪が厳しく取り締まられ、有罪が確定した者には厳罰が科される。「ささいな異変に注意を払えば、多くの大事件を防止できる」[17]と、ロサンゼルス市警とニューヨーク市警の署長を歴任したウィリアム・ブラットンは言ったものだ。ブラットンはどちらの街でも割れ窓理論を指針にしただけでなく、グローバルなコンサルティング活動でも援用している。現場レベルでは、ストップ・アンド・フリスクが積極的に行われ、人々（とりわけ犯罪多発地域の住民）が簡単に逮捕された。その過程で、警察が不当にマイノリティー（とくに黒人男性）を標的にしているという批判が急増した。

比較的最近の実証研究で部分的な有効性が示されたものの、基本的に、割れ窓理論は斬新なアイデアだっただけにすぎない。[18]コロンビア大学のバーナード・ハーコート教授（法学）は、「有名な割れ窓理論の有効性が確認されたことは一度もない」と書いている。「むしろ社会科学のデータは、この理論がおそらく間違っていることを示唆している」[19]。たとえば、ある場所が無秩序だという認識は、一般に、割れ窓や落書きの量よりも、その地域の人種構成と関連している。こうした事実を含め、割れ窓理論には無数の問題があることがわかっている。ハーバード大学の社会学者ロバート・サムソンや、シカゴ大学の社会学者スティーブン・ラウデンブッシュ、そしてカリフォルニア大学バークレー校の犯罪学者フランクリン・ジムリングなど、超一流の学者たちが、割れ窓理論そのものと、この理論をもとにした政策の欠陥を指摘している。[20]

しかし本書で注目したいのは、割れ窓理論の有効性ではなく、その成り立ちと解釈だ。ウィルソンとケリングは、割れ窓などにつながる軽犯罪を取り締まるよう政策立案者らに促した。これが路上での警察活動の強化につながったわけだが、もし2人が社会的インフラのパワーにもっと関心を払っていたら、別の対策を推奨したかもしれない。

無秩序と荒廃のスパイラルがどのように展開するかについて、ウィルソンとケリングが示した有名なシナリオを見直してみよう。「ある建物が空き家になっていて、雑草は伸び放題で、窓は叩き割られている」と彼らは書いている。「大人が粗暴な子どもたちを叱るのをやめる。調子に乗った子どもたちは、ますます乱暴になる。家族連れはよそに引っ越し、ひとり者が引っ越してくる。ティーンエイジャーが街角の店の前にたむろする。商店主がよそに行ってくれと頼むが、彼らは聞く耳を持たない。ケンカが起こる。ゴミが散乱する。人々は食料品店の前で酒を飲むようになる。やがて泥酔者が歩道に倒れこみ、そこに寝泊まりするようになる。歩行者は物乞いに言い寄られるようになる[21]」。あとは悪くなる一方だ。

興味深いのは、この悪循環の最初の2つの段階（「建物が空き家になり、雑草が伸び放題になる」）が、犯罪対策の議論からすっかり忘れ去られてしまっていることだ。アトランティック誌の記事のキャッチーなタイトルになり、すっかり主役を奪ったのは、第3段階（「窓が叩き割られる」）だった。空き家や空き地が治安を脅かす可能性は、長年、学者たちの間で指摘されてきた。それなのに、ウィルソンとケリングの理論に基づく政策論争は、このシナリオの最初に指摘されている2つの根本問題を無視して、いきなり犯罪行為を議論する。つまり、最初に「空き家」があるのではなく、「割れ窓」があることになっている。だからその先に議論される政策も、まったく異なるものになっていく。

ウィルソンとケリングが、読者（その多くは市長や警察署長ではない）に、社会的インフラにもっと注意を払うよう促していたらどうなっていたか想像してみてほしい。軽犯罪者ではなく、空き家や空き地のリスクにもっと注意を喚起していたら、どうなっていただろう。住宅地の犯罪防止努力が、不審人物の職質や所持品検査ではなく、危険な建物の検査や修繕に焦点を当てていたらどうなっていただろう。

この問いは理論上のものにとどまらなかった。ペンシルベニア大学の犯罪学者ジョン・マクドナルドと疫学者チャールズ・ブラナスは、この問いを機に、現代社会科学でもっともエキサイティングな研究の1つに着手した。

空き地を整備すると犯罪が減る

現在、コロンビア大学の疫学部長を務めるブラナスは、銃暴力の代表的な研究者だ。彼はこの問題の深刻さを、救急医時代に身をもって感じていた。アメリカでは毎日、90人以上が銃によって命を落とし、200人以上が負傷している。[22] これでも、ここ数十年で大幅に改善してきたが、世界的に見ると今なおきわめて多い。アメリカの銃による死者数は、平均的な高所得国の約25倍だ。とりわけ都市部と、一部の中規模都市（ニューオーリンズ、セントルイス、バッファロー）と大都市（デトロイト、フィラデルフィア、シカゴ）の銃犯罪は、がんとして減っていない。また、こうした都市でも、特定の場所（地区レベルでなく番地レベル）の銃犯罪は突出している。ブラナスとマクドナルドは、その理由を解明したいと考えた。

疫学者と犯罪学者という異例のペアは、2人が2000年代にペンシルベニア大学に勤務していたときに誕生した。医科大学院で開かれた銃暴力に関するセミナーで出会った2人は、やがてキャンパスでいろいろな話をするようになった。どちらも、犯罪を地域の無秩序と結びつける理論に苛立ちを覚えていた。「『割れ窓』以降、多くの研究は（犯罪現象を）説明するばかりだった」と、ブラナスは言う。「厳密に何を無秩序とみなしているかがはっきりしないし、対策を提案するわけでもない。警察活動くらいしか、やれることはないが、警察活動はきわめて複雑だ」。

ある日、ブラナスはサイエンス誌で、オランダのキース・カイザーが行った実験に関する論文を読んだ。[23]「（カイザーら）研究者は、一般の住宅地に無秩序を生み出す許可を得ていたらしい。自分たちで落書きをしたり、ゴミをばら撒いたりして、その影響を測定していたのだ」。その論文は、無秩序と非市民的な行動の間に強力な相関関係があるとし、割れ窓理論の一部

（だが全面的ではまったくない）が正しいことを論じていた。だが、ブラナスは、その発見よりも実験の手法に注目した。アメリカでは、たとえ実験のためであっても、住宅地に落書きをしたり、ゴミをばら撒いたりすることは許されない。それでも、ひょっとすると、場所に応じて犯罪を削減する方法を実験する手立てがあるかもしれない——。

そんなある日、ブラナスはフィラデルフィア連邦準備銀行が後援する会議で、銃とアルコールに関する研究を発表した。このとき、銃犯罪の環境要因について実験をしたいと思っていると言及したところ、「発表後に、ペンシルベニア園芸協会（ＰＨＳ）の人に声をかけられた」と、ブラナスは振り返る。ＰＨＳは、貧困地区では空き家が暴力犯罪を増加させていると確信していた。フィラデルフィア市は、空きビルの所有者に、破損したドアや窓の放置を禁じる条令を可決していたが、それに従わない建物は数千戸あったたし、条例違反の空き地も数万カ所あった。ＰＨＳは素晴らしいデータを持っていて、ブラナスたちの研究を手伝うと申し出てくれた。

ブラナスとマクドナルドは大喜びした。空き家と犯罪の間に相関関係があることは、すでにいくつもの研究で明らかにされていた。犯罪学者ウィリアム・スペルマンは、１９９３年の論文で、テキサス州オースチンでは、「廃屋がある地区の犯罪率は、廃屋がない地区の犯罪率の2倍にのぼる」ことを明らかにした。２００５年には社会学者ランス・ハノンが、ニューヨーク市の高貧困地区および極貧地区で、廃屋の数と殺人事件数の間に相関関係があることを示した。[24]ハノンの研究のリーダーを務めたブラナスは、当時の研究仲間を誘った。医療経済学者、救急医療学部の教授、そして医療人類学者もいた。収集して分析するべきデータは大量に存在した。

ブラナスのチームが最初に取り組んだ大規模プロジェクトには、フィラデルフィアにおける2つの自然実験が含まれていた。[25]1つは、ペンシルベニア大学の研究チームによるもので、同市の損傷放置禁止条令に違反している空き家2356戸の近隣における暴力犯罪を調べた。このうち676戸については、所有者がドアや窓をつけ替える「治療」をし、それ以外の空き家は放置された。そのうえで2010～13年の3年間、修理された空き家周辺の暴力犯罪と、地理的に同等の場所にある未修理の空き家周辺の暴力犯罪が比較された。

第2のプロジェクトでは、空き家ではなく空き地周辺の暴力犯罪が比較された。フィラデルフィアには、「建物がなく放置された空き地」が4万9690カ所あった。PHSは、このうち4436カ所の整備を引き受けた。ゴミやがれきを撤去し、土地をならして、草や木を植えて公園のようにし、低い柵（入り口となる開放口つき）を立てて、レクリエーション利用を促す一方で、不法投棄を防ごうとした。そのうえで、ブラナスの研究チームは1999年から2008年までの10年間、手入れのされた空き地と、無作為に選ばれた、地理的条件が同等の空き地の周辺の暴力犯罪を調べた。

暖かくて風の強い9月のある日、私はブラナスたちが観察したフィラデルフィアの空き地を訪問した。ＰＨＳが手入れをした空き地と、放置された空き地の両方だ。ＰＨＳに勤めるアフリカ系アメリカ人のキース・グリーンが、青いフォードのピックアップトラックで迎えにきてくれた。大柄で、はげ頭に、ごま塩ひげが印象的なグリーンは、まず、ＰＨＳが計21万平方メートルの空き地を整備しているウエストフィラデルフィアを案内してくれると言った。

グリーンは、フィラデルフィアでも緑が乏しい「コンクリートシティー」と呼ばれる地区で育ち、21年前にＰＨＳで働きはじめたという。最初はインターンとして、次に市民農園プロジェクトの担当者として。「こんなに長い間やることになるとは思わなかった」と、彼は言った。「でも、空き地の手入れを始めたとき、自分の天職を見つけた。初めて担当した案件の1つを今も覚えている。ノースフィラデルフィアの2ブロックを整地してほしいという市からの依頼だった。シラミが大量発生していたんだ。現場に行くと、まるでジャングルみたいだった。雑草やら、背の高い植物やら、木が無秩序に生えていた。みんなが勝手にゴミを置いていくから、ガラクタも積み上がっていた。中古車もあったし、割れたガラス瓶や、ベッドマットも転がっていた。とにかくめちゃくちゃだった。最終的に4ブロックで計１２５カ所の空き地を手入れすることになった。とんでもない数だろう？　１２５カ所だ！　おっそろしい仕事だった。でも、それをやり終えたとき、ここは今までとは違う場所になると断言できた。みんなとても喜んでくれた。子どもたちが私のトラックまでついてきて、『キースさん！　キースさん！　明日も来てくれる？』と大声で言ったものだ。まるで私のことをソフトクリームの移動販売屋かなにかのように思っていたんだな！」。彼は笑った。「フィラデルフィアじゅうでこれをやるべきだと、ずっと思っていた。そしてその通りにしたわけだ」

　グリーンはゆっくりと、ウエストフィラデルフィアの40番通りに近づいた。「よく見ていなよ」と、彼は言った。「自分の目が信じられないだろうから」。そこは、シカゴのイングルウッドやノースローンデールとよく似た荒廃した地区だった。雑草と瓦礫と大人の背丈ほどの高さがある草が生い茂る空き地の隣に、ロウハウスと団地（一方は廃墟のようで、もう一方はきちんと維持されている）がある場所だ。「ほらね？」とグリーンは言うと、木の柵に囲まれた角の空き地の前で車を停めた。2つのベンチと、すっきり刈りこんだ木々、そして手入れの行き届いた芝生が見える。

「これが整地した空き地の1つだ。すごく手入れが行き届いているのがわかるだろう？」。私たちは車を降りると、小さな公園を抜けて、すぐ先の空き家と大きな空き地まで歩いた。こちらは雑草が生い茂り、歩道にはみ出て縁石まで届いている。「そしてこっちだ。ひどいだろう」と、グリーンは言った。「おそらく、所有者が我々の活動を許さなかったか、所有者と連絡がつかなかったんだろう。こういう空き地は、いろいろな問題を引き起こす。害虫、ゴミ、犯罪。近隣の開発計画も進みにくい。そりゃあ、これを見たら、近くに住むどころか、逃げ出したくなるだろうね」

私たちは細い道路を渡って、別の空き地を見に行った。するとアフリカ系アメリカ人の女性が運動をしていた。こちらに向かって颯爽と歩いてきたので声をかけると、20代後半のロレッタだと名乗った。近くに住んでいるのかと聞くと、「いいえ」と言う。「でも、いつもこの近所を散歩している」

「あちらこちらに木の柵に囲まれた小さな公園があるのに気づいている?」と、私は聞いてみた。

「いいえ」と彼女は返事をしてから、今いる場所を振り返り、「小さな公園」がなんのことかわかったようだった。「ああ、いいわよね」

「雑草とゴミだらけの空き地もあるよね?」

「ああ、あれね」とロレッタは言うと、小さく微笑んだ。「だから道路のこっち側を歩いてるの!」。彼女は一息置くと、荒れた空き地の方を見て言った。「怖い。あの中で何が起こっているのか、誰が潜んでいるかもわからない。この辺りには、ああいう空き地がたくさんある。とにかく近寄らないようにしている」

ロレッタが再び運動を始めたので、グリーンと私はウェストミンスター通りに出た。グリーンは整地された大きな空き地を指さした。そこは住民の手によって、テーブルや小さな花壇が設置され、地域公園になっていた。「この先にある店のオーナーが手入れしたんだ」と、グリーンは言う。「店の周囲の環境をよくしたかったんだろう。歩道や花壇をつくって多くの人に来てほしかった。そういうケースはたくさんある。きちんと整備すれば、住民がさらに工夫して、自分が好きなものを植えたりする」

私たちは道路を渡って3軒がつながったロウハウスの近くに行ってみた。大きな公園と、それよりも小さな公園にはさまれている。公園のピクニックテーブルでは、サングラス姿の白髪の男性が、携帯電話で誰かと話をしていた。何本か歯が抜けているのが見える。私が近づくと、彼は立ち上がって会釈して、ミッキーと名乗った。よくこの公園にくるのかと聞くと、「そりゃあもう」と言う。「人気の場所なんだ。先週末はイスラム教徒がイベントを開いていたし、そのまえは健康イベントもあった。私は73歳だが、毎日この辺を散歩している。とてもいい休憩場所だよ」

公園のおかげで近隣の環境はよくなったかと、グリーンが聞いた。「ああ、もちろんだ」と、ミッキーは答えた。そしてロウハウスの玄関前に置いたロッキングチェアでくつろぐ白いTシャツにサンダル姿の女性を指さした。「彼女に聞いてみるといい。よく知っているはずだ」

その女性ジョイスはうなずいて言った。「ここに住んで10～12年になるけれど、引っ越してきた当時の、あの空き地はひどかった。麻薬や何やら変なことを考えている若者がうろついていてね。飼い犬を放している人たちもいた。ああ、それにひどい悪臭だった！」。ジョイスはしかめ面をして、少し身震いして当時を振り返った。「でも、私が引っ越してきてから、わりとすぐに整備が始まった。テーブルや大きなパラソルが設置され、子どもたちが遊びにくるようになった。私たちは花壇の手入れをした。昔は、みんなこのブロックを避けたものだった。汚かったし、危険だったから。あの草むらから誰が飛び出てくるかわからないしね。今はずっとよくなった。公園ができて、木陰もできた。とてもいい時間を過ごせる」

　グリーンをはじめとするPHSのスタッフ達は、空き地や空き家を修繕したことが、フィラデルフィアの貧困地区の環境改善につながったと感じていたが、確信はなかった。だが、ブラナスとマクドナルドには、もっと具体的な仮説があった。環境を整備すれば、銃犯罪の減少につながると考えたのだ。「(荒れた空き地や空き家は)無秩序を示唆するだけではない」と、ブラナスは言った。「こうした場所自体が、重犯罪の現場になる。貧困地区にすぎなかったかもしれない場所が、貧しいと同時に危険な場所になるのだ」。理由は単純だ。空き家は、犯罪者が身を隠したり、銃を保管したりするのに都合がいい。荒廃した空き地は、麻薬取引に都合がいいことで知られる。一般市民は近寄らないし、警察のパトカーが通りかかったら、雑草の中に薬物を隠すこともできる。[26] 地域にとっても、警察にとっても、こうした空き地は監視や管理が難しい。

　だが、割れ窓理論の批判派がよく知っているように、もっともらしい理論には、その信頼性を低下させる証拠もあるものだ。ところが、荒廃した環境と暴力の関係に関する最初の実証研究は、劇的な事実を明らかにした。修繕された廃屋の内外では、銃犯罪が39%も減ったのだ。整備された空き地の近隣でも、銃犯罪が5%減と、有意な数字が得られた。これは、社会科学の実験ではめったに出会えない並外れたインパクトだ。さらにブラナスの研究チームが驚嘆したのは、空き家や空き地の周辺で減った犯罪が、他の場所に移った証拠もなかったことだ。つまり、純粋に犯罪そのものが減ったのだ。しかも犯罪の減少は1〜4年間維持され、他の犯罪削減策よりもはるかに持続性が高いことがわかった。「正直言って、私たちが予想したよりもずっと大きなインパクトがあった」[27]とブラナスは語る。

ブラナスによると、「2つのプロジェクトの最大の目的は、環境によって変化を低コストで生み出し、街全体にスケールし、比較的シンプルに維持する方法を見つけること」だった。ブラナスはかつて、従来型の暴力抑止策と啓発活動（つまり犯罪を働きそうな人を対象とする措置）を試みたことがあったが、うまくいかなかったと言う。「ペンシルベニア大学で研究活動を始めたとき、フィラデルフィアの銃犯罪を減らすために懸命に努力した。仲間には、介入者やソーシャルワーカー、コミュニティリーダーがいた。一部の対策は素晴らしいもので、一定の成功も収めた。でも、どれも長続きしなかった。対象者を管理している間しか効果は続かなかったのだ。かなりの予算も投じたが、最終的には50人ほどの青少年しか助けられなかった。そのときその場にいた子たちだけだ。私たちはもっと大きなインパクトを与えたかった。私たちがいなくなったあともインパクトが続いてほしかった」

フィラデルフィアの研究プロジェクトは、環境に基づく介入策は、人を対象とする介入策よりもはるかに成功率が高いことを示した。「アメリカには空き家や廃屋が数千万カ所ある」

と、ブラナスと彼のチームは書いている。整備プログラムは「都市住民が日常的にさらされる環境を構造的に改善する」[28]。それはシンプルで、低コストで、簡単に真似できるから、大規模に展開できる。もっと重要なことに、地元住民の負担はほとんどない上に、そのプログラムは独立採算的に見える。「廃屋や空き地の簡単な手入れをするだけで、控えめに見ても納税者に推定5〜26ドル、社会全体に79〜333ドルの純便益をもたらす」[29]と、ブラナスらは米公衆衛生学会誌で報告している。不動産を放置しておくことは、危険なだけでなく、より高くつくのだ。

だからだろう。ブラナスが、廃屋修繕のインパクトを発表すると、全米の都市や大学が実験参加を熱望するようになった。「ここ数年、実に多くの都市から視察が来る」と、PHSのグリーンは言った。「デトロイト、シカゴ、トレントン、ソウル。シカゴの人たちは、『これは素晴らしい！　素晴らしい！　シカゴにも必要だ。シカゴでもこれをやらない理由はない！』と連発していた」

ブラナスのチームは、2016年までに連邦政府から数百万ドルの補助金を得て、ルイジアナ州ニューオーリンズ、ニュージャージー州のニューアークとカムデン、ミシガン州フリント、そしてオハイオ州ヤングタウンで空き家や空き地の整備プロジェクトを始めた。各地の実験には、地元の識者がパートナーとして加わったほか、ブラナスのこだわりで、地元住民が有償で最前線でのリサーチにあたった。「地域の人たちを雇用できて誇りに思う」と、プラナスは言った。「だが、環境を整備すれば、もっと大きくて、もっと持続可能な効果が得られるだろう」

警察活動よりも大きな予防効果

警察活動は今後も、犯罪削減策の重要な部分であり続けるだろうし、なかには優れた、より人間的な戦略もあるに違いない。だが近年、リオデジャネイロやサンパウロ、ヨハネスブルクなど世界でも指折りの危険な街で、環境に焦点を当てた小規模な対策が、暴力犯罪をかなり削減させることに成功した。それらが生活の質の改善につながったケースもある。

たとえばサンパウロ市は、通常の警察活動だけでなく、犯罪の「ホットスポット」で犯罪の機会を減らす施策を取るとともに、子どもたちが安全な場所（とくに学校）で過ごす時間を増やしたくなるインセンティブをつくった。

かねて社会学者たちは、とくに犯罪多発地域で、バーや酒屋の存在が暴力を増加させる傾向があることを指摘してきた。歴史を振り返ると、酒類の禁止が賢い問題解決法でないことは明らかだ。むしろ多くの犯罪を誘発する上に、アルコール消費量の削減にもつながらず、危険な薬物へのシフトを促す恐れさえある。だが、バーや酒屋の営業時間の短縮は、暴力犯罪の抑制効果があるという良好な証拠がある。たとえば２００１〜０４年、サンパウロ市の39区のうち16区が、「酒類提供制限条令」（バーや酒屋に午後11時から午前６時まで閉店を義務づけるもの）を設けた。その影響を調べたブラジルの経済学者シロ・ビデルマンは、同条例によって、「殺人事件が10％減少」し、「暴行と交通事故による死者」にも同様の減少がみられたと報告している。[30] 犯罪が減ると、酒類提供制限は解除されたが、社会環境の小さな工夫が、治安を劇的に改善できることを示した。

サンパウロ市は、危険な場所へのアクセスを制限すると同時に、みんなに愛されている安全な場所、つまり学校へのアクセスを拡大する犯罪対策も行った。学校、つまり子どもが責任ある大人と日常的に交流する場所にサンパウロ市が注目したのには、もっともな理由があった。世界銀行は、ブラジルの犯罪に関する報告書で、「サンパウロでは、容疑者の年齢が明らかになっている犯罪のうち、強盗・窃盗・車上荒らしの20〜25％が18歳未満の個人によるものだ」と指摘しているのだ。[31] そこでサンパウロ市は２００３年、「ファミリースクール」ポリシーを開始した。週末も学校５３０６校を開放して、子どもたちに幅広いプログラムを提供しようというのだ。また、メキシコとコロンビアのモデルにならい、「ボルサファミリア」ポリシーも開始した。これは、子どもに中学校を卒業させることを条件に、貧困家庭に対して、小額だが意味のある現金給付を行う施策だ。どちらも、サンパウロの犯罪を大幅に減らすことに大きく貢献したと、世界銀行は指摘している。[32]

犯罪を抑制するための環境づくりが、幅広い住民に恩恵をもたらすとは限らない。ゲーテッド・コミュニティがいい例だろう。ゲーテッド・コミュニティは、犯罪や暴力に対する不安を緩和するために、世界中の国でつくられてきたが、「環境設計による防犯（CPTED）」の基本原理を極端なかたちで実現した例だと、批判派は指摘する。ゲーテッド・コミュニティは、公有地と私有地の間に明確な線を引き、住民による敷地の管理をしやすくする。住民はお金を出しあって、警備員とカメラで敷地内を積極的に監視し、よそ者に警告する標識を出す。ゲーテッド・コミュニティは、住民にインフォーマルな社交を促し、それが「街の目」の役割を果たす。また、保守管理された共用エリアも、住民が物理的環境を監視し、ケアしているという明確なサインになる。それは犯罪の機会を限りなく減らす。

カリフォルニア大学バークレー校のテレサ・カルデイラ教授（人類学・都市計画学）は、著書『シティ・オブ・ウォールズ』（原題）で、1980年代と1990年代のサンパウロ市の要塞化を論じている。「過去20年間、サンパウロ、ロサンゼルス、ヨハネスブルク、ブエノスアイレス、ブダペスト、メキシコ市、そしてマイアミなどの有名都市で、さまざまな社会集団とりわけ上流階級が、暴力や犯罪に対する恐怖を口実に、新たな排除方法と都心部からの脱出を正当化してきた」とカルデイラは指摘する。そして、ブラジルでゲーテッド・コミュニティと民間警備員が増加しているのは、犯罪が多発しているからだけでなく、軍事政権の終焉と、格差社会で民主主義が台頭していることを受けて、既得権益層が自分たちの立場に不安を抱いているからだとしている。世の中が「犯罪の話題」でもちきりなのは、「世の中を善悪に二分して、特定の社会階層を犯罪人扱いすること」と、ゲートや民間警備員を使って「孤立し、自らを囲いこみ、危険とみなされるものから距離を置くこと」を正当化するためだと、カルデイラは警告する。[33] こうしたシステムは、それをカネで買う余裕がある人々を守るかもしれないが、民主主義を弱め、社会の分断を大きくし、排除された人を危険にさらすとともに激怒させる恐れがあると、彼女は懸念を示す。

都市評論家らは、アパルトヘイト後の南アフリカでゲーテッド・コミュニティが増加したときも、同じような異論を唱えた。建築家でプレトリア大学准教授のカリーナ・ランドマンらは、ＣＰＴＥＤが新しいかたちの社会的排除を正当化するために利用される可能性があることに、ＣＰＴＥＤ支持者たちは気づいていないと批判した。ランドマンによると、１９９０年代末と２０００年代はじめの南アフリカには、大きく分けて2種類のゲーテッド・コミュニティがあった。１つは、かつては開放されていた住宅地の白人住民が、ゲートやフェンスやポールを設置するとともに、その出入り口を管理する「囲いこまれた住宅地」。もう１つはオフィスと、小売店と、高級住宅などの複合施設からなる「セキュリティービレッジ」だ。[34]

ランドマンによると、どちらのタイプのゲーテッド・コミュニティでも、犯罪は低水準に抑えられている。しかし、それは人種隔離的な社会的インフラを強化し、新たな問題を無数に生み出したうえ、アパルトヘイト後の南アフリカに民主的秩序を構築する喫緊の試みに直接的なダメージを与えた。「多くの人が、公道へのアクセス制限に異議を唱えている。南アフリカ憲法でも禁止されていることだ[35]」と、彼女は指摘する。さらに、「アクセスの問題は、しばしば怒りをもたらす」とも述べている。新たに囲いこまれたコミュニティを、かつては自由に訪問したり通過したりできた都市住民の怒りはなおさらだ。ランドマンはゲーテッド・コミュニティを明示的に非難してはいないが、そのメッセージに疑問の余地はない。つまり南アフリカでは、犯罪に対する恐怖が、アパルトヘイト時代の黒人に対する恐怖と同じように、人種隔離的な社会的インフラによって不平等な社会をつくることを正当化する口実になっているというのだ。そこでは、ある集団は超法規的な措置を取ることができ、もう一方の集団はそれに対して怒るしかない。

興味深いことに、富裕層ではなく、貧しいコミュニティが、自分たちのテリトリーを管理する権限を獲得し、独自の治安組織によって警察の暴挙を監視した例が少なくとも1つある（彼らの社会的地位の低さと、政治力の欠如ゆえに、長続きしなかったが）。テキサス大学の人類学者ジョアン・コスタ・バルガスが、2001年にリオデジャネイロで現地調査を行っていたとき、リオで第2の規模のファベーラ（スラム）であるジャカレジーニョの自治会が、ファベーラの入り口に大規模なゲートとカメラを設置した。自治会のリーダーたちは、人気の政治サイトで、「保健と教育と職業訓練を強化する社会政策と、公共交通機関」を享受する「権利」を求めた。「つまり彼らは完全な市民権を要求したのだ[36]」と、バルガスは書いている。ゲートを設けて、守られたコミュニティに自らを囲いこむことは、彼らが直面する社会問題と警察の暴挙に社会の耳目を集めるための政治的な戦術だった。

ブラジルのメディアは、この事件に魅了された。しかしバルガスによると、ジャカレジーニョのかねてからの悪評と、貧しい黒人コミュニティの社会的地位の低さゆえに、ひどい暴力を振るうのは住民ではなく警察のほうだという自治会の主張に、ジャーナリストたちは懐疑的だった。報道機関は一貫して、住民の要求の正当性、ひいては、そのゲートの正当性を否定した。市当局は、麻薬密売人らがゲートやカメラを使って、警察が介入できない無法地帯をつくっていると主張した。南アフリカの白人コミュニティは自分たちの居住区を防衛できたが、黒人が大多数を占めるブラジルの貧しいスラムの住民は、その特権を享受できなかった。ほどなくして、ジャカレジーニョのゲートは撤去され、警察による管理が復活した。

高級住宅街化のプラスとマイナス

社会的インフラの支配権をめぐる争いは、通常、これほどドラマチックではない。アメリカと欧州では、安全と社会的インフラをめぐる議論は、もっとゆっくり静かに進行する可能性が高い。また、住宅地の高級化が議論の中心になることが多い。新たな商業開発や住宅開発によって、路面レベルの環境が、地元住民を守る場合もあれば、危機にさらす（住民の追い立てや人種差別の悪化をもたらす）可能性があるためだ。[37] 高級住宅街化《ジェントリフィケーション》は、都市の富裕地区でもっとも議論を呼ぶ問題の1つであり、それが犯罪発生件数に与える影響を研究した論文が急速に増えているのは驚きではない。残念ながら、まだ、はっきりした関連性は見つかっていない。新たな商業開発が、犯罪の新しい標的と機会を生み出す（と考えられる）ため犯罪が増えていることを示す研究もあれば、街の目が増えるために犯罪が減っていることを示す研究もある。結果がまちまちなのは、高級住宅街化のもたらす影響が、それまでの状況や集団によって異なることを示唆している。

ただ、どのような住宅地でも、商業施設は重要な社会的インフラとなる。ジェイン・ジェイコブズやレイ・オルデンバーグが主張したように、食料雑貨店やレストラン、カフェ、書店、そして理髪店は、住民を自宅から誘い出す役割を果たす。また、地域に文化的な活気をもたらし、近隣を消極的に監視する。私はシカゴで、貧しくても、活発な商店街がある地区は、壊滅的な熱波のときに驚くほどの耐久性を示したことを発見した。それは、住民が気軽にエアコンのある場所に出かけたり、近隣住民に助けを求めたりできたからだ。注目すべきことに、路面店が生み出す社会活動が住民の命を救う現象は、白人が多い地区でも、黒人が多い地区でも見られた。地域を安全にしたのは、こうした店が販売する商品ではなく、買い物に来て交流する人々だったのだ。その一方で、人口が激減した地区や商業が廃れた地区の住民は、気軽な交流の機会がなく、高温になっても自宅にとどまっている可能性が高かった。[38]

ただし、サンパウロの酒類提供制限条令の成功が示すように、犯罪を防ぐよりも、犯罪の増加を促す商店もある。バーと酒屋は明らかな例だ。治安の悪い地区では、銀行や外貨交換所やＡＴＭの存在も、強盗や襲撃の標的になりやすいから、犯罪増加に寄与する恐れがある。都市計画学者のシュロモ・エンジェルは、１９６０年代、カリフォルニア州オークランドにおける違法行為のパターンを調べた。当時のオークランドは、多くの街と同じように、路上犯罪が急増しつつあった。エンジェルは、商店街がホットスポットであることを発見した。とりわけほとんどの消費者が帰宅し、インフォーマルな監視が弱くなった営業時間後がひどかった。エンジェルは、「街の目」がコミュニティを守るというジェイン・ジェイコブズの考えに同感していたが、商店そのものが街の目になるわけではないと警告して、開発を制限するよう行政に促した。[39]

だが、最近の研究では、ほとんどの小売店や商店街は、エンジェルが考える以上に地域を守る役割を果たすことがわかってきた。[40]これはとくに高級化した住宅街で言える。こうした地区では、カフェやレストランなどの新しい店が、白人富裕層の「侵入」を象徴する存在とみなされ、昔ながらの住民を追い立てているという議論に拍車をかけることが多い。イエール大学のアンドリュー・パパクリストス教授率いる社会学者のチームは、興味深い論文「カフェが増えれば犯罪が減る？」（原題）で、新たにオープンしたカフェの数を、その地域の商業開発の指標とみなして、高級住宅街化と犯罪発生件数の関係を調べた。そして高級住宅街化が住民と街全体にとっていいことかという価値判断には踏みこまずに、カフェのような小売店が地域の安全に貢献することを、説得力をもって示した。

パパクリストスのチームは、シカゴ市警のデータと、人口統計、そしてシカゴ企業便覧を分析して、いくつかの驚くべき考察を示した。第1に、ほかの要因を加味しても、カフェの数の増加は、殺人事件の減少と関連していると言うことができた。また、このパターンは、住民の大多数が白人の地域でも、黒人の地域でも、中南米系の地域でも見られた。第2に、これは驚くべきことではないのだが、すべての人種が同等の恩恵を受けるわけではない。たとえば、住民の大多数が白人か中南米系の地区に新しいカフェが増えると、路上強盗は減る傾向があるが、黒人が大多数の地域では、新しいカフェがオープンすると強盗は増える傾向がある。これはエンジェルが指摘したようにカフェがオープンしても、コンスタントに客が来店しないため、犯罪を抑止するだけのインフォーマルな監視の役割を果たさないためだ。[41]

第3に、重要なことに、ひとことに高級住宅街化と言っても、住民の大多数が白人や中南米系が占める地域と比べて、住民の大多数を黒人が占める地区には、カフェをオープンしようとする店主が少ない。また、こうした地区にカフェがオープンする場合は、不動産開発業者がきわめて大がかりな開発計画を進めている場合が多く、むしろ昔からいる黒人住民の追い立てにつながる可能性が高い。２０１７年、コロラド州デンバーのファイブポインツ地区（アメリカで高級住宅街化が進む無数の地区の1つだ）では、これがちょっとした騒動に発展した。その「火元」になったのは、カフェチェーン店インク！のオーナーであるキース・ハーバートだ。彼は、ファイブポインツにオープンした新店舗に、「コルタード（訳注：エスプレッソを同量のミルクで薄めた飲み物）を飲める店があるなんて、これぞ高級住宅街化のあかしだ」「２０１４年からこの地区の高級化に貢献してきた」という立て看板を置くことを許可した。ハーバートは気がきいた文句だと思ったようだが、昔ながらの住民や地域団体はおもしろくなかった。たちまち店の外壁には大きな落書きがされ、店の前には看板と高級住宅街化の両方に抗議する人々が集まった。ハーバートはフェイスブックに「高級住宅街化の非常にリアルで複雑な問題をじゅうぶん理解していなかったことを恥ずかしく思う。高級住宅街化がもたらす苦難と文化的な影響を身をもって知っている方々に心から謝りたい」と投稿した。だが、批判派はとうてい満足できなかった。金持ちの若い専門職だけでなく、誰もが自宅のようにくつろげる場所を守るよう、彼らは訴え続けた。[42]

シカゴのカブリニグリーン団地でも、１９９０年代末に市が団地を解体して、民営化し、再開発すると発表したとき、高級住宅街化と追い立てに反対する運動が起こった。市民団体は、市が地価の高騰した中心部から貧しいアフリカ系アメリカ人を追い出そうとしていると非難した。しかし市役所前で抗議デモが続くなか、不動産開発業者は団地の向かい側にスターバックスの入ったショッピングセンターをオープンした。そのスターバックスは、この地区の変貌を牽引するとともに、象徴する存在になったと、パパクリストスらは書いている。「この地区の急速な高級住宅街化を確実にした」というのだ。たしかに、カブリニグリーン団地では殺人事件が減ったが、周辺地域と比べて治安は非常に悪いままだった。しかも、「この例では、近隣地区の長期的な犯罪減少というかたちで高級住宅街化の『ポジティブ』な影響が見られたかもしれないが、カブリニの住民を追い出すという重大な犠牲をともなった」[43]と、パパクリストスらは指摘する。したがって、商店は近隣の安全性を高める可能性はじゅうぶんあるが、高級住宅街化につながれば貧しい弱者層に甚大な社会的犠牲を強いることになり、犯罪を削減する理想的な方法ではけっしてないと、強く主張している。

刑務所よりも緑が必要な理由

シカゴの別の公営団地で行われた調査は、社会的インフラによって犯罪を削減する、もっと望ましい方法を示唆している。景観建築家のウィリアム・サリバンと、環境科学者フランシス・クオ（どちらもイリノイ大学教授だ）は、興味深い一連の自然実験で、貧困レベルが高い住宅地の犯罪抑止に、緑化が果たす並外れたパワーを発見した。[44]

シカゴのサウスサイドにあるアイダ・Ｂ・ウェルズ団地で、２年にわたる犯罪パターン調査を始めたときは、サリバンもクオも、そんな発見をするとは思いもしなかった。２人とも都会の住宅地の緑化を擁護していたが、当時は１９９０年代。プルイット・アイゴーなどを見ていた都市計画者たちは、貧困地区では木や草地は犯罪の温床になると確信していた。たしかに、昔の研究にはこうした見解が正しいことを裏づけるものもあった。だが、最近の複数の研究では、緑が多い地区の住民は不安のレベルが低く、攻撃的で暴力的な行動は少なく、より礼儀正しいと報告されていることに、クオとサリバンは気がついた。そこで彼らは、緑が公営団地の治安に与える影響を調べるために、警察の犯罪統計を使用することにした。こうすれば、より質の高い結果を得られるはずだ。

さいわい、98棟からなるアイダ・B・ウェルズ団地は、自然実験を行うには理想的な場所だった。ほぼ全員がアフリカ系アメリカ人で、公団への入居が認められるほど貧しく、世帯の大きさが多様であるなど、各棟の条件はよく似ていた。そこでクオとサリバンは、98棟それぞれの周囲で樹木と芝生に覆われている面積を調べ、犯罪発生率と比較した。すると明確なパターンが見つかった。建物の近くに緑がある棟ほど、犯罪発生率は低かったのだ。このパターンは、暴力犯罪と窃盗犯罪の両方に共通した。また、各棟の戸数や、階数、空室率に基づきデータを調整しても結果は変わらなかった。[45]

クオとサリバンは、アイダ・Ｂ・ウェルズ団地と、サウスサイドのもう１つの大規模団地であるロバート・テイラー・ホームズで、なぜ緑地が犯罪と暴力を減らすのかをさらに探った。その答えの一部は予想できたものだった。きちんと手入れされた緑地は、住民に頻繁に利用されるため、「街の目」によるさりげない監視が行き届くほか、当事者意識と管理意識が高くなるのだ。[46] だが、驚きの発見もあった。団地住民に適切な訓練をしたうえで、仲間の聞き取り調査や観察をしてもらったところ、アパートが緑に囲まれている住民は、周囲に緑がない住民よりも攻撃性が低く、精神的な疲れが小さかったのだ。この団地の住民の攻撃性は、全米平均より大幅に高かったものの、緑の中に住む人たちは、灰色の環境に住む人たちよりも、パートナーや子どもを攻撃したり、暴力を振るったりすることが少なかった。

サリバンとクオの研究は、団地の設計に携わる人々の考え方に大きな影響を与えた。残念ながら、アメリカでは1990年代までに、新たな団地の建設予算が組まれることはほとんどなくなり、一部の都市では、団地の存在を失敗の証と非難する政治家もいた。サリバンとクオの研究結果が発表された直後、シカゴ市と連邦政府は「プラン・フォー・トランスフォメーション」を発表した。アイダ・B・ウェルズ団地とロバート・テイラー・ホームズ団地の全棟を含む、市内全域の団地1万7000戸を解体するというのだ。シカゴには賃料の安い住宅が著しく不足しており、数万世帯が公営住宅の順番待ちリストにいたにもかかわらず、だ。1960年代と1970年代のセントルイスのように、市と連邦の政治家たちは、シカゴの巨大な団地群は修復不可能だと思いこんでいた。

賃料の安い住宅の不足は、現在、全米で大きな問題となっており、一部の都市では暴力犯罪が再び増加している。こうした問題は、市民レベルでは対処できないほど困難で、政治指導者が無視できないほど重大であり、公共投資が欠かせない。アメリカでは長年、刑務所をつくることが最大の犯罪対策とされてきたが、それが社会にもたらすコストは、経済的なコストと同じくらい巨大だった。アメリカの都市や郊外が直面する課題に、より優れた、より公平な、そしてより持続可能な解決策を見つけるためには、刑務所ではなく、社会的インフラを建設しなくてはいけないのだ。

第3章

学びを促すデザイン

我が家には小さな子どもがいる。毎朝彼らを学校に送り届ける時間は、私にとって最大の喜びの1つだ。学校はうちから1・5キロほどのところにある。マンハッタンの大通りをまっすぐ歩いていく道のりは、宿題のことからホームレスのこと、ファッション（なにしろここはロウワーマンハッタンだ）、家族、友達など、あらゆることを話す機会になる。けっして牧歌的な道のりではない。車はたくさん走っているし、いつもどこかで建設工事が行われている。しつこい物乞いにあったり、収集から漏れたゴミが転々と落ちていたりすることもある。でも、そうしたことをひっくるめて歩道に活気をもたらす人間模様に加わることを、私たちは楽し

んでいる。さまざまな刺激があって、知らない人ばかりだけれど、みんなが一緒で、我が家《ホーム》のように感じられる。

子どもたちが通う進歩主義的な小さな学校は、グリニッジビレッジにあって、コミュニティづくりに力を入れている。校庭がないため、テネメント（ニューヨークの古いアパート）的な手狭なビルの校舎の中で、文化的なプログラムや特別イベントが数多く行われている。だが、本当のコミュニティづくりはインフォーマルなかたちで起こる（少なくともそう感じられる）。幼稚園と小学校低学年の児童の親は、毎朝15～20分間、教室で子どもにつき添うことを奨励される。表向きの理由は、子どもが学校に馴染むのを助けるためだが、2～3週間もすると、それがもっと重要な役割を果たすことに親たちは気づく。それは親どうしが知りあう時間と空間を提供し、大人にとっても、子どもにとっても、大切だが大変な時期を乗りきる助けになる人間関係を生み出すのだ。

学校の廊下や階段などの共用エリアは、滑稽なほどごった返していて、教室で始まった会話を親たちが続ける場所はない。だが正面玄関のすぐ外に、マンハッタンにしては珍しく大きな広場があった。いくつかベンチがあって、木が植えてあり、親たちが少しばかり居残っておしゃべりするには十分なスペースだ。実際、親たちは、ときには2～3分、場合によってはもっと長い時間そこで話をした。それは、ニューヨークではビジネスが動き出すのが遅いからかもしれないし、気さくな会話が楽しくて終わりにするのが惜しいからかもしれない。子どもがひとりで教室に行ける年齢の親たちは、玄関で子どもたちとわかれると、顔見知りの親を見つけて、近くのカフェの中庭に向かう。学校周辺の社会空間で、無数の人間関係が生まれる。親たちは子どもが遊びに行く約束をし（親のためでもある）、学校で起こっている問題について知り、夫婦関係や友達の話をし、仕事の問題を相談する。多くの親にとって、朝の見送りは一日でもっとも社交的な時間だ。

私は最近、大学の長期休暇を利用して、1年間スタンフォード大学で研究をすることになり、一家でカリフォルニアに引っ越した。子どもたちが転校した素晴らしい公立小学校は、マンハッタンにはない広大なキャンパスを有していた。サッカーや野球ができる大きな校庭、いくつもの遊具、屋外バスケットボール・コート、おやつやランチは屋根つきの中庭、教員と生徒が手入れする学校菜園。最近は中南米系とアジア系の生徒が増えていて、身体に障害のある子どもも多かった。ＰＴＡはこうした多様性を重視し、学校コミュニティのために社交や文化的なイベントを活発に企画していた。これ以上ないほど居心地のよい学校だった。

だが、新学期が始まると、最高の社会的インフラに大きな欠陥があることがわかってきた。キャンパスは美しいけれど、基本的に親は立ち入り禁止で、子どもの見送りは玄関口まで。親が教室に入れるのは特別なときだけだ。学校前の歩道には、軽く言葉を交わせる空間があるものの、社交には向いていない。登下校時間はとくにそうだ。アメリカの郊外の大型校に通った人には馴染みの光景だろう。正面玄関前は大きなロータリーになっていて、毎日数百台の車がドライブスルー式に子どもを降ろしては、走り去っていく。たしかに効率的なシステムだが、効率的すぎて、親どうしが学校の内外で知りあう機会はほとんど生まれない。

だが、この裕福な郊外の学校で、コミュニティの成長を妨げているインフラは、さほど大きな懸念ではない。この地区には、スイミングプールや図書館、陸上競技場、ファーマーズマーケット、商店街など、コミュニティのつながりを促す、管理の行き届いた公共施設や市場があるからだ。だが、こうした施設がない多くの街や地区では、学校が決定的に重要な社会的インフラの役割を果たす。だから、学校が社会的なつながりを促進するしくみになっていると、助けあいのネットワークが強化され、親や子の生活環境を劇的に改善できる。しかし、それがないと、各家庭は孤立する可能性が高い。

もちろん、学校のしくみやプログラムは、学校の最大の役割である子どもの教育にも影響を与える。学校の物理的な設計と組織は、教室で、キャンパスで、そして地域で学習がどのように起こるかに大きな影響を与える。これはエリート大学でも小学校でも同じだ。伝統的なオックスブリッジ(イギリスのオックスフォード大学とケンブリッジ大学)のカレッジモデル(学生とチューターが小規模な部屋で学ぶしくみ)と、現代的な大学のトレンド(オープンな多目的スペースで、偶然の出会いと多様な学際的コラボレーションを奨励するしくみ)の違いがいい例だ。

大学でもっとも目につく社会的インフラは、キャンパスの景観や教室、研究センター、そして寮だろう。だが、その境界がどうなっているかも重要だ。なぜならそれは、学生たちが、一般社会との関わり方や、自分とは違う人たちと交流する方法をどう学ぶかに影響を与えるからだ。私立であれ、公立であれ、地域の人も利用できる施設やエリアを持つ学校もあれば、ゲートや警備員を設置して、選ばれた人しか入れないようにしている学校もある。近年は、物理的キャンパスという概念をすっかり捨てて、インターネットで教育を提供し、学校の社会的側面をほとんど省いた学校や大学もある。だが、生徒の成績にもっとも大きな改善が見られるのは、教員と生徒の対面交流が定期的に起こる場所を強化した学校に集中している。お互いをよく知ることができる小規模で親密な環境は、子どもたちが市民としての寛容性とコミュニティ構築のスキルを学べる場であるだけでなく、アカデミックな学びの理想的な場でもあるのだ。

マンモス校分割で進学率が上昇

1980年代、アメリカの政治指導者たちは、「都市の底辺層」の誕生に不安を募らせ、全米の地方自治体は高校のキャンパスに銃を持った警備員を配置した。公立学校、とくに貧困地区の学校は、何をするにも理想的な場所ではなくなってしまった。校門に金属探知機が設置され、校内には電子キーが必要なエリアができて、生徒たちが自由に動き回ることはできなくなった。まるで刑務所だ。このように、生徒たちを落ちこぼれさせるしくみになった学校で、実際に落ちこぼれた生徒たちは、本当に刑務所に行きつくことが増えた。

デボラ・マイアーは、30年ちかく都会の荒廃した地区の学校で教員や校長を務め、伝統的な教育改革を擁護してきた。すなわち、学校は、最善の市民生活や知的生活を模して運営されたとき、つまり小規模なクラスで、探求的かつ率直な議論を安全にできるとき、もっともうまく機能するというのだ。都会の名門私立学校のほとんどは、そうやって運営されてきた。それなら、都会の公立学校もそのように運営すればいいではないか。大規模校に銃を持った警備員を配置することは、アメリカの教育における危険な転機となると、マイアーは考えていた。そのような環境では、学校経験は型にはめられ、最弱者層の子どもたちの最悪の部分を引き出す恐れがある。学校を厳重に取り締まるよりも、1学年100人程度、全校で500人以下になるように学校を分割するべきだと、マイアーは訴えた。私立学校と同じくらい小規模な学習コミュニティをつくるのだ。そうすれば生徒と教師の距離が近くなり、職員は新たな問題やニーズに迅速に対応し、保護者は地域をよく知るとともに、子どもが通う学校に対して当事者意識を持てるようになる。「一人ひとりが成し遂げたことに注目せず、勝利や敗北に気づかず、ともに祝ったり悲しんだりする時間を持たず、怒りや称賛を共有できない環境では、若者が民主主義の価値観を学ぶことはできない」と、マイアーはニューヨーク・タイムズ紙に寄稿している。「小さな学校なら、こうした重要な問題の1つ1つを解決する機会を提供できる」[1]

小規模な学校でも、アメリカの教育が抱えるすべての問題を解決できるわけではないと、マイアーも認める。環境を変えたからといって、あるいは、2000人もの生徒がいるマンモス校を400人ずつ5つの学校にわけたからといって、麻薬や暴力、破壊行為といった問題が消えるわけではない。だが、「巨大さ」は「活発な知的交流を妨げる」上に、学校と親が状況を改善することも妨げると、マイアーは考えている。「小さな学校なら、同じ教員や生徒や家族について、何年にもわたり、公式にも非公式にも話を聞く機会がある。それが信頼醸成につながり、新たな問題が発生したとき解決しやすくする。親とコミュニティに説明責任を果たすことが、さほど複雑な課題でなくなる。小規模な学校では、見知らぬ人や見慣れない行動は目立つから、すぐに対処できる。トラブルを起こす部外者を発見したり、友達のプレッシャーによって、暴力などの反社会的な行動を阻止したりすることもできる」[2]

マイアーの主張には説得力がある。実際、1990年代から2000年代にかけて、一部の都市のマンモス学区は学校の小規模化に着手した。これには、ニューヨーク・カーネギー財団やアネンバーグ財団、ビル&メリンダ・ゲイツ財団などの著名慈善団体が、莫大な支援をした(ゲイツ財団だけでも6億5000万ドル)。すぐに効果が現れるという期待があったのだ。

大がかりな実験が始まった。たとえばニューヨーク市教育局は、数十の小規模高校を開設した。かつてのマンモス校の一角に、芸術やITや保健、言語、科学などの専門高校が設けられた。こうした小規模高校の卒業率は、すぐに市の平均を追い抜いた。かつての問題校で卒業率が急上昇するケースも出てきた。貧しいアフリカ系アメリカ人が住民の大多数を占めるブルックリンのフラットブッシュ地区では、エラスムスホール高校が5つに分割されて、エラスムスホール複合教育機関に衣替えした。すると、かつては約40％だった卒業率が、数年で90％を超えた。ブロンクスのエバンダーチャイルズ高校の変身ぶりはもっとドラマチックだった。1990年代から2000年代はじめにかけて、エバンダーチャイルズは、都会のマンモス校の問題を象徴する存在だった。暴力沙汰や不登校が多く、2002年の卒業率はわずか31％だった。なかにはトラブルを恐れて、あえて学校に行かないことを選ぶ生徒もいた。親にはまともな選択肢がなかった。子どもを火中に送りこむか、学校を辞めさせて（つまり中卒の学歴にして）、将来をゆっくり燃やすかどちらかだった。ところが学校の規模が小さくなると、驚くほどすぐに変化が起こった。親と学校が支配権を取り戻し、生徒の出席率が安定するようになった。2007年までに、5校を合わせた卒業率は80％に達した。[3]

2016年のある暖かい春の日、私は、スワードパーク図書館のアウトリーチ活動に同行させてもらった。行き先は、スワードパーク・キャンパス。6階建てのビル型学校で、かつて1つの高校だった灰色のビルに、今は5つの小規模学校が入っている。だが、学校の予算では基本的な教育ニーズはとうていカバーできない。だから図書館が、出張授業をする（その日は美術の授業でマンガづくりをする）ことになった。まだスワードパーク高校と呼ばれていた15年前、この学校はロウワーイーストサイドの貧しい移民の子どもたちを教育するという大きな任務に圧倒されていた。2001年の卒業率はわずか32％だった。だが、2006年に学校の小規模化が始まり、2012年までにバイリンガル＆アジア研究高校、ニューデザイン高校、エセックス・ストリートアカデミー（旧歴史・コミュニケーション高校）、ロウワーマンハッタン芸術アカデミー、そしてアーバンアッセンブリ統治＆法アカデミーの5校に分割されると、全体の卒業率は80％を超えた。

偉大なジャーナリストのサミュエル・フリードマンは、1980年代末に1年間スワードパーク高校を取材して、著書『スモール・ビクトリーズ』[4]（原題）で報告している。それによると、生徒の90％は英語を話せない移民の子どもたちだった。学校にきている生徒は賢くて野心的だったが、新入生の中退率は40％以上と、州全体で最下位10校に入る底辺校だった。諸悪の根源はキャンパスと学校の組織にあった。あまりにも問題が多かったため、生徒会に立候補したある生徒は、「スワード校の生徒で恥ずかしくないか」をスローガンにしたほどだ[5]。

当時の教室には、ありえないほど多くの生徒がひしめいていた。屋根には穴が開き、教員用ラウンジの天井は崩れかけていた。割れ窓は約200枚にものぼり、学校の新館を囲むフェンスも穴だらけだった。本やペン、紙、チョークなどの基本的な文房具が不足し、教員は仕事が多くて疲れ果てていた。フリードマンの著書の中心的登場人物であるジェシカ・ジーゲルは、教えることに全身全霊を傾け、生徒たちが自分の予想以上の成功を収めるのを助けていた。だが、彼女は例外的な存在だった。そして彼女自身も、仕事があまりにもきつかったため、年度末に辞めていった。校長は勤勉で、献身的で、立派な人物だったが、学校が抱える問題の大きさには太刀打ちできなかった。ほとんどの生徒たちも同じ状況にあった。

私がスワードパーク・キャンパスで見学した5つの学校は、整然として、生徒たちは教員や職員と温和な関係を築いているようだった。2011年のニューヨークシティー問題研究所による審査でも、同じことが明らかになった。「学校全体に穏やかな雰囲気が漂っている。授業と授業の間廊下がさほど混みあうことはなく、昼食時間のカフェテリアでも、生徒たちはリラックスしていて礼儀正しかった。『どんな高校もそうであるように、この学校でも事件は起こる。だが、生徒はいい子たちだし、安全な場所だ』と警備員は語っていた」[6]。5つの学校は6階建てのビルのフロアごとに設置されている。どの階もレイアウトは同じだが、ポスターやお知らせ、ファッション、文化に各校のカラーが表れていた。6階の体育室や小さな図書室など共用施設もあるが、総じて、5つの学校は別々の教育機関として運営されており、それぞれが良質な学びの場となっている。

学校の規模を縮小しても、問題のすべてが解決されるわけではないが、生徒の集中力や学力、大学合格率のほか、教員の満足度や学校の雰囲気に対する肯定的な意識にも大きな影響を与えることが立証されてきた[7]。独立系の調査会社MDRCがニューヨーク市の生徒2万1000人を対象に行った調査によると、普通高校の生徒と比較して、スモールスクールに通う生徒は卒業率が９・４ポイント高く、大学進学率は８・４ポイント高く、名門大学に進学する確率さえ高かった。[8] 大した数字ではないと思うかもしれないが、無数の学校関係者や研究者が経験から知っているように、教育成果に有意な変化を生み出すことは非常に難しい。そもそも学校への投資拡大が、生徒の学力改善につながるのかという議論も昔から存在する。そう考えると、小規模高校と普通高校の卒業率の10ポイント近い差は並外れた違いと言えるだろう。学校の環境はそれぞれ異なり、その働きを一律に改善する魔法は存在しないが、生徒、教員、運営者がともに管理できるキャンパスをつくることは、もっとも効果的なテクニックの１つだ。

異種交流を促すキャンパス

学習とコミュニティの両方を充実させるキャンパスをつくることは、リソースが乏しい公立学校の世界では、比較的新しい課題かもしれないが、大学（現代社会で特大の役割を持つ存在だ）では、昔から中心的な関心事だった。ハーバード大学とＭＩＴで教鞭をとり、世界中の大学のキャンパスを設計した故リチャード・ドーバーは、１９９２年の時点で、アメリカ人の約40％が、国内にある約３５００の大学キャンパスのいずれかで、フルタイムの学生として1年以上過ごした経験があると指摘している。「キャンパスのデザインは、(現代アメリカ)文化の意味と意義を反映した市民芸術だ」と、ドーバーは書いている。「ギリシャ人にはアゴラが、ローマ人にはフォーラムが、中世には大聖堂と町の広場、ルネッサンス期には宮廷と特権階級のサロン、そして19世紀には商業や交通や政府の中心地があった。(大学の)キャンパスは、公共空間づくりと場所づくりに現代特有の貢献をしている」。うまく設計されれば、それは「コミュニティを推進した忠誠心と市民性を高めると同時に、対話やビジョンの多様性を奨励する」[9]はずだ。

大学のキャンパスで過ごす時間は、将来何をしたいのかや、どのような人間になりたいのかに影響を与える。新しい社会的ネットワークと仕事の機会を与える。民族的・宗教的な分断線を取り除き、さもなければ一緒に家族をつくることなど考えもしなかった人々の間で、かつて「混合結婚」と呼ばれたものを生み出す。[10]最近、大学(とりわけ党派主義的な学生団体)では、論争になりやすいトピックについて市民的な議論ができなくなったと懸念する声が増えているが、民主主義社会で市民生活を送るための準備をするという点で、大学ほど優れた場所はない。大学は私たちに、違いを理解し、証拠を評価し、自分とは異なる視点や価値観を持つ人と理路整然とした対話をするのに必要なスキルを教えてくれる。

昔からそうだったわけではない。初期のヨーロッパの大学の多くは、社会階級を壊すどころか、固定化する役割を果たした。スタンフォード大学のポール・ターナー教授は、著書『キャンパス』（原題）で、ボローニャとパリに誕生した初の大学は街の一部であり、学生は通常、自宅から通うか、近くに下宿していたと書いている。[11]大学が発展するにつれて、当時の起業家たちが、学生寮やホステルを建てた。だが、大学事務局はこれを嫌った。貴族の親たちもそうだった。そこで大学は門や壁を立てて、聖なる大学を、下品な近隣コミュニティから切り離すようになった。１３７９年、オックスフォード大学のニューカレッジが初めて、四角い中庭を取り囲む形の校舎を建てた。多くの大学がこれに続き、地域から切り離された住みこみコミュニティという大学のモデルと、学生が上級生の直接指導の下で（主に個室で）学ぶ教育スタイルが生まれた。

ターナーは、イギリスの大学が四角い中庭を囲むデザインを採用したことについて、混みあった町で土地を効率利用する必要性や、回廊のある修道院の影響など、いくつかの理由をあげている。「純粋に建築の観点から見ると、修道院と大学の『プログラム』はほぼ同じだった。睡眠と食事と指導と礼拝のスペースがある未婚男性集団の居住場所だ」。大学のキャンパスを町からわけ隔てる壁は、戦争や地域抗争だけでなく、学生と教職員を町民から守る役割も果たした。「昔のオックスフォードとケンブリッジでは、町民と大学関係者のケンカやいざこざにより、双方に死者が出ることが多くあった」と、ターナーは書いている。「限られた数の門で大学を封鎖できることは、大学当局による学生の管理拡大（各カレッジが成長するうえで主要な関心事だった）という利点ももたらした」。１４１０年までに、オックスフォード大学は全学生に、町ではなくカレッジに住むことを義務づけた。そのポリシーは現在も続いている。ただし今は、寮に入ることが義務づけられているのは新入生だけだ。

だが、オックスフォードとケンブリッジは、別の面では開放された。16世紀に、ケンブリッジの卒業生で医師のジョン・キーズが、悪臭を放つ汚い空気の中に学生を閉じこめることの健康リスクを指摘したのを受け、ケンブリッジは初めて四角い庭の3面だけを囲む校舎をたてた(フランスの宮廷で流行りはじめたデザインだったという説もある)。その起源はどうあれ、この新しいオープンキャンパスは、「外の世界に対して、より共感的で、さほど防御的ではない、カレッジの姿勢を示唆していた[12]」とターナーは書いている。それは入学許可のポリシー改革も示唆していた。17世紀になると、イギリスの名門大学は、貴族以外の地元の子弟にも門戸を開きはじめ、高等教育機関に入学する一般市民の割合は、どの時代よりも(20世紀を除く)高くなった。こうしたトレンドは、アメリカの最初期の大学にも影響を与え、「旧世界」のどこよりも幅広く大学の門戸は開かれた。

アメリカの歴史家のリチャード・ホフスタッターが、1963年に『アメリカの反知性主義』を刊行して以来、アメリカの知的文化への関心の低さは心配しないほうが難しい。だが、初期の入植者たちは、アイデアの追求に熱心だった。だから新大陸にくるとすぐに大学の建設を始めた。「(アメリカ独立)革命のときまでに、学位を付与する大学が9つあった」と、ターナーは書いている。ハーバード大学は1636年に、ウィリアム・アンド・メアリー大学は

1693年に、イェール大学は1801年に、ニュージャージー大学（現プリンストン大学）は1746年に、ロードアイランド大学（現ブラウン大学）は1764年に、クイーンズ大学（現ラトガーズ大学）は1766年に、ダートマス大学は1769年に設立された。これらの大学では、近隣にないような大きくて荘厳な校舎が建設された。それも、住民の信仰心が乏しくて、いかがわしい都会ではなく、辺境地に置かれることが多く、「文明の狂騒から離れた[13]」自然環境で時間を過ごすことが奨励された。

「キャンパス」とはアメリカの概念であり、おそらく1770年頃にニュージャージー大学周辺の開けた土地を指して使われた。ターナーは、大学周辺を「キャンパス」と呼ぶ、現在見つかっているなかでもっとも古い文献として、1774年のある学生の手紙を転載している。「我々の愛国心を示すことができる最後の週に、給仕係が冬のためにとっておいた紅茶をすべて集めて、キャンパスで火をおこし、5キロほど（紅茶を）燃やして、鐘を鳴らし、熱い決意を固めた[14]」（訳注：この前年に独立戦争のきっかけとなったボストン茶会事件が起こっている）。そして1776年以降、キャンパスという言葉は独立まもないアメリカ合衆国じゅうの大学で人気を博し、19世紀半ばには、大学の敷地を指すもっとも一般的な表現になった。現在は、企業のオフィスという新たな意味も帯びるようになった。

アメリカの大学の建物や配置には、特別大きな流行があったことはない。ブラウン大学のキャンパスには、統一的なスタイルさえない。ただ、イギリス式の住みこみモデルは採用され、寮を建設して力強いキャンパス文化をつくる試みがなされた。ハーバードでもっとも古い建物であるオールドカレッジは、1階に広いホールがあり、講義室にもなったし、食堂にもなるなど、ほとんどの活動の中心となった。図書室と寮は2階だ。学生たちは寝室（とベッド）をシェアしたが、当時は珍しいことではなかった。そのかわりイギリス式にならって、勉強のための個室を与えられた。当時は、ひとりで事実を暗記して、その日に学んだことを黙って反芻するとき、最大の学習が起こると考えられていたからだ。

だが、アメリカの大学の建築家たちは、ヨーロッパの大学に影響を与えた修道院式の建築を拒絶し、きわめて社交的な校舎を設計した。その最大の理由は知的活動に対する考え方だった。さまざまな知識が分野を超えて自由に行き交い、世の中にも入っていくような場所をつくりたいと考えたのだ。彼らの考える知的生活は、囲いこみや統制とは無縁であり、異種交流を目指すものだった。教室や図書室や寮や食堂といったキャンパスの施設は、多様なものを収斂させるツールとみなされた。

アメリカのキャンパス設計者たちは、新しいコミュニティをつくることにも熱心で、社会の絆を強化する斬新なアイデアを持っていた。ハーバードは、カレッジを中心に学生生活を構築した多くの大学の1つだ。それぞれのカレッジには独自の食事と学習と交流のスペースがあった。プリンストンは大学の社会活動の基礎として、ダイニングソサエティーをつくった（これはのちにイーティング・クラブになった）。学生が、キャンパス文化の構築に貢献することもあった。１７７６年、ウィリアム・アンド・メアリー大学の学生５人は、新しい学生団体「ファイ・ベータ・カッパ」を立ち上げた。全米の大学がその支部をつくり、初の大学間フラタニティー（友愛クラブ）になった。

フラタニティーという分断的インフラ

フラタニティーの目的は、アカデミックではなく社交であり、いまやアメリカの大学の大きな特徴になっている。１８２５年に設立された「カッパ・アルファ・ソサエティー」は、ニューヨークのユニオン大学の男子学生グループが、当時人気だった金持ち白人男性の社交クラブと酷似した排他的団体を大学にもつくりたいと思ったことがきっかけだった。１８４６年、大学間フラタニティー「カイ・サイ」のミシガン大学支部が、初めてキャンパス外に（つまり大学当局の監視なく運営できる）フラタニティーハウスをオープンした。当時、ほとんどの大学のフラタニティーは秘密結社で、大学側（とくにユニオン大、プリンストン大、ブラウン大）は禁止しようとした。だが、フラタニティーは徐々に大学公認の社交団体となっていった。これは、エリート学生の間で非常に人気が高かったことと、学生数の増加にともなう住居問題に無料の解決策を提供してくれたことが大きかった。

1890年代末までに、フラタニティーとその女性版であるソロリティーは、大学の敷地内またはその周辺にハウスを開くようになり、アメリカの大学の特徴的な存在になっていった。現在では、全米約800の大学キャンパスに6000以上のフラタニティーの支部がある。毎年秋になると、学位を付与する大学の男子学生の約10%がフラタニティーに入り、何百万人もの若者がパーティーや社交イベントに頻繁に出かける。[15] そのギリシャ語の名称から「グリーク・システム」と呼ばれるようになったこのしくみは、大学時代の社交経験の決定版として学生や卒業生に愛されている。その擁護派は、フラタニティーやソロリティーのメンバーは、それを敬遠する学生よりも卒業率が高いと主張する。だがそれは、キャンパスの健康と安全を犠牲にして達成された数字であり、キャンパスライフへの悪影響を懸念する大学当局の批判を浴びてきた。

フラタニティーは、組織としても、物理的な空間としても、排他的な社会的インフラの典型だ。寮としても機能するフラタニティーハウスは、多くの場合、飲食場所、屋内外の娯楽エリア、バー、談話室、そしてたっぷりのパーティースペースを備えている。そのどれも、フラタニティーを中心に大学生活を送るよう促す。ほとんどのフラタニティーは、属性と関心（民族、人種、宗教、階級、しばしばスポーツ、ときどき学問）が似ている新入生を受け入れるため、フラタニティーに加わると、大学の提供する多様性や相違は経験できずに終わりがちだ。メンバーはきょうだいのような仲間を得るが、もっと大きなものの一員になるチャンスは逃すわけだ。

フラタニティーハウスは、一般に大きなロウズ（邸宅）の一部に組みこまれている。そこはフラタニティーライフ（とくにパーティーが開かれる夜）を維持する活気ある社交スペースであると同時に、危険な空間でもある。差別が蔓延し、新入生に対する暴力的な入会儀式や、過剰飲酒、そして性暴力がきわめて頻繁に起こる場所でもある。アメリカの大学53校の学生１万１４８２人を対象とする調査によると、フラタニティーに入っている学生の半分が、新入生のときしごきを経験している。もっとも多いのは、強制的な飲酒、屈辱的経験、隔離、睡眠妨害、セックスだ。[16] ２０１３年のブルームバーグニュースの報道によると、それまでの８年間にフラタニティー関連の活動で死亡した学生は60人を超えた。具体的にはペンシルベニア州立大学、ニューヨーク市立大学バルーク校、ノーザンイリノイ大学、カリフォルニア州立大学フレズノ校の名前があがっている。[17] フラタニティーにいた男性は、そうでない男性よりも性的暴力をふるう可能性が数倍高いことは、多くの研究が一貫して示している。[18] また、フラタニティーは、学生が一気飲みをする大きな原因になることがわかっている。[19] フラタニティーにおける高いトラブル発生率は、メンバー個人だけでなく、その場所も大きな原因となっているのだ。

近年、懸念した教員や学生、そしてフラタニティーの暴力の犠牲になった人たちから、グリーク・システムの改革を求める声があがってきた。だが、大学キャンパスにおける性暴力について大規模な研究を行った社会学者のリサ・ウェードは、改革ではなく、廃止しないかぎり、フラタニティーの被害をなくすことはできないという結論を下した。「改革は不可能だ。なぜなら歴史的に白人からなる伝統的なフラタニティーは、リスクを冒すことや反抗を組織のアイデンティティーと考えているからだ」と、彼女は書いている。「それは反抗から生まれる兄弟愛であり、反抗の炎の中でこそ強化される。フラタニティーのDNAには、秘密厳守と自己保全とともに、飲酒や危険やどんちゃん騒ぎが含まれている[20]」。フラタニティーは忠実かつ有力な支持者が大勢いて、大学生活の多くの側面に影響を与える社会的インフラでもある。それを廃止したり解体したりするのは非常に難しいだろう。だが、廃止されるとすれば、それはフラタニティーの自業自得だ。

大学と地域社会の緊張関係

大学を分断する社会的インフラはフラタニティーだけではない。アメリカの大学は、オックスブリッジのように、近隣コミュニティから大学を守るための高い壁を建設したことは、基本的にはない。だが、多くの大学、とりわけ都市部の大学は、排他的な入学審査基準と、それを補強する念入りな物理的かつ組織的なシステムによって、大学が危険とみなす環境から学生と教員を隔離してきた。[21] 現在、大規模なキャンパス警備体制の存在は、「キャンパスの外は危険」という認識を全米の大学で補強しており、大学関係者と外部の人を厳格に区別することにつながっている。

伝統的に、大学当局と都市計画者は、「近隣市民と大学関係者」の分断は、とくに住民側にとって不都合と考えてきた。彼らはキャンパスの特権的な施設から排除されている上に、よき隣人となることを学んだことがない粗暴な若者たちに対処しなければならないからだ。だが、自らを近隣コミュニティから切り離す大学は、学生のことも傷つけている。学生たちに間違った優越感を与えるとともに、学生が近隣住民から学んだり、市民としてのスキルを磨いたりする機会を取り上げているからだ。

近年、いくつかの大学が新しい市民的関与方法の実験を始めた。たとえば、コルビー大学は2017年、大学があるメイン州ウォータービル(経済的に困窮した自治体だ)のビジネスオーナーや慈善団体や市民団体と協力して、都市再生プロジェクトを実施すると発表した。具体的には、1000万ドルを投じてダウンタウンに5つの不動産を購入して、ホテルやテクノロジーハブ、そして5階建て（床面積9300平米）の多目的な寮にするという。これにより約200人の学生が、キャンパスを出てコミュニティに入ってくることになる。ビルの1階には商店と公共の集会所が入り、住民と大学関係者の歴史的ギャップに橋をかける場所になるという。このプロジェクトを応援するため、コルビーの教員と事務局は、ダウンタウンの寮に住む全学生向けに「市民エンゲージメントカリキュラム」をつくっている。これにはウォータービル市立図書館と地元のホームレスシェルターとの協力活動が含まれる予定だ。

シカゴ大学の場合、地元コミュニティとのコラボレーションは、もっと難しい。同大は大きな資金力を持つ名門大学だが、歴史的に地元のアフリカ系アメリカ人を排除してきた。同大上層部は、表向きはリベラルで寛容な大学になると誓いながら、1950年代に、「ニグロの侵略」(当時の地域関係部長の表現)に対する「地域保護」基金を設置した。大学総長は、理事たちを「典型的な有色人種の居住地区」のバスツアーに連れて行き、このイニシアチブに理事会の賛同を得ようとした。大学周辺の不動産をもっと買い上げなければ、(大学のある)ハイドパークに何が起こるかわからないと不安を煽ろうというのだ。その企みは功を奏し、「大学の近隣を買い上げ、管理し、再建する」[22]基金(ローレンス・キンプトン総長の表現)に、450万ドルの寄付が集まった。

たしかに大きな金額だが、1970年代と1980年代のポスト工業化時代のシカゴのゲットーに蔓延していた犯罪からキャンパス周辺を守るには、まったく不十分だった。1990年代までに、大学上層部は、近隣地区を支配下におく努力をおおむね諦めるようになった。そして不動産ではなく警察活動に投資するようになった。1992年イリノイ私立大学警察法により、犯罪率の高い地域にある大学は、警察の法的権限(公的な通報義務の一部を除く)を行使できるようになったのだ。それから数年で、シカゴ大学は全米最大規模の私設警察部隊を組織して、大学の安全を入学希望者と入学者に喧伝した。

ただし、学生がキャンパスにとどまっていればの話だ。大学警察はキャンパスの外もパトロールをする権限があるが、大学関係者は犯罪に巻きこまれる恐れがあるとして、ウッドローンやワシントンパーク、サウスショア、ケンウッド、オークランドなどの黒人居住区には立ち入らないよう学生たちに助言していたと、元学生たちは証言する。[23] その穴埋めとして、シカゴ大学はキャンパス内の社会的インフラ（図書館、書店、カフェ、美術館、劇場、運動施設など）に莫大な投資をした。そして学生たちに、必要なものはすべてキャンパスにあると安心させた。もし冒険をしたければ、ずっと北側の高級住宅街に行くことを勧めた。

シカゴ大学の学生は、ここ数十年で多様化してきたが、アフリカ系アメリカ人の割合は今も10％以下だ。これに対して、隣接するウッドローン地区の住民でアフリカ系アメリカ人が占める割合は85％、ケンウッド地区は68％、ワシントンパーク地区は96％にもなる。21世紀に入り、大学上層部は学生文化のバブルを壊す努力を本格化し、サウスサイド・キャンパスの学生たちが近隣地区に関わるのをあと押ししてきた。２０００年には、地元のアフリカ系アメリカ人と学生の両方によく使われているミッドウェー・プレザンス公園を再生する計画「ミッドウェー・プレザンス・マスタープラン」が発表された。２００５年には、近隣貧困地区の公衆衛生と医療へのアクセスを改善する「アーバンヘルス・イニシアチブ」もスタートした。さらにシカゴ大学は、「市民関与室」を開設して、「サウスサイド中部の要として」行動すると宣言した。大学上層部は、「私たちの市のウェルビーイングにポジティブなインパクトを与える人材、情報、リソースを共有するため、市および近隣地区と提携する」と約束した。強力な大学警察は今も維持しているが、近隣地区を避けるようにと学生たちに助言するのはやめた。[24]

より最近では、シカゴ大学は、分断に橋をかける社会的インフラの構築にも着手した。2000年代末、地元出身の著名アーティストで、シカゴ大学の教員でもあるシースター・ゲイツは、大学を説得して、ガーフィールド大通りの空きビル群を購入させた。この大通りは、キャンパスのすぐ西側に位置するワシントンパーク地区を貫いており、かつては商業の中心だったが、数十年にわたる人口減少と経済活動の衰退で、今は空き店舗が多い。シカゴ大は市とクック郡、そして複数の近隣団体とともに、このエリアを「アートブロック（芸術区）」に変貌させる計画を立てた。このうち交差点に位置する最大のビルには、ギャラリーやアトリエ、教室、コミュニティ室、庭を備えた「シカゴ大学芸術インキュベーター」をつくった。その両隣の建物はゲイツにリースされ、営利的な起業プロジェクトである「カレンシー・エクスチェンジ・カフェ」と「BINGアートブックス」がつくられた。この複合施設は地域経済を活性化するとともに、困窮する地区に文化的なバイタリティーを与えると、大学は断言する。芸術インキュベーターは、地元の子どもたちに幅広いプログラムを提供するとともに、地元出身のアーティストに有給のフェローシップを提供する予定だ。これらの事業は新たな雇用を生み出し、このコミュニティににぎわいをとりもどすきっかけになるだろう。ゲイツとシカゴ大学上層部は、学生がキャンパスの「安全な空間」から、自分とは人種や階級や地位が異なる人々と交流する場所に出ていくことも期待する。[25]

私が初めてアートブロックを訪れたのは、２０１７年初旬のことだ。その街並みが、ノースローンデールやイングルウッド（シカゴ熱波のとき、老朽化した社会的インフラが多くの死者をもたらし、現在も生活の質が低下し続けている地区だ）にそっくりであることに気づかずにはいられなかった。ガーフィールド大通りには、空き地や廃工場やベニヤ板が打ちつけられた店が並び、その奥に広がる住宅街も同じように老朽化していて、かつて大きな邸宅やアパートがあった区画には雑草が生い茂っていた。私は古びた金物店の前に車を止めた。アートブロックの近くでまだオープンしている数少ない店の１つだ。ホームレスの男性２人が、隣の空き地でゴミを漁っているのが見えた。私と目があうと会釈し、私が道路を渡るのを見届けると仕事に戻っていった。

芸術インキュベーターは、この複合施設の西端にあり、２０１３年にオープンした。１階は大きなガラス張りのギャラリーになっていたが、入ろうとするとドアにカギがかかっていた。まだ治安に心配がある証拠だ。だが、すぐに奥から、ウェーブのかかった長い髪にベージュの幅広スカーフを巻いた女性が顔をのぞかせ、「今行く」というジェスチャーをした。彼女は温かい笑みを浮かべると、カギを開けて、自己紹介してくれた。名前はナディア。市立学校での仕事を辞めて、ここで働きはじめて1年になるという。ギャラリーでは今、近くの学校の美術展が開かれていた。ナディアによると、すべて子どもたちがプロデュースし、キュレーションしたという。「先週のオープニングに来られたらよかったのに」と、彼女は言った。「150人以上が集まったのよ」

ナディアはドアを閉めると、展覧会と、建物全体の案内をしてくれると言う。ギャラリーを出ると、ヨガマットを抱えた中年女性のグループが階段を下りてきた。「今日は週に2回の（ヨガの）レッスンがあった」と、ナディアは言った。「無料だから、近所の人たちが気軽に立ち寄れる。うらやましいわ！」。アーティストたちのアトリエが並ぶ長い廊下をすぎると、地元の子どもたちとスタッフがレインガーデン（訳注：雨水を貯留する植栽スペース）をつくっている裏庭に出た。その横には、大きな工作室がある。ここではティーンエイジャー向けに工作教室が開かれていて、毎日30人ほどが参加するという。ゲイツが開いているプログラムで、棚には彼の作品や材料が所狭しと並んでいる。ナディアは陶器のティーセットを指差した。「シースター（・ゲイツ）の作品です」と彼女は言う。「工作教室では初回にお茶会を開くことになっている。特別な機会であることに気づいてもらい、ここに意識を集中するよう促す工夫です」

このプロジェクトは、アートブロックにもっとも力を入れていることが見てとれた。ゲイツは、シカゴの廃墟ビルで拾ったガラクタを、美しくて経済的恩恵もあるオブジェに変える

「都市の介入」で知られる。一連のイニシアチブの背後には、精力的なクリエイティブ・リーダーとしてのゲイツの存在があったのだ。彼は大学のコミュニティ・アート・プログラムを指揮する一方で、カレンシー・エクスチェンジ・カフェとBINGアートブックスという2つのスモールビジネスも運営していた。

芸術インキュベーターを訪問したあと、ナディアが隣のカレンシー・エクスチェンジ・カフェを指差した。そこには、かつてここにあった低所得層向け金融機関の看板が、ゲイツ独特のスタイルで加工されて飾ってあった。そこで私は、メーガン・ジェイフォ店長と、ジャンバラヤとコーンブレッドの昼食をとりながら話を聞くことにした。「シースターが、元商業施設をプロジェクトの場所に選んだのには理由があった」と、メーガンは説明した。ここの最大の目的は、地元住民に安定した雇用を与えると同時に、ガーフィールド大通りでもスモールビジネスをやっていけると証明することだったからだ。「シースターはいつも『これは絶対うまくいく』と言っている。『わたしが自費を注ぎこんでいるんだからね』って！」と、メーガンは笑った。「これは地域団体でもなければ、たんなるアートプロジェクトでもない。この地区を信じる起業家たちのビジネスモデルだ。そのためにはまず、客を集めないといけない」

その試みはうまくいっているようだった。カフェは多様な客でにぎわっていた。学生は本を読みふけり、フリーランサーはパソコンをのぞきこみ、リタイアした老人はコーヒーをすすっている。「開店当初はきちんとしたレストランという感じだった」と、メーガンは語る。

「年配客の一部はそこに魅力を感じていた。でも、ほとんどの人は気軽に立ち寄って、少しばかり長居できる店を求めていた。数分おきにウェイターが注文を聞きにくる店ではなくてね。だから、セルフサービス式に切り替えて、もっとカジュアルな店にした」。特別なイベントも増やした。月曜日の「ジャズ・マンデー」は、近隣住民に人気の社交の機会になったし、「ストーリータイム」では子どもたちに読み聞かせをする。

利用客のほとんどは近隣住民だが、大学関係者を呼びこむ努力もしている。「1年生のオリエンテーションで、コミュニティサービスのパネルディスカッションに招かれたことがある」とメーガンは語る。「それ自体が大きな変化だった。その日、ほかのパネリストはボランティアについて話していたけれど、私はこう言ったの。『私がみなさんにお願いしたいのは、カフェに来て、共有スペースに座ること。それだけでいい。店に来て、食べ物か飲み物を注文してください。それだけで違いが生まれるんです。絶対また来たくなりますから』と」

「その翌週、金髪の男の子が来て、共有テーブルの常連客の隣に座った。すると店員が心配しはじめた。12歳の子がひとりで来たと思ったのね。それで声をかけてみると、パネルディスカッションに来た大学生で、私の頼みに応えたくて来たって言うじゃない！　おかげで今は、学生も来てくれるようになった。人数が多すぎたり、変な時間にここで勉強しようとしたりするけれど。土曜日とかね。つまり店が混みあっているとき！　でも、とにかく店に来て、友達とたむろする。それが違いを生みはじめている。大学とこの地区の間には、長く、複雑な歴史があった。それは一夜では変わらないけれど、私たちは変化を生みはじめている」

オンライン大学の大きな課題

シカゴのサウスサイドなどの地区は、歴史的に地元住民と大学関係者の間に根深い対立があり、その記憶はすぐに払拭できるものではない。だが、大学と地域の関係を根本から一気に変えようとする試みもある。大規模公開オンライン講座（ＭＯＯＣ）を提供する大学だ。オンライン大学は、伝統的なキャンパスを構えたり、大都市にビルを建設したりするのではなく、インターネットを講義室やゼミ室、そして社会的インフラとして活用する。

ＭＯＯＣが初めて広く注目を浴びたのは２０１１年、名門大学の著名教授と経営幹部が、高等教育の法外な学費と限定的なアクセスを解決する方法の１つとして提案したときだ。手始めに一部の授業を無料で公開したところ、莫大な数の人が登録した。スタンフォード大学のコンピューター科学者のセバスチャン・スランが人工知能の授業を提供したときは、１９０カ国から16万人以上が登録した。[26] たちまちスタンフォードをはじめとする複数の大学がＭＯＯＣのベンチャーを立ち上げて、提供する授業を増やした。

並外れた登録者の数に、テクノロジー業界の起業家たちも注目しはじめた。彼らは、ＭＯ

OCが約5000億ドルの高等教育市場を「破壊」すると考えたのだ。シリコンバレーのベンチャーキャピタルが、スランや、スタンフォードの同僚であるアンドリュー・エンやダフニー・コラーらスター教授たちと手を組んだ。たちまち複数のオンライン教育ベンチャーによる競争が始まった。そのなかには、スランが立ち上げたユダシティーや、エンとコラーが立ち上げたコーセラもあった。いっぽう、ハーバードとMITは、非営利のMOOC事業edXを立ち上げた。世界の代表的学者たちが、オンライン授業の提供に賛同し、それを履修するために世界中から数百万人が登録した。

MOOCが世間の注目と人気を集めるにしたがい、多くの大学は、オンライン教育が伝統的な教育ビジネスを破壊し、大学から学生（と学費収入）を奪うのではないかと本気で心配しはじめた。だが、オンライン教育の利用動向に関する初期のデータが発表されると、その危機感は消えていった。ピュー・リサーチセンターの調査によると、アメリカの成人の16％が、過去1年間にオンライン授業を少なくとも一部履修したものの、その大部分は、すでに2〜4年間の大学教育を受けた人たちだった。[27] 彼らはカーンアカデミー（起業家サルマン・カーンが立ち上げた無料学習サイト）などで、新しいスキルや知識を得るために、個別の授業を視聴していたのであって、資格や学位を取得しようとしていたのではなかった。しかも複数の調査によると、MOOCに登録しても、その授業を最後まで視聴する学生は一握りだった。たとえば、コーセラの共同創業者コラーと、ペンシルベニア大学のエゼキエル・エマヌエル教授などの研究チームは、「コーセラのユーザーのうち、講義を少なくとも1つ見て、その授業を最後まで受けて、証書を受け取る人は4%にすぎない[28]」と報告している。たしかに、こうした授業は数百万人に視聴されているが、その多くは、アメリカやヨーロッパの一流の教授たちの授業を直接受けることができない途上国の学生たちだ。つまり、オンライン大学は、伝統的な大学を脅かすほどにはなっていない。少なくとも今の段階では。

オンライン大学が、長期的な学位付与課程では成功していない理由の1つは、強力な社会的インフラが欠けていることにある。コーセラやユダシティーに登録する学生（2016年の時点ではコーセラが2300万人、ユダシティーが400万人）は、大学教育を価値あるものにする人間関係やキャリアネットワークを構築できなかったし、大学生活を非常に豊かなものにしてくれるキャンパス活動にも参加できなかった[29]。オンライン大学は、この欠陥に対処しようとしてきた。ディスカッションフォーラムや、バーチャル実験室を提供するものもある。イギリスで大成功を収めた遠隔教育プロジェクト「オープン・ユニバーシティ」のモデルに基づき、地域で物理的なイベントを企画するオンライン大学もあった。だが、いずれも住みこみ式の大学の社会経験に近いものは再現できなかったし、短期間でも学生が一緒に勉強するコミュータースクール（訳注：大都市圏にあり、ほとんどの学生が自宅から通学する大学）のキャンパスライフも再現できなかった。

テクノロジー起業家のベン・ネルソンは2012年、異なるアプローチを探るべく、ハーバード大学のローレンス・サマーズ元総長、スタンフォード大学行動科学先進研究センターのスティーブン・コスリン所長、ボブ・ケリー元上院議員（ニュースクール総長）などの教育専門家のチームを結成した。こうして立ち上げられたミネルバ大学は「21世紀の高等教育」を自負し、オンライン教育の最高の特徴と、真にグローバルな大学経験の両方を約束する。授業はすべてオンラインで提供される。積極的学習インターフェースを使って、世界中に散らばっている教員が、授業中または授業後に各学生にフィードバックを与えるゼミ形式の授業だ。いっぽう、学生は各学年（開校当初は120人だったが、その後増えている）ごとに共同生活を送る。1年目は、ミネルバが借り上げているサンフランシスコのホテル。その後の6学期（3年間）は、ベルリン、ブエノスアイレス、ハイデラバード、ロンドン、ソウル、台北に全員で移動する。どの都市でも、学生たちは大学が借りた寮やホステルに暮らし、没入型の、集団的な、血の通った経験をする。4年間の学費は、アメリカの伝統的な大学の学費の数分の1だ。これは、ミネルバのホームページが説明しているように、「高額な費用がかかる校舎やキャンパス施設など、トップ大学にあるようなアメニティーに投資するのではなく、世界の主要都市の巨大なリソースをインフラとして利用するからだ」。

私がサンフランシスコのダウンタウンにあるミネルバ大学の本部を初めて訪れたのは、2017年の春のことだ。ミネルバは設立2年目の終わりにさしかかっていた。最高プロダクト責任者のジョナサン・カッツマンによると、彼のチームが、現代のライフスタイルと学習スタイルにあうように、ミネルバのインフラを設計したという。「ミネルバには2つの信条がある」と彼は言う。「第1に、学生たちは都市に住むのだから、その街の機能とアメニティーを最大限に活用するべきだ。勉強するなら、街の図書館や近所のカフェを使えばいい。ミネルバはコンサートホールや劇場やスポーツ施設を建設する必要はない。学生たちが住む都市には、こうした施設が揃っているのだから、その使い方を教えればいいだけだ。すると、新たな可能性が開ける。ここ（サンフランシスコ）の大規模な文化施設には、出張スタッフや教育担当者がいるものだ。それを利用して、ミネルバの学生はオペラの歌唱を学べる……それもサンフランシスコ・オペラハウスで！　演劇の公演ができる……アメリカン・コンサバトリー・シアターの舞台で。ホームレス支援や公衆衛生のボランティアもできる。毎日、本物の街と交流するのだ」。当然ながら、ミネルバが利用する社会的インフラも、建設したり維持したりするのにはお金がかかっている。ただし、それを負担するのは学生ではない。

できたばかりの大学だが、ミネルバは独自の通過儀礼や伝統を確立して、それを社会的インフラに重ねあわせている。「すでに大きな伝統もいくつかある」と、ミネルバの都市経験マネジャーを務めるカプリ・ラロッカは言う。「ミネルバは『ハリー・ポッター』の組み分け帽子のように縦割りのグループをつくっている。（各グループには）オーシャン、ゲート、タワーなど、サンフランシスコ名物の名前がついている。学生たちは特別な場所で落ちあい、ビデオやストーリーをつくって、次の年のグループに引き継ぐ。大きなイベントは、10：01だ。

課題の締め切りが毎週日曜日の夜10時だから、10時1分に全員出席の食事会が開かれる。毎週、どこかの国や地域出身の学生たちが食べ物を用意して、文化的なプログラムを企画する。たいてい、最後はパーティー音楽がかかり、みんなとても遅い時間まで踊っている」

ミネルバは、大学文化の社会的側面を重視しているが、大学上層部はアカデミックな面でも高い評価を得たがっており、そのためのインフラを整備してきた。カッツマンによると、ミネルバの第2の信条は、教えるテクノロジー、つまりカッツマンのチームが開発したインターフェースが、対面ゼミと少なくとも同レベル、できればそれよりも優れた教育経験を提供する、というものだ。「ミネルバは最高の教授陣を揃えている。テクノロジーのおかげで、彼らは世界中どこからでも教えることができる」とカッツマンは言う。「また、ミネルバでは小規模のゼミしかやらない（ライブで、きわめてインタラクティブで、通常12〜18人）。講義形式ではない。学生たちが学ぶためにはゼミ形式が最善の方法だからだ」

私はオンラインではなく、対面で教える仕事をしてきた。だから当然、ミネルバ式の教育にやや懐疑的な意見を述べたところ、カッツマンは、「正直に言って、（ミネルバの）ゼミは、あなたが知るどんな授業よりも集中的《インテンシブ》だ」と反論した。「テクノロジーが助けになっている。全員の顔が、同時に、画面に表示される。教員が小グループにわけることもある。いわば、全員が同じ列に座っている。後ろの列は存在しないし、姿を隠せる場所もない。だから学生間でも、学生と教員間でも非常に豊かな交流が存在する。また、すべての授業が録画されているから、資料を理解するのに苦労している学生がいないかどうかを、教授は録画で確認できる。こうして学生たちは、伝統的な教室では得られないようなフィードバックを得る」

最近、ミネルバはカッツマンの主張を裏づけるデータを発表した。２０１６年と２０１７年、学生が１年間にどのくらい学んだかを評価する標準テスト「大学学習評価（ＣＬＡ）」をミネルバで実施したという。新学年度の開始時、ミネルバの１年生の学力は、全米の１年生の上位５％以内だった。ミネルバは入学選抜が厳しいためだが、全米の４年生を含む統計でも上位22％に入った。そして８カ月にわたる集中的な授業のあとでは、１年生の学力は全米で上位１％に入った。全米の大学１年生だけでなく、４年生を含めても、だ。「１年生終了時のミネルバの学生の平均点は、このテストを受けた全大学の４年生の平均点よりも高かった」と、ミネルバの建学時の学長で最高アカデミック責任者のスティーブン・コスリンは書いている。「ミネルバの成績は、（ＣＬＡの）歴史でも特異だ」[30]。ミネルバはすでに、同大がもっとも重要だと考えている指標、つまり学生の学習支援でも、第１位にランクされている。

私が学生に話を聞いてもいいか尋ねると、大学本部は１年目を終えようとしている学生３人を紹介してくれた。みな、私がニューヨーク大学で教えてきた１年生よりも大人びて見える。それは驚きではないのかもしれない。ミネルバの２０２２年卒生は、１６０人の募集に対して約２万人が出願した。そのなかから合格通知をもらい、伝統的な大学よりもミネルバを選んだ時点で、明らかに典型的な大学１年生とは違う。

その一方で、ある意味で彼らは、ほとんどの大学生と同じでもあった。みな新たな発見や、新しい人間関係、そして自分を永遠にかたちづくる経験を楽しみにしていた。「ミネルバのコミュニティはとても緊密なコミュニティだ。ほぼ全員が全員を知っている」と、南カリフォルニア出身の18歳のゼインは言う。「でも、ぼくらはとても多様だ。もし、高校の同級生の多くと同じようにUCLA（カリフォルニア大学ロサンゼルス校）に進んでいたら、ぼくの人生はまったく意外性のないものになっていただろうなと、よく思う。たぶん数学を専攻して、昔からの友達とつるんで、カリフォルニアかロサンゼルスにとどまっていただろう。でも、こっちは冒険だ。すべてが不確定で見通しがつかない。人間はどこにいるかで、どんな人間になるかが決まるとつくづく思う。ぼくはこれから世界中に行って、いろいろな土地と文化を知る。この大学にいるから、自分は規格外の人間になるとわかるんだ。信じられないくらい多くのことを学んでいる」

グループ談話を終えたとき、ゼインは、駐車場まで私を送って行くと申し出た。ちょっとアドバイスが欲しいというのだ。私たちはミネルバのオフィスを出ると、マーケットストリートに向かって歩き出した。シビックセンターのほうに道路を渡ったところで、ミネルバの学生にばったり会った。ゼインと彼は声をかけあい、握手して、あとで会う約束をしていた。しばらく行くと、バケツをドラムのように叩いている男性がいた。するとゼインが、夏休みにニューヨークに行って、ドラムサークル（訳注：集団で打楽器の即興演奏をすること。チームビルディングなどに使われることも多い）について研究をしたいと思っていると言った。「バーテンダーのアルバイトをして、誰かの家に泊めてもらうつもりだ。ミネルバにニューヨーク出身の学生が何人かいるから、きっと助けてくれると思う」と、彼は説明した。「さっきも言ったけど、みんなとても仲がいいから」。彼の求めていたアドバイスとは、研究に関することではなくて、滞在場所を提供してくれる知りあいか学生はいないか聞くことだったのだ。

私たちは横断歩道で立ち止まり、目の前の広場を見た。ネクタイを締めた背広姿の政府職員らしき人たちや、ヨーロッパからの観光客がいる。図書館のほうに歩いて行くホームレスの横を、サイクリストが走り去っていく。ゼインが深呼吸をして、体をリラックスさせるのがわかった。まるで故郷《ホーム》にいるかのように。

人生の基礎をつくる図書館

ミネルバの学生たちは、ほとんどの大学の学生のように、図書館の近くに住んでいる。ただし彼らの場合は、大学図書館ではなく、サンフランシスコ市の図書館だ。これは絶妙なアイデアだ。現代の多くの都市と同じように、図書館はもっとも学習意欲を刺激する公共施設である可能性が高い。ニューヨークのスワードパーク支部図書館の職員であるアンドリューは、「人々のための宮殿」である図書館をもっと増やすべきだと言っていた。また、世界には学ぶことがたくさんあると子どもたちに教えることに、もっともやりがいを感じると言っていた。「ここにきてからの3年で、近隣の多くの子どもたちが成長するのを見てきた」と彼はいった。「子どもたちが読みを覚え、ティーンエイジャーが図書館の常連になるのを見てきた。トラブルに巻きこまれたけれど、立ち直った子もいた。人間の成長、子どもが大人になるのを見守るのは素晴らしいことだ」

私もさまざまな支部図書館で、同じような光景を見てきた。スワードパークの朝は、たいてい、近隣の託児所や小学校の子どもたちが、手をつないで（あるいは1本のロープにつかまって）やってくることから始まった。彼らが2階の子ども室に上がっていくと、そこには図書館員と数千冊の本が待っている。すぐ隣のチャイナタウンに住む子どものほとんどは、親が移民で、英語の知識が限られていて、本を買う余裕がないことも多い。だから図書館は読みを学ぶ重要な場所になる。スワードパーク図書館では、1日を通じて、子どもと保護者のための教室が開かれている。私がのぞいただけでも、「読み聞かせ」「2カ国語で読んで歌おう」「工作」「基本的なコンピューターの使い方」「リサーチの方法」「宿題支援」「大学出願書類作成」があった。予算削減で図書室がなくなった公立小学校の先生たちが、特別なプロジェクトのために、あるいは単純に本を借りるために、クラス全員をスワードパークに連れてくることもあった。午後になると、高校生のグループがティーンエイジャー専用スペースに集まり、勉強をしたり、コンピューターゲームをしたりしていた。そのほうが外をぶらついているよりもいいからだ。また、児童書とヤングアダルト本の担当職員は、親が刑務所にいる家庭のための特別プログラムを企画していた。恥ずかしさや孤立感から学業に集中できなかったり、しっかりした友達関係を築けなかったりする子どもたちが、同じ境遇の子どもと出会う機会をつくるためだ。図書館の外では、できないことがたくさんあるけれど、図書館では何もかもがたっぷりあって、手に取りたいものは何でも手に取れると言っている子たちもいた。

私は、多くの人が図書館で育ったと言うのを聞いたし、その経験が彼らの人生で大きな役割を果たしたことも知った。図書館の職員や、開架式のシステムや、ビデオのライブラリがなければ、知りえなかった自分の関心。解放感や、責任感や、知的な感覚。新しい友達を見つけたり、旧交を温めたりする。そして自分の居場所を（場合によっては初めて）見つける。

たとえば、シャロン・マーカスは、クイーンズ区（訳注：ニューヨーク市の5つの区の1つで民族的多様性に富む地域）の労働者階級の家庭に育った。一家の生活は苦しく、誰もが忙しそうだった。「平穏な家庭ではなかった」と、彼女は振り返る。「公園で多くの時間を過ごしたけれど、そこはそこで荒れていた。落ちついて座れる場所はどこにもなかった。私は内向的だったから、誰とも話さない時間が必要だった。好きなだけ本を読んでいたかった。自分の時間やエネルギーを自分だけのために使いたかった。何にどのくらい注目するかを自分で決めたかった。図書館は、周囲の人を無視しつつ、ひとりぼっちではないと感じられる場所だった。うちは夏休みに旅行に行ったりしなかったから、図書館は、すべてから逃れて、よりよい現実を垣間見られる場所だった」

シャロンは、支部図書館で読んだ本のことを鮮明に覚えていた。最初は、同じニューヨークで、自分とはまったく異なる生活を送る普通の子どもたちの物語をたくさん読んだ。ほどなくして、映画スターの伝記に関心を持つようになった。さらに、「女王や聖人の伝記をたくさん読んだ。今でもそのセクションが図書館のどこにあったか、はっきり覚えている。女王に関心があった理由は、……そりゃそうでしょう？　彼女たちは、男みたいに何かを成し遂げた。エリザベス1世はヘンリー8世の娘だったから関心を持った。当時は、カード目録で本を見つけていたのだけれど、エリザベス1世の本の隣に、別のエリザベスの伝記があったのを覚えている。ハンガリーの聖人エリザベトで、ハンセン病患者の救済に尽くしたという。それも読んだ。どういう基準で本を並べていたのかはわからないけど、基本的には何事かを成し遂げた女性たちに関する棚だった。夢中になったわ」

ティーンエイジャーになると、シャロンにとって図書館はますます重要な場所になった。「マイクロフィルムで昔の新聞を読んだり、昔の映画も見られたりすると知ったとき、とても興奮したのを覚えている。職員はいつも許可をくれて、多くの質問はしなかった。それはとても重要だった」と、シャロンは言う。「『なぜこれをしたいの？』とか『まだ小さいからあの機械は触っちゃだめ』なんて言う職員はひとりもいなかった。私は内気だったけれど、変わり者のように扱われたことは一度もなかった。私のことを特別だとか、頭がいい子だと扱う人もいなかった。みな、とても中立的だった。それは大きな恵みだったと思う。図書館は、特定の方向に私を励ます場所ではなくて、（自分の興味を探ることが）できる場所だった。誰かに見られているとか、許可が必要だとか感じることなく、好きなことを自由に追求できると感じられた」

シャロンの生活で、そんな場所はほかになかった。家では、両親が彼女の選択を監視していたし、シナゴーグでは道徳的なプレッシャーを感じるばかりで帰属感は得られなかった。学校では教職員が物事を決めつけた。でも、図書館は、彼女の関心をほぼすべて満たしてくれた。とくに近所の図書館ではなく、クイーンズ図書館やマンハッタンの５番街42丁目にある壮麗な中央図書館を訪れたときはそうだった。「高校のとき、あそこで研究レポートを書いたのを覚えている」とシャロンは振り返る。「インターネット時代が到来する前で、調べ物には今よりずっと多くの労力を要した。でも、当時、とてもいい気分だったのを覚えている。いつも行っていた支部図書館の子ども室も、その全蔵書も大きく超える場所だった。世の中のしくみについて知りたいことすべてがそこにあった。本や読書を通じて答えを見つけることができた」。シャロンは現在も図書館の常連だ。今はコロンビア大学の英文学と比較文学の教授になったから、子どものときほど頻繁には行けなくなったけれど。

ジェラニ・コブは、１９７０年代にクイーンズのホリスに育った。彼も、人生でもっとも重要な教育は、近所の図書館で得たと思っている。父親はジョージア州南部出身の電気技師で、9歳のときから働き、小学校3年生までしか教育を受けていなかった。母親はアラバマ州出身で高卒だった。「(ホリスは)中流のアフリカ系アメリカ人コミュニティで、南部出身で言葉になまりがある人が多かった」と、ジェラニは振り返る。「両親はニューヨークで経済基盤を築き、ようやく生活レベルが上昇しつつあった。十分な教育を受けていなかったけれど、教育はとても重要だと思っていた。毎日新聞を読んだり、図書館で本を借りたりして、子どものとき学べなかったことを補うのに大きな誇りを抱いていた」

ジェラニは、はじめて図書館カードをつくってもらったときのことをよく覚えている。「9歳くらいのときで、転校したばかりだった。学校の帰りに、ホリスアベニュー204番地の公共図書館に立ち寄ったんだ。図書館に入ると、何がほしいのか自分で言いなさいと母が言う。そこで『図書館カードをください』と言ったんだが、その女性職員はよく聞こえなかったらしく、私のほうに顔を近づけてきた。すると母は、『ダメ、ちゃんと座っていて』とその職員に言い、私に向かって『相手にちゃんと聞こえるようにはっきり言いなさい』と命じた」「私は母の言う通りにした。図書館カードをください、と。たぶん署名できる年齢になると、カードをつくってもらえることになっていたのだと思う。その女性はカードをつくってくれた! そこに署名をして、私のカードのできあがりだ!」

ジェラニが最初期に借りた本には、トマス・エジソンに関する本があった。そこには、エジソンが子どものとき、毎週30センチほどの本の山を読んでいたことが書かれていた。「私も同じことに挑戦した。もちろん、達成はできなかったけどね」と、ジェラニは振り返る。「でも、それは読書に何時間も費やす習慣のきっかけになった。素晴らしいことだ。そこに行けば好きなものを読めるという事実に、子ども心にうっとりしたのを覚えている。なにもかもが書棚にあった！『みんな知っているのかな？』と思った。『何かの策略かな』とかね。こんなすごいことをみんなが知ったら、閉鎖されてしまうのではないかと心配だった！」

ジェラニと母親は図書館で多くの時間を一緒に過ごした。息子が大きくなると、母親は学校に入り直し、ニューヨーク大学で学士号、さらには修士号を取得した。あるとき、「母は小さな本を借りてきた」と、ジェラニは振り返る。「たぶん30ページくらいの本だったと思う。大人向けの本だとは思えなかった。大人は分厚い本を読むものだと思っていたからね。だからその本を読んでみたかった。でも母は『ダメ。これは大人の本だから』と言う」

「すると余計、『私だって読めるぞ！』と思った。そこで読んでみると、黄金が入った袋を持つ男の話だった。どこへ行くにもそれを持ち歩いた。泳ぎに行きたかったけれど、黄金が心配で行けない。他にもしたいことがあったけれど、できなかった。いつも、その黄金の入った袋が邪魔になった。あるとき彼はその袋をなくしてしまうのだが、それを捜す過程で、袋を持っていたときはできなかったことすべてをやることになる。『オーケー。いい話じゃないか』と私は思った。母は、『意味がわかる？』と言った。『ああ、男が袋をなくして、あれこれやった話だろ』と言うと、母は『違う。これはメタファー（暗喩）と呼ばれるものだ』と教えてくれた。はっきり覚えている。そのとき、メタファーとは何で、文学においてどのような働きをするか学んだ。その物語がとても短くて、大人向けであるのは、非常にディープなことを語っているからだと母は言った。本は、表面的に語られている以上のことを示唆していることが多いのだ、と。あれは本当に大きな学びだった！」

ジェラニは、図書館でひとりで過ごす時間も多かった。政治やアートや文学の本をめくったり、自宅や教会での会話から興味を抱いたトピックについて深く調べたりすることもあった。「うちはカトリックだったが、15歳のとき安楽死の問題に関心を持ち、あれこれ考えるようになった。あるとき学校でレポートを書くことになったので、まず、教会の司祭に話を聞いてみた。私に洗礼を授けてくれた司祭だ。カトリック教会は安楽死に反対の立場をとっていると、彼は言う。私は『なるほど』と思ったが、図書館でいろいろな意見を読みはじめたら、私自身は司祭とは反対の意見だと思うようになった！　人間は自分が死ぬ時期を選ぶ権利があるはずだ、とね。その考えは今も変わっていない。自分でこのトピックについて関心を持ち、図書館で調べ物をしていなかったら、おそらく『カトリックとして安楽死には反対だ』と言うだけだったと思う」。図書館は、権威に疑問を投げかけ、物事を自分の頭で考える人間にしてくれたと、彼は言う。それは今、彼が頻繁に使うスキルになっている。ジェラニはニューヨーカー誌の記者であり、コロンビア大学の教授でもあるのだ。

２０１１年に母親が死去したとき、ジェラニは母親の図書館に対する愛と、図書館で一緒に過ごした思い出を記念したいと思った。「母が亡くなった年、クイーンズの支部図書館にコンピューターを寄贈した。母が連れて行ってくれて、私が生まれて初めて図書館カードをつくった図書館だ。そのコンピューターに、『メアリー・コブのために』と書かれた小さなプレートをつけた。母が大切にしていた場所に貢献できる、母の思い出にふさわしい行動だったと思う。あそこは母にとっても、私にとっても、人生の中心をなす場所だった。私が今やっていることはすべて、９歳か10歳のときにたくさんの本を読めたことからスタートしたのだから」

現代も多くの子どもたちが、自分と自分が受け継ぐ世界について学ぶことによって、自己を形成している。彼らはそのための場所を持つ権利がある。それを手に入れられるかどうかは、私たち大人次第だ。

第4章

健康なコミュニティ

アメリカ土木学会（ASCE）は、4年に1度、全米のインフラの等級を発表する。もし、連邦政府が高校生だったら、その「成績書」を親に見せる前に、ビリビリに破り捨てることだろう。なにしろ2017年の総合成績は、前回2013年に続きD+だったのだ。だが、もっと悪い成績だったとしてもおかしくない。アムトラック（全米鉄道旅客公社）のワシントン－ボストン線や、ニューヨーク市の地下鉄は大混雑して破綻寸前なのに、「鉄道網」の等級はBだったのだ。危険廃棄物、堤防、港湾、学校、下水システムなど7項目は、4年前よりも評価が上がったが、公園や運輸システム、固形廃棄物処理システムの評価は下がり、空運（D）、

SENTJOHN

道路網（D）、飲料水（D）、エネルギー（D＋）などはお粗末な評価のままだった。[1]

社会的インフラは、ごく最近一般的になったコンセプトだから、ASCEの評価に社会的インフラが含まれていないのは驚きではない。だが、ASCEが、私たちのウェルビーイングに不可欠な、医療や食料インフラを評価対象にしていないのはおかしい。都会の公立病院で治療を受けたり、衰退した旧工業都市や貧しい農村を訪れたり、低所得地区で生鮮食品を買おうとしたことがある人なら誰でも知っているように、アメリカでは健康な生活を送るためのインフラも疲弊している。時代遅れの交通網や運輸網、電力網、そして風水害対策に緊急に投資する必要があることは、誰の目にも明らかだ。だが、粗悪な社会的インフラのせいで起こる悲惨な健康問題も、同じくらい差し迫った問題ではないか。

たとえば、アメリカでエイズ禍以来の公衆衛生危機とされるオピオイド（訳注：麻薬性鎮痛薬やそれと同様の作用を示す合成鎮痛薬の総称）依存症問題を考えてみよう。アメリカでは1990年代末以降、コデインやヒドロコドンといった処方鎮痛薬と、ヘロインなど路上で入手できる違法薬物の販売、使用、乱用が激増してきた。[2] それは悲惨な結果をもたらしている。[3] 数十万人が命を落とし、無数のコミュニティ（とくに小さな町や農村部）が痛ましい打撃を受けてきた。オピオイド危機は、経済にもダメージを与えてきた。2016年のある研究によると、オピオイド禍はすでに米経済に800億ドルちかくの損失を与えている。[4] なにより深刻な問題は、過剰摂取による死者の著しい増加だ。2016年の薬物の過剰摂取による死者は6万4000人だった（2000年の3倍だ）が、その大部分はオピオイド関連だった。[5] 見方を変えると、わずか1年で、ベトナム戦争の10年間の犠牲者を上回る数のアメリカ人が、薬物の過剰摂取により死亡したことになる。[6] しかも問題は悪化する一方のようだ。医療関係者は、抜本的な介入措置を取らなければ、オピオイドによる死者は、今後10年間で50万人に達する可能性があると警告する。[7]

オピオイド禍の原因は1つではない。しかし、重要かつ、しばしば見落とされている要因として、社会の結束と助けあいの喪失をあげる研究が増えている。[8] プリンストン大学の経済学者アン・ケースとアンガス・ディートンは、2015年、アメリカでは中年の白人の死亡が、これまでにないスピードで増えていることを発見した。[9] その原因は、総じて薬物乱用とアルコール依存症で、ケースとディートンはこれを「絶望死」と名づけた。[10] 2人は、自殺は社会の大きな混乱の結果であるとみなしたフランスの社会学者エミール・デュルケームの影響を受けており、アメリカの白人の大量死は経済と社会における大きな変化と関係していると主張した。学歴の低い白人は、雇用機会の減少だけでなく、長年支援システムとなってきた伝統的慣習や社会機構の喪失にも直面していた。結婚するカップルは減り、離婚はありふれたことになり、家族はバラバラになった。地方自治体のリソースは欠乏している。図書館や託児所は早く閉まってしまい、教会は新たな問題と需要に応えるのに苦労している。「こうした変化により、仕事や宗教や家庭生活に関わる選択をするとき、頼りになるしくみが乏しくなってしまった」と、ケースたちは書いている。「その選択がうまくいけば、自由を得ることができる。だが失敗すると、その責任をひとりで負うしかない。最悪の場合、それはデュルケームが言うような自殺のレシピとなる」[11]

なぜ、コミュニティの喪失が、鎮痛剤を使う人の増加につながるのか。興味深いことに、オピオイドは、社会的つながりがあるときとよく似た化学反応を生み出すことがわかってきた。人間は本来、いわゆる「ナチュラルハイ」の状態をもたらす天然のオピオイド物質を生成する能力を持つ。最近の研究では、オピオイド拮抗薬のナルトレキソンが投与されると、こうした内因性のオピオイド物質の生成能力も阻害され、他人との社会的断絶を強く感じるようになることがわかった。[12] 現在、アメリカの苦境にあるコミュニティをむしばむオピオイドは、身体の痛みと、精神的な苦しみ、そして社会と断絶している苦しみを緩和するのだ。

現在、社会的孤立とオピオイド依存症が結びついているという指摘の大部分は、失業して、あるいは何かに所属している感覚を失って、ドラッグに手を出したと語る乱用者の声を拾ったものばかりで、科学的な裏づけはない。ラストベルト（米中西部の旧工業地帯）に位置するペンシルベニア州マッキースポートに住む女性ヘロイン依存症者は、この街のドラッグ問題の根底にあるのは社会構造の崩壊だと、社会学者のキャサリン・マクリーンに語った。「ここにはコミュニティ感覚なんてない」と彼女は言った。「そもそもコミュニティが存在しない。……だからなんでも自己責任にされる。酒やドラッグをやっている人は、それを続けるだけだ。

他にやることもないんだから」[13]

だが、こうした体験談だけでなく、科学的な証拠もある。最近の研究では、コミュニティの社会的なつながりの強さと、オピオイドの誘惑に対抗する能力の間に明らかな関連性がみつかった。ハーバードの大学院生マイケル・ズーロブは、2017年の研究で、強力な社会関係資本を持つコミュニティ（市民団体の数や選挙の投票率などによって測定）は、比較的脆弱なコミュニティよりも、オピオイド危機を回避する可能性が高いことを発見した。[14]所得や教育水準、鎮痛剤処方率といった要因を考慮に入れても、結果は変わらなかった。つまり、強力なコミュニティに暮らす人は、薬物依存症に陥るリスクが低く、社会的に孤立していて薬物を乱用する人は、そのために死亡するリスクが高い可能性がある。ズーロブの研究のもっとも興味深い考察の1つは、薬物の過剰摂取による死は（熱波による死のように）、社会的ネットワークが乏しい人に多く見られるとしたことだ。ひとりぼっちのとき薬物を過剰摂取すると、それを発見する人も、救急車を呼んでくれる人もいないからだ。[15]

破綻した社会的インフラを修復することは、長期的にきわめて重要だが、アメリカの多くの都市は、オピオイドの過剰摂取による死を今すぐ減らす方法を探している。だとすれば、かつて似たような問題に直面した国の対策が参考になるかもしれない。スイスだ。

スイスでは1970年代以降、ヘロイン乱用者が急増した。[16]当初、スイス政府はアメリカと同じような伝統的対策を講じた。取り締まりの強化だ。裁判所は、薬物乱用者と密売業者に対する処罰を厳しくし、警察は公共の場から薬物乱用者を排除した。だが、問題は悪化する一方だった。ヘロインを注射する若者が増えただけでなく、窃盗事件やＨＩＶ感染者、過剰摂取による死者が急増した。

わらにもすがる思いだった政府当局は、１９８７年、正反対のアプローチをとってみることにした。ヘロイン乱用者は、街の一角（プラッツシュピッツ公園）で、薬物を使用することが許可されたのだ。アメリカのドラマ『ＴＨＥ ＷＩＲＥ／ザ・ワイヤー』のファンなら、この戦略が、ドラマの中でボルティモア市が設けた麻薬解放区ハムステルダムと似ていることに気づくかもしれない。だが、ドラマと同じように、この方法は薬物乱用問題の根絶にはほとんど役に立たず、むしろ公園付近で犯罪が増加するなど大きなマイナスの影響をもたらした。違法薬物の合法化も、乱用者を一掃する役に立たなかった。

スイスは、さほど進歩主義的な国ではない。女性の参政権が認められたのも、ようやく１９７１年になってからだ。だが、銀行業が有名な国なだけあって、きわめて現実主義的な側面がある。困り果てた政府当局は、ラディカルであると同時にきわめて常識的な計画を打ち出した。人々を死に至らしめているのは、ヘロインの使用そのものではなく、安全ではない環境で、ひとりで使用しているからだと気がついたのだ。そして、ヘロイン乱用者の命を救う最善の方法は、彼らに安全な量のヘロインを投与することだという結論に達した。ただし、適切なクリニックが、未知または致死的な添加物が入っていない医薬品レベルのヘロインを投与すること、とされた。投与量は、依存症者が離脱症状をおこさない程度に十分な量であると同時に、ハイにならない程度に抑えることとされた。この制度は、一般の医療行為と同じように運用され、依存症者は一般的な病気の患者と同じように扱われた。また、この制度の利用者は、医療保険に加入していることが義務づけられた。

ヘロインの入手ルートを心配する必要がなくなると、多くの乱用者は、そもそもヘロインに手を出すきっかけとなった問題の解決に多くの時間を注げるようになった。ソーシャルワーカーは、ヘロイン乱用者と信頼関係を構築し、就業を助けたり、カウンセリングを提供したりできるようになった。薬物乱用者が処罰を恐れずにカウンセラーに相談できる物理的な場をつくることで、スイス政府はヘロイン乱用者の社会復帰を進めることができた。

誰であっても、薬物乱用から立ち直るには、家族や友達やセラピストや支援団体のサポートが必要だ。依存症の専門家は、この種の社会的つながりを「回復資本《リカバリーキャピタル》」と呼ぶ。[17] スイス政府がつくったヘロイン・メンテナンスゾーンは、薬物を適量投与する場であるだけでなく、依存症者がカウンセラーや医療従事者と定期的に交流できる社会的インフラだったのだ。

１９９１〜２００４年に、スイスでは薬物の過剰摂取による死者が半減した。[18] きちんと監督された場所でも過剰摂取に陥る人はいるが、命を落とした人はひとりもいない。[19] ヘロインに手を出す人そのものも減った。１９９０〜２００２年の間に、ヘロインの新規利用者は8割減り、ＨＩＶ感染者の急減にもつながった。ヘロイン絡みの窃盗事件が9割減るなど、社会全体にもプラスの影響があった。[20] 2008年の国民投票で、スイス市民はオピオイド乱用についても、ヘロイン乱用と同様の対策を講じることを圧倒的に支持した。この制度は今、法律として整備されている。

スイスのアプローチは、議論はあるものの、有効な（そして命を救う）社会的インフラとして、世界のモデルとなっている。オーストラリアとイギリスは、安全な薬物投与クリニックを実験的に設置し、成功させてきた。2014年には、清潔な注射針配布プログラムの先駆者であるカナダのバンクーバー市が、北米で初めて、合法的なヘロインおよびメタドンのメンテナンス施設をオープンした。この施策はすぐに効果を発揮した。[21] 開設から2年で、クリニックの隣接地区では、薬物の過剰摂取による死者が35％も減少したのだ。街全体でも10％減った。[22] 合法的投与場所の設置に反対する人たちは、ヘロインを試す人が増えると警告したが、現実はそうはならなかった。スイスと同じように、安全で管理された薬物投与場所ができると、ドラッグはさほど魅力的な存在でなくなり、試す人も大幅に減ったのだ。[23]

アメリカの都市は、スイス式のオピオイド・メンテナンス方法を採用することに及び腰だが、少しずつ変化が起こっている。早い時期からオピオイドの過剰摂取問題が深刻化していたボストン市は、サウスエンド地区とロクスベリー地区、そしてニューマーケット地区の外れにある人通りの少ない道を、「メタドン・マイル」として整備することを許可した。州間高速道路93号線を見下ろす位置にあり、法的に認められた薬物使用エリアではないものの、野外ドラッグ市場と並んで、ホームレスのシェルターや依存症クリニックがある。ニューイングランド地方で最大のセーフティーネット医療機関であり、トラウマ治療センターでもあるボストン医療センターもできた。このため、治療を求めて、あるいは安全な投与を求めてニューイングランド地方全体からオピオイド依存症者が集まってくる。

ボストン市は、大きな需要に対応しきれていないが、2017年にメタドン・マイルに新たなデイケア・シェルターを開設した。ジャーナリストのスーザン・ザルキンドは「オピオイド禍のインフラ」と題された記事で、このシェルターのことを、「何も質問をされないエンゲージメント・スペース」だと説明している。図書館のように、利用者が名前や身元を明かさなくてもサービスを受けられる施設だというのだ。このシェルターの目的は、薬物乱用者を路上から一掃して、治療を受けさせることだ。隣接する観察治療支援所（SPOT）は、過剰摂取を防止し、薬物乱用者（とくに女性）を暴力から守るためのモニタリング活動をしている。[24] シェルターもSPOTも上々のスタートを切った。ザルキンドの記事によると、SPOTは開設から数カ月で、約500人の薬物乱用者と3800回の交流を持ち（このうち10%は治療継続を希望）、100回以上の救急搬送を防いだ。ザルキンドが話を聞いた依存症者たちは、メタドン・マイルで友達ができたという。「何かあったら、支えてくれる人たちがいることがわかった」と、ある男性はザルキンドに言った。そこにはコミュニティが存在したのだ。ホームレスのオピオイド乱用者の間ではめったに見られないレベルの信頼関係だ。

だが、誰もがこのプロジェクトを熱烈に支持しているわけではない。メタドン・マイルが、オピオイド乱用者の健康と安全を改善しているのは、ほぼ間違いないが、病人や弱者（その一部は犯罪歴がある）のための社会的インフラは、住宅地や商業地とあつれきを生みやすい。メタドン・マイルの近くを歩くと、「そこへ向かう人たちは断固たる足取りで、そこから出てくる人たちは朦朧としている」ことに気づくだろうと、ザルキンドは書いている。「バックパックを背負っている男性は、すれ違いざまに『ブラウン（ヘロイン）』とか『バキバキだ』と囁くかもしれないし、首から医療従事者のＩＤを提げた人たちも大勢見かける」[25]。遠くに住んでいる人が、安全な薬物投与や治療施設を絶賛するのは簡単だが、近隣に職場や自宅がある人たちは不満を抱いている。

ボストン市と、メタドン・マイルで活動するＮＧＯや医療機関のリーダーたちは、不安に駆られる近隣住民やスモールビジネスのオーナー向けに、アウトリーチ活動を試みてきた。治安を強化し、治療・医療施設を住宅街から隔離する設計を試している。さいわい、ボストンのような古い工業都市には、廃工場や未開発地など、安全な薬物使用エリアを設けるのに適した場所はじゅうぶんあり、一般住民の裏庭に及ぶ心配はない。うまくいけば、この試みはスケールできる。メタドン・マイルを設置できる場所は、全米に無数にあるのだ。ボストンの試みに評価を下すのはまだ早いが、これまでのところ過剰摂取のリスクを減らすとともに、乱用者が治療を受けるきっかけをつくっているようだ。公立病院が薬物乱用者を管理するコストの節約にもなる。もっとも重要なことに、こうしたインフラは人命を救っている。

都会の真ん中にある食の砂漠

オピオイド危機は悲惨な問題だが、アメリカの公衆衛生の唯一の（あるいは最大の）脅威ではない。貧しいアフリカ系アメリカ人が大多数を占める地区でもっとも緊急の課題は、一般のアメリカ人が当然のように受け止めている基本的な物資やサービスの欠如だ。健康な食品を売る店もその1つだ。

たとえばイングルウッド。1995年の熱波のとき多くの死者を出した、シカゴのサウスサイドにある住宅地だ。この地区の住民の平均寿命は、市の平均を大きく下回る。空き家や、板が打ちつけられた商店や、木ほどの背丈の植物や雑草が生い茂る空き地が目立ち、住民は近隣を出歩くことを極力控えている。荒廃したブロックでは暴力犯罪も非常に多い。「あまりにも多くの人が出て行ってしまって、もう数えるのをやめた」と、ここに50年以上住んでいるコーディア・ピューは言う。「もう辟易しているわ」

ピューも、麻薬やギャングや銃犯罪は心配だし、外から揉め事の声が聞こえてくると、今もビクッとする。だが、彼女をはじめとする住民が何十年にもわたり一番困っているのは、近隣の市場や商店に新鮮な肉や野菜が売っていないことだ。「私は農家の4世だ」と、ピューは語る。「父の父が農家だった。ミシシッピ出身のね。こっちにきてもそれを続けていた。いわば家業だったから。大移動（南部から北部の黒人の集団移住）のあった1930年代に、我が家も北部に引っ越してきた。シカゴに来たのは、私が6歳のときの1959年。今はフォードハイツと呼ばれているところに落ちついた。当時は、ミシシッピと同じくらい田舎だった。そこには養豚場などの畜産農場と、あらゆる種類の野菜農場があった。まだ南部にいるのかと思うほど田舎だった」。ピューの家族が移り住んできた当時は、イングルウッドにも食べ物の選択肢がたくさんあった。「当時は、まだいろいろな人種が住んでいた」とピューは振り返る。「さまざまな商店や八百屋や雑貨店があり、いろいろなものが売っていた。私はガールスカウトに入っていて、近くのボーイ&ガールクラブもやっていた。全部イングルウッドでね。放課後にはYMCAに行ったものだ。マーチング・バンドもやっていた。白人はみんな引っ越して行った。でも1970年代に、いろいろなことが崩壊しはじめて、白人はみんな引っ越して行った。キング牧師の暗殺後に暴動が起こり、公共投資はストップした。子ども向けのプログラムはみんななくなってしまった」。食料雑貨店もなくなった。

1980年代までに、イングルウッドは「シカゴの食の砂漠」になったと、ピューは言う。米農務省によると、「食の砂漠」とは、スーパーマーケットやスーパーセンターや大型食料雑貨店が近くにない都市貧困地区のことで、アメリカの低所得地区の約13%が食の砂漠であり、犯罪組織や銃の存在と同じくらい住民の生命に危険を及ぼす恐れがある。[26] 米科学アカデミー（ＮＡＳ）によると、食の砂漠は、肥満をはじめ多くの生活習慣病とも関連がある。こうした地区の住民（子どもを含む）は、炭酸飲料を飲み、塩分と合成保存料がたっぷり入った加工食品を摂取する可能性が高く、糖尿病や癌とつながりがある。ピューなどの住民にとって、毎日の食事は喜びではなく、落胆の機会になってしまった。

イングルウッドのような地区に住んでいると、いいことはあまりないが、数少ないいいことの１つは空き地が多いことだと、ピューは言う。１ブロックに少なくとも１カ所は（たいてい複数）空き地があり、野菜を育てるのにぴったりだと、彼女は言う。「気がつくのにしばらく時間がかかったけれど、イングルウッドもミシシッピのように耕すことができると思った」。それも、たんなる市民農園ではなく、大規模な都市農業だ。

この可能性に気がついたのはピューだけではない。「ホームレスのためのシカゴ連合」を設立したレス・ブラウンは、１９９２年、農業を中心とする都市職業訓練を提唱した。それは大胆だったが、時期尚早なアイデアだった。都市農業という概念はまだ確立されておらず、シカゴの空き地を農業生産の場所に変えるという彼のビジョンを共有する人はほとんどいなかった。だが、ブラウンは仲間のハリー・ローズとともに粘った。そして１９９８年、２人の組織「グローイング・ホーム」が、イリノイ州マーセルズに農業用地を獲得した。シカゴから１２０キロほど南西にある土地だ。彼らはそこを、農業補助作業員の養成所にした。ブラウンは2005年に死去したが、ローズはその年、イングルウッド町内会と協力して、空き地を農業用地として使わせてほしいとシカゴ市を説得した。ところがそこは、3つの有力ギャングの縄張りが交差する場所だった上に、PCB（ポリ塩化ビフェニル）で汚染されていた。4年にわたる土壌浄化作業と、近隣住民との良好な関係づくり、そして土地利用規制の改正を市にかけあった結果、イングルウッドに「ウッドストリート・アーバンファーム」が誕生した。それはシカゴ初のオーガニックな都市農場だった。2年後には、近くに「オノレストリート・ファーム」も完成した。「私たちの目標は、イングルウッドを食の砂漠から食の調達地にすることだ」とローズは語る。

それが長く困難なプロセスになることは、ローズも承知している。だが彼は、かつての状況がいかにひどかったかをよく覚えている。「私たちが来る前は、イングルウッドに生鮮食品を買える場所はほとんどなかった」と、彼は語る。「食料品を売っているのは、コンビニのウォルグリーンズとガソリンスタンドだけ。どうしても生鮮食品を買いたければ、サウスループ地区にある高級スーパーのホールフーズに行くか、ハイドパーク地区の生協に行くしかなかった。でも、ほとんどの住民はその時間もお金もなかった。多くの人が不健康な食生活を送っていたのは無理もない。質のいい食べ物が手に入らなかったのだから」

「2006年もイングルウッドは貧しかった」と、ローズは語る。「でも、多くの家庭はそれなりに生活していた。町内会があったし、空き家も埋まりつつあった。状況は上向きはじめていた」。そこに、サブプライムローン危機がやってきた。シカゴのアフリカ系アメリカ人居住地区では家の差し押さえが相次ぎ、イングルウッドはとりわけ大きな打撃を受けた。「あっという間のことだった」とローズは振り返る。「次から次へと差し押さえになり、気がついたら、どのブロックでも3〜4軒が立ち退きにあっていた。あれから10年たった今も、住宅の半分が空き家というブロックもある。空き地が増えて、暴力事件も増えた」

グローイング・ホームのような市民団体の10年がかりの活動のおかげで、現在のシカゴには、確認できるだけでも市民農園と都市農場が800カ所あり、運良く近くに住んでいる人たちに目に見える恩恵をもたらしている。[27] 全米公衆衛生協会（APHA）は最近、市民農園は都会に日陰をもたらす以上の役割を果たすと指摘している。[28] 世代内および世代間の交流を促すことにより、住民の社会的孤立を低下させ、地域の結束と市民参加を推進し、近隣への愛着を育むというのだ。市民農園を訪れたり、頻繁に通りかかったりする人のストレスレベルを低下させる効果もある。子どもたちは自然に対して肯定的な感情を抱き、科学に関心を持つ。そしてなにより、市民農園は健康的な食べ物をもたらす。現在、シカゴには青果物を生産する農地が500カ所以上あるが、その多くが生鮮食品の手に入りにくい地域にある。シカゴには2万カ所以上の空き地があるし（ほとんどは貧困地区や人種が偏った地区に集中している）、小規模な緑地も活用できるだろう。[29] しかし、そのためには、シカゴの政治指導者や、慈善団体の指導者が莫大なリソースを投じる必要がある。市庁舎の屋上に素晴らしい庭園をつくったような投資を、他の重要インフラにも向けるべきだ。

シカゴ市庁舎の屋上（1950平米）に、250万ドルをかけてつくられた庭園は、世界でも指折りの規模と投資額を誇る。2000年に植樹が始まり、現在、150種類以上2万株の植物があり、建物の温度を下げるとともに、嵐のとき雨を吸収するのを助けている。シカゴ市によると、暑い日の市庁舎屋上の温度は、従来型のビルの屋上よりも約1度低くなり、毎月数千ドルの光熱費節約につながっている。[30] それは目覚ましいグリーンインフラであり、世界が気候変動に直面するなか、まさに都市が増やしていくべきインフラだ。美しく快適で、エコロジー的にも責任あるものだ。世界の都市関係者だけでなく、地元の不動産デベロッパーが視察にきて、インスピレーションを得た（実際に数十人が市内のビルに屋上庭園をつくった）。だが市庁舎の屋上は、社会的インフラではない。一般市民が定期的にお互いとのつながりを強化する役には立たないし、アスファルトに囲まれて暮らす人たちに、公園やきれいな空気へのアクセスをもたらすわけでもない。異常気象のリスクにさらされている人々の安全を高めるわけではないし、彼らが住む地区を健全な場所にするわけでもない。こうしたことのためには、豪華でなくていいから、もっと誰でも利用できる緑地に投資する必要がある。それが市民農園と都市農場だ。

民間企業で長年働いたあとに、慈善活動に関わるようになったピューが、イングルウッドの農場や市民農園の設置活動にこれほどのめりこんでいる理由の1つは、このアイデアの現実性を証明したいからだという。実際、彼女自身の菜園に加えて、グローイング・ホームと協力してつくった「ハーミテージ市民農園」と「イングルウッド退役兵農園」は、新鮮な野菜以上のものを地域にもたらした。「農場や菜園は、人々に心穏やかな行き場を与えている」と、ピューは語る。「若者に高齢者、それに、よその地区の人も来る。屋外で活動することや、誰かと一緒に土地を耕すことから大きな喜びを得ている。それは私たちが必要としているものだ。コミュニティ空間がなければ、コミュニティは存在しえない」

さらに、農場や菜園はたんなるコミュニティ空間ではないと、ピューは言う。「安全地帯でもある。ギャングでさえ、私たちの活動を尊重している」。ギャングのメンバーもこの地区に住んでいる親や祖父母がいて、新鮮な野菜を喜んでいるのだ。「今はいざこざがあると、ここに近づくなと言ってくれるようになった。私たちがいいことをやっていると、彼らも知っているのね。彼らの家族がここに来ている可能性だってあるし！」

「私たちがウッドストリートに初めて来たときは、ギャングの間で縄張り争いがあった」と、ローズは語る。「あらゆるものが閉鎖されていくなかで、私たちは構築する側だった。壁や建物に落書きをされたり、窓を割られたりすることもあった。でも、地域団体や住民と協力していたから、ギャングたちも、農場は地域のリソースになるとわかってきたらしい。地元に貢献する存在だと気づいたんだ。それからは、平和なものだ。ここは文句なしに美しい。新しい農場づくりのプロジェクトも進んでいる。この地区にもっと必要なことは明らかだ」

イングルウッドはまだ食の楽園とは言えないが、グローイング・ホームのおかげで、食の砂漠からは脱却できそうだ。2つの農園は、コンスタントに農産物を供給しており、毎週、産地直売会と料理教室も開いている。新たに2つの地域団体が空き地に農場をつくっているほか、地元のNGOが運営する「クサーニャ・カフェ」もできた。この地区は長年、暴力犯罪の巣窟と見られてきたが、特別な都市農場だという評判を少しずつ獲得しつつある。この変化は、イングルウッド経済にも好影響を与えている。2016年9月には、ホールフーズやスターバックスやチポトレ（訳注：メキシコ料理のレストランチェーン）の入ったショッピングセンターがオープンして、ジャーナリストたちに「もはやイングルウッドは食の砂漠ではない」と言わしめたのだ。ただし、その評価は時期尚早の可能性もある。すべての住民がこうしたショッピングセンターで買い物できる経済力があるわけではないからだ。それでも、ホールフーズの開店日には住民が長い列をつくった。ホールフーズは価格帯が高いことで知られるが、必需品はディスカウント価格で提供すると発表したことや、地元住民を数十人雇うと約束したことが一因だろう。

グローイング・ホームは、職業訓練と経済開発という当初の約束も守ってきた。「住民と話をしたとき、貧困のせいで刑務所を行き来する羽目になるサイクルを断ち切ることが、とても重要だと気がついた」と、ローズは言う。「そこで、出所したばかりの人向けの職業訓練プログラムをつくった。3カ月半の生産アシスタントの仕事を与えて、それを終えたらフルタイムの仕事探しを支援する」。このプログラムがある程度確立されると、グローイング・ホームはコミュニティ開発を正式なミッションに加えた。「良質な食べ物を生産できて、社会的なつながりもつくれる場所があれば、大きな変化を生み出せる。今ではイングルウッドを健康な場所にする方法がたくさんある」

緑地の驚くべき健康増進効果

都市農場と市民農園に投資するよう行政を説得するには、長い歳月と、長年放置されてきた都会の土地を耕す膨大な努力が必要だった。「当初は、役人に笑われたものだ」とローズは振り返る。「『イングルウッドに農場ねえ！　ふーん』という感じだった。でも、今は彼らも、これがいいアイデアであることを理解している。現在は、オノレストリート農場の隣に新しい用地を取得しようとしているところだ。市が土壌を洗浄して、醸成して、柵を立ててくれることになっている。10年前と比べると大違いだ。もっとシステム的にサポートしてくれるといいのだが。でも、市にも、私たちがもたらしている変化が見えているから、いつかそうした支援をしてくれるようになるだろう」

ＡＰＨＡが、社会的インフラ計画と都市の健康問題が重なる領域に影響を与えるようになれば、こうした支援は得やすくなるだろう。APHAは自然に関する報告書で、「空き地の最優先かつ恒久的な活用策として、市民農園を基本計画に盛りこむべきだ」と勧告している。「住宅地の再開発プロジェクトにあとづけするのではなく、土地利用計画の一部に盛りこまれるべきだ[31]」

政策立案者らは、この勧告を無視してきたが、もっと耳を傾けるべきだ。信頼できる電力供給や清潔な水、迅速な輸送、手頃な価格の食品、そして耐久性のある構造物といった現代のインフラは、医療を含むどんな介入策よりも公衆衛生の改善に貢献してきた。「20世紀はじめには、医師と都市計画者、衛生学者と土木技師のコラボレーションによって健康と安全に大きな変化がもたらされた。そう考えると、今のほうが奇妙または異例だ」と、コロンビア大学疫学部長のチャールズ・ブラナスとペンシルベニア大教授（犯罪学）のジョン・マクドナルドは書いている。2人は都市の荒廃に介入する研究を拡大して、環境改善が暴力犯罪の削減よりも、公衆衛生の向上に大きな影響を与えるのではないかと考えた。「一握りの人のエピソードを取り上げるばかりで、彼らを取り巻く社会環境が明らかに不健康であることを無視する姿勢が、問題の根本的解決を妨げ、人々の健康改善を著しく遅らせてきた[32]」。現在、世界中で都市化と格差拡大が進むなか、より健全な環境づくりが早急に必要になっている。社会的インフラはそのカギだ。

ブラナスのチームがフィラデルフィアで行った非常に興味深い研究は、都市貧困地区に小さな緑地をつくると、人々の健康状態が改善することだけでなく、それがどのように起こるかも明らかにした。ペンシルベニア大学のユージニア・サウス助教授（救急医療学）の研究チームは、12人（男性8人、女性4人。全員がアフリカ系アメリカ人で、高齢で、半分以上が年収1万5000ドル以下）に、自宅から半径2ブロックの近所を、心拍計をつけて歩いてもらった。実施回数は2回。1回目は、放置された空き地の横を歩いてもらった。ブラナスのかつての研究で、犯罪を招きがちであることが示されたタイプの都会の荒地だ。2回目は数カ月後で、小さな花壇がいくつもあって、木や野菜が植えてある空き地の横を歩いてもらった。ブラナスらによると、心拍数はストレス反応を示す明白かつダイナミックな指標だ。被験者が手入れの行き届いた空き地と、荒れた空き地の横を歩いたときの心拍数の違いを見れば、自然環境が人間の健康状態に与える影響がわかるはずだ。

結果は疑いの余地がなかった。荒廃した空き地の横を歩いたとき、急激なストレスのあまり、被験者の心拍数は1分あたり平均9・5回も増えたのだ。その空き地は長い間そこにあり、被験者にとっては見慣れた場所だったにもかかわらず、だ。サウスのチームに言わせれば、心拍数が1分で9・5回も増えるのは、懸念すべき事態だ。都会の荒地の近くに住むことで、反復的なストレスを経験すれば、「生涯にわたる炎症性変化や、心臓血管系や神経系や内分泌系の調節異常[33]」を引き起こす可能性があるからだ。しかも、たいていの人が健康にいいからと思ってする散歩が、こうした不調を引き起こす恐れがあることがわかったのだ。

いっぽう、被験者が緑化された空き地の横を歩くと、正反対の影響が見られる。「私たちの実験では、緑化された空き地が見える場所に来ると、緑化されていない空き地が目に入ったときと比べて、被験者の心拍数は下がった」と、サウスのチームは結論づけている。「心拍数の低下は、緑化した空き地とストレス低下の間に生物学的つながりがあることを示唆している」。より現実的には、「身体的状況の……改善」は、たとえ空き地をミニ公園にするような低コストの改良でも、「川下で幅広い健康上の恩恵をもたらす可能性がある」ことを示している。APHAと同じように、サウスのチームは政府に、「都市の困難な問題について真っ先に取り組むべき事柄[34]」として、住宅地の構造的な改良を検討するよう勧告している。手入れの行き届いた緑地は（とりわけ最弱者の間で）、ストレスを低下させ、健康を増進する。これはフィラデルフィアでも、世界でも、とうてい無視できない事実だ。

高齢者を外出させるしくみ

私はシカゴ熱波の研究を始めたときから、急速に拡大する弱者グループ、すなわち高齢者のことが気にかかってきた。2018年現在、世界の65歳以上人口は6億人近い。国連は、「（高齢の）女性のほぼ半数が独立して（つまり家族と同居しておらず、施設にも入っていない）、ひとり暮らしをしている」[35]と見ている。今後高齢化が進めば、その数はもっと増えるだろう。世界保健機関（ＷＨＯ）と米政府によると、２０５０年までに65歳以上人口は15億人（世界の人口の約16％）を超えるだろう。[36]

私は別の研究プロジェクト（『Going Solo』という本になっている）で、ひとり暮らしの増加は、人口動態上のもっとも大きな変化であるにもかかわらず、もっとも検証されていない現象の１つだと指摘した。ひとり暮らしの増加は、寿命の伸びや、女性の社会的地位上昇など多くのポジティブな変化の結果ではあるが、同時に、実に気がかりな社会問題を生み出してきた。あまり動かず、孤立する恐れのある高齢者の急増だ。彼らの心身の健康が衰えればなおさらだ。プロの介護を提供する政策は、この問題に対処する助けになりうる。だが、高齢者の健康と活力の維持を助ける、もっと恩恵が大きく、もっと安上がりな方法がある。社会的インフラに投資して、活発な生活と、公共空間での頻繁な交流を推進する場をつくることだ。

アメリカでは、支部図書館がバーチャル・ボウリング大会や、読書クラブや、カラオケ大会などのプログラムを提供して、高齢者の活動的な生活を大きく助けている。高齢者センターも、高齢者を自宅から社交的な世界に引っ張り出す役割を果たすが、同じ年齢層の人としか会えないし、少しばかりスティグマのある場所だ。アメリカの高齢者には、社会保障制度とメディケア（高齢者向け医療保険）など、経済難をしのぐための基本的な支援はあるが、身体的・社会的活動を促す支援はほとんどない。たとえば、公園では高齢者向けのイベントが開かれることもあるが、たいてい高齢者のニーズを満たすように設計されていない。ほとんどの図書館や団地もそうだ。だが、世界には、高齢者の生活を充実させるために、社会的インフラに大規模かつ思慮深い投資をしてきた国がある。アメリカではほとんど知られていないが、高齢者の健康増進が社会の大きな課題となるなか、外国のしくみを理解することも重要だ。[37]

私は長年、高齢者の健康と社会的活力の維持を助けている場所を探してきた。そのもっとも目覚ましい例の1つはシンガポールだろう。シンガポールの平均寿命は83・1歳で世界第3位だ（1位は日本の83・7歳、2位はスイスの83・4歳。イギリスは20位で81・2歳。アメリカは79・3歳で31位だ）。[38] シンガポール国民の約80％（高齢者はさらに多くの割合）が、公営団地の分譲アパートに住んでいる。ただし購入にあたっては、政府の手厚い補助がある。公営団地のほとんどは、体操ができる広場と、住民が思い思いに集まれる空間、そして屋台村「ホーカーセンター」（たいてい地下にある）など、活気ある共有エリアを備えている。「こうした場所はいつも混みあっている」と、私の案内役を買って出てくれた「暮らしやすい都市センター（CLC）」のウェイダ・リムは言う。私たちはトアパヨ地区にある団地のホーカーセンターで、ラクサ（訳注：東南アジアの麺料理）の昼食をとっていた。「もちろん高齢者は大勢いる。シンガポール全体がそうだ」。シンガポールでは、人口の8人に1人が65歳以上だが、2030年には5人に1人になるとみられている。「多くはひとり暮らしだ。ここは、そういう人たちが毎日やってきて、知りあいを見つけられる場所だ」

トアパヨはシンガポールの典型的な住宅地だ。何棟もの高層集合住宅が、石畳の小道や歩道でつながっている。小さな花壇がいくつもあって、低層の商店もたくさんある。私はトアパヨ以外に5つの地区の団地も訪問した。それぞれスタイルは違っていたが、いずれも素晴らしい社会プログラムと、緑たっぷりの憩いの場、そして飲食店を含むさまざまな商店があって、幅広い世代の人たちでにぎわっていた。こうした共有エリアは、多くの人に頻繁に使われていたが、いつも清潔で、手入れが行き届いていた。また、住民の治安に対する関心は高く、最新の犯罪情報を知らせる掲示板を設置している団地もあった。とはいえ、犯罪は非常に少なく、トアパヨの掲示板は空欄だった。それに犯罪といっても、ほとんどが軽犯罪だ。高齢者は散歩中も、買い物中も、自宅のようにくつろいでいた。長く蒸し暑い午後には、日陰のベンチで昼寝をしている人も多かった。

シンガポール政府は社会管理を徹底していて、アパートの分譲にあたっても、各団地の民族や所得レベルの構成が一定になるように調整している。だが、急速な高齢化への対応は始まったばかりだ。私はCLCを通じて、何人かの政府職員と話をした（CLCは国の研究機関で、政策立案者らと緊密に協力している）。ある職員は、高齢者が子どもや孫と疎遠になって、孤立することを懸念していた。シンガポールの住宅市場は逼迫していて、複数の世代が近所に住むことは難しいのだ。大家族向けに設計されたアパートが、それほどのスペースを必要としない高齢の夫婦や単身者によって利用され、住宅市場の逼迫をいちだんと悪化させるのではないかと懸念する職員もいた。政府の管理にも限界があり、アパートの所有者がそこに住み続ける権利は尊重されている。住宅当局は、多世代が同居できる団地（2世帯住宅型アパートを備えた団地か、高齢の単身者向けアパートと若い家族向けアパートをミックスした団地）の開発を検討している。

こうした住宅政策を進めているのは、シンガポールだけではない。全世帯に占めるひとり暮らしの割合が世界一大きいスウェーデンには、さまざまな家族構成の世帯が助けあって暮らすように設計されたコミュニティがある。40歳以上向けの集合住宅「フェルドクネッペン」では、個室のほかに、さまざまな共有スペースとプログラムが用意されている。大きなキッチンでは、住民が好きなときに料理をして、食事ができるようになっている。[39] アメリカでは、高齢者の介護をプライベートな問題とみなす傾向が強いが、実験的に多世代住宅を手がける開発業者も出てきている。ただ、こうしたプロジェクトは、民間企業や慈善団体が中心となって進めており、あくまで例外的な存在だ。それでも、こうした動きは、年齢を重ねるにしたがい、よりよいコミュニティに住みたいと思う人が増えていることに注目が集まっている証拠だ。

私にとってシンガポール訪問は衝撃的だった。団地のデザインと社会秩序のおかげで、すでにほかの多くの国よりもずっとうまく高齢者問題に対処しているのに、政府職員がまだ知恵を絞っていたからだ。シンガポールは、飛び抜けて豊かで、教育水準の高い社会だが、政府は権威主義的で、他の民主主義国では許されないレベルの社会介入策をとる。だが、政治体制はどうあれ、高齢者の健康と福祉を増進するの都市に必要な要素は世界中同じだ。すなわち、にぎわいのある飲食店や小さな商店が並ぶエリア、公園、そして活気ある公共スペースだ。また、莫大な数の高齢者と、現代のニーズにあった住宅の著しい不足という、２つの大きな課題に取り組む必要がある。高齢化と都市化が進んだ社会に対応するには、シンガポールのように大規模な集合住宅と商店の複合施設をともなう都市計画が不可欠だ。しかし、その実現を待つ間、既存の住宅地でも、高齢者の健康維持を助けられる工夫はたくさんある。

ＵＣＬＡのアナステージア・ルカイトウ＝サイデリス教授（都市計画）が率いる政策研究チームは、『高齢者のための場所づくり――高齢者にやさしい公園のガイドライン』（原題）で、高齢者向けに設計された世界の独創的な社会的インフラを紹介している。もっとも一般的なのは公園や緑地の整備だ。こうした空間は、簡単な改良で、高齢者の積極的な利用と世代間交流を促すことができる。たとえば、中国では昔から、高齢者が公園で速歩や舞踊や太極拳などの運動にいそしんできた。さらに中国政府は、２００８年の夏季五輪開催を機に、数千の公園を新設したり、高齢者にやさしい運動器具を設置したりするなどして、高齢者にいちだんと体を動かすことを奨励するようになった。

ヨーロッパで高齢者向け公園をもっとも設置してきたのはスペインだ。ルカイトウ＝サイデリスの研究チームによると、マラガ県には高齢者向け公園が32カ所ある。ほとんどは大きな緑地の一角にあり、高齢者向けの平均台やペダル、階段、斜面、ターンテーブル、そしてグループ活動のスペースがあり、その横に多年代向けの運動器具が設置されているという。ロンドンのハイドパークにも、2009年、スペインの公園と同じような運動器具を配置した「高齢者向けプレイグラウンド」がつくられた。ここは中年でも利用できるが、15歳以下の子どもは立ち入り禁止だ。同じ頃、マンチェスターのブレークリー地区にも高齢者向け公園がつくられた。こちらはすぐ近くに児童公園がある。[40]

屋外での遊びを通じて世代間交流を促すもっとも野心的な試みは、フィンランドに見ることができる。自治体が遊具メーカーのラプセットと協力して、「3世代の遊び空間」をつくったのだ。ラプセットの公園には、年齢に関係なく利用できるトンネルやジャングルジム、ブランコなどの遊具がある。この公園では、利用者が一定のリスクを引き受けるとともに、文化的な適応を強いられる。中高年者は、「子ども向け」と考えられてきた遊具を使うことにともなう、気恥ずかしさや決まりの悪さを克服する必要がある。市場調査によると、こうした公園で遊ぶ意欲がもっとも乏しいのはフランス人で、とりわけ熱心なのはドイツ人と北欧人だった。ただ、ひとたび使いはじめると、どんな国の高齢者もすぐにその恩恵を感じる。フィンランドのロバニエミ工科大学の研究チームが、65〜81歳の高齢者40人を観察したところ、「児童遊具」で遊びはじめてから3カ月で、バランスやスピードや身体協応性が改善して、転倒のリスクが低下した。ある63歳の女性は、BBCに対して、公園のバランス遊具を使いはじめたときは、「平均台を歩くゾウ」のような気分だったが、3カ月もすると、渡り切る時間が1分超から17秒に短縮したという。[41] だが、本当の成果を感じられたのは公園の外だ。若いときのようにパワーと自信を持って近隣を歩き回れるようになったというのだ。

子どもが公園で学ぶ民主主義

もちろん、公園などのレクリエーション施設を必要としているのは高齢者だけではない。とくに、子どもの身体的な健康と社会性の発達は、屋外で遊ぶ場所があるかどうかに大きく左右される。だが、高名な環境心理学者のロジャー・ハートと、ニューヨーク市立大学（CUNY）児童環境研究グループの研究チームによると、先進国の子どもが屋外で遊ぶ空間は、ここ数十年でどんどん減っている。児童公園さえも大幅に減ったと、ハートは指摘する。CUNYのチームによると、その理由はいくつかある。自治体における公園やレクリエーション施設の予算削減や、犯罪に対する懸念の高まり、大人の継続的監視が必須と考えられるようになったこと、学力を重視する親のプレッシャー、子どもたちの習い事の増加などだ。階級や地域を問わず、外遊びより、スマートフォンやパソコンで、ゲームやソーシャルメディアに興じる文化が支配的になったことも大きいという。屋外で遊ぶ場所が減った結果、子どもの肥満やストレスが高まり、市民生活に参加するスキルが低下するといった問題も起きていると、ハートは指摘する。

外遊びが減ると、市民生活に参加するスキルが低下するという指摘は意外かもしれない。ブランコや滑り台や砂場での遊びが、民主主義の準備とみなされることはめったにない。だが、ハートのチームは、ほとんどの親が副次的とみなす子どもの行動に注目する。ブランコで遊んでいる子は、次の子に順番を譲るタイミングをどのように決めるのか。待ち時間があまりにも長く感じられると何が起こるのか。どのような場合に、子どもたちは知らない子を仲間に入れてやり、どのような場合は、入れてやらないのか。意見の対立や衝突をどのように管理するか。そこで重要になるのは、コンテクストだ。子どもたちが日常的に訪れる校庭や近所の児童公園だけではない。知らない場所を探索するときや、見慣れない人やグループに遭遇するとき、子どもたちの社会力学は変わると、ハートのチームは考えている。将来の市民生活の助けになるような対人スキルを学ぶのは、「よそ」に行って、新しい社会状況を自分たちで切り開かなければならないときだ[42]。だが、現代の子どもたちは、親に細かく監視されていて、見知らぬ場所を探索する機会があまりないため、こうした対人スキルを学ぶ機会も乏しくなっている。

ハートの同僚であるパメラ・リットは、口述歴史やインタビューや資料研究をつうじて、1930〜40年代生まれ、1970年代生まれ、そして2000年代生まれの3世代のニューヨーク市民を調べて、世代によって公共空間へのアクセスが変わってきたことを明らかにした。1930〜40年代生まれの子どもたちにとって、主な遊び場は近所の歩道だった。イタリア系アメリカ人のビクトリアは、1940年代にイーストハーレム／ヨークビルで育った。自宅前の通りは、「子どもでいっぱいだった。ほぼすべての遊びは外で行われた」と振り返っている。「家の前の歩道で、（チョークで）ホップスコッチを描いたりした。四角をいくつも描いてケンケンパとやるやつだ」。親は、子どもたちが夕方遅くまで遊ぶことを許していた。これは、「近隣住民が目を光らせていると知っていたからだ」と、リットは説明する。「親は自宅アパートの窓から道路を見下ろすだけで、子どもの様子を知ることができた」[43]。外遊びにはリスクがともなった。よその子や大人とのありふれたケンカもあれば、ギャングに絡まれたり、車にひかれたりといった深刻なリスクまでいろいろだ。子ども達を守るために、児童公園をつくるよう市に求める団体もあった。だが、ビクトリアのような子どもたちに、悪いことはめったに起こらなかった。歩道は彼らの安全地帯であり、彼らが育った場所だった。

1970年代生まれのニューヨーカーの経験は違っていた。犯罪が増えて、親は子どもたちが近隣を自由に歩き回ることを許さなくなっていった。そこで広場や運動場など、誰かが監視している場所が人気になった。だが、市が財政危機に陥ると、公園や広場の予算は削減された。監視員はいなくなり、治安が悪化した。ギャングや麻薬密売人が公共の場を乗っ取った。この頃イーストハーレム／ヨークビルに育ったアフリカ系アメリカ人のレジーは、人種間抗争は日常茶飯事で、大人がいない場所では、黒人と中南米系の子どもがよく標的になったと振り返る。それでも、ティーンエイジャーのとき、友達と近所をほっつき歩いたり、公園や広場で開かれる屋外コンサート（「オープン・ジャム」）に行き、音楽と踊りを通じて友達をつくったりできた。でも、年少の子たちは自由に（とくに日が暮れてからは）出歩けなくなった。保護者も公共施設を利用しなくなり、子どもたちに家にいるよう命じるようになった。

2000年代の子どもたちは、屋外の公共施設の利用をいちだんと制限されるようになった。13歳のイタリア系アメリカ人のノエルは、レジーと同じ団地アイザックス・ハウスで育った。小さいとき、団地の敷地内にある児童公園で遊ぶことはできたが、近隣のほかの公園に行くことは親に禁止されていたという。「ノエルの両親は過保護だ」と、リットは書いている。「彼女の日常生活を監視することに莫大なエネルギーを注いでいる」。ノエルはときどき、やや高級な繁華街である86丁目で友達と映画を見たり、ウィンドウショッピングをしたりすることは許される。また、現在、中間層や富裕層の間で非常に一般的になっている、企業が提供する習い事や夏休みのプログラムに参加する。だが、ノエルの行動は制限されていて、その結果、自由時間のほとんどを、同年代のほとんどが「行く」場所で費やしている。「いつもインターネットをやっている」と、彼女はリットに打ち明けた。「チャットとか……メールはあまりしないけど、チャットはする。テレビはいつもついていて、コンピューターもついている。チャットは携帯電話でやっている」[44]。それも間違いなく社会活動だが、身体的な活動をともなうことや、屋外の自然の中で過ごすことはめったにない。それはノエルを暴力から守る可能性は高いが、上の世代にはずっと少なかった肥満やストレス、注意欠如・多動症（ADHD）などの健康リスクにさらす。

ノエルの親は、娘を近隣の老朽化した公園には行かせないことにしている。だが、ある意味で、彼らのようなニューヨーカーは、全米のほかの地域の住民よりも恵まれている。少なくとも近隣に選択肢があるからだ。アメリカやイギリスをはじめ、ほとんどの工業国で、自然や公園へのアクセスがあるかどうかは、社会階級によって異なる。ときには劇的に。たとえば、一年を通して温暖なロサンゼルスでは、子どもたちは季節を問わず外に出たがるはずだが、低所得世帯の半分ちかくが、家の近くに公園がない環境にある。UCLAの神経学者で、肥満とストレスの関係を研究するビル・ゴードンは、公園の近くにフリーウェイが走っているため、近隣住民は大気汚染による害を避けるために屋内にとどまっていると報告している。

ロサンゼルスは、こうならない道もあった。１９３０年に商工会議所から研究委託を受けた景観設計家のフレデリック・ロー・オルムステッド・ジュニアは、『ロサンゼルス地域の公園、プレイグラウンド、ビーチ』（原題）という報告書で、ロサンゼルス郡に公園とプレイグラウンド、ビーチ、そして森林をつくるよう勧告している。自然への平等なアクセスを唱える市民団体シティ・プロジェクトによると、オルムステッドの報告書は、「低所得層は、望ましくない地区に住んでいることが多く、レジャーの機会が少ないため、公園やレクリエーション施設の建設を検討する際、最優先されるべきであることに気づいていた」。オルムステッドは、「公共ビーチへのアクセスの倍増」「ロサンゼルスとサンガブリエル川の緑化」「森林と山を地域公園システムに統合すること」も提言していた[45]。その提言は高い評価を得たが、地元の有力者たちによってことごとくが握りつぶされた。また、その後の数十年間に、ロサンゼルスの政財界が人種差別的な法令や土地利用規制を多用したため、地域による分断と格差はいちだんと激しくなった。現在、ロサンゼルスにはアメリカでも有数のきらびやかな邸宅やビーチやカントリークラブがあり、高級住宅街の住民は、世界でも指折りの美しい自然の中で暮らしているが、貧困地区では、公園は不足している。

公園は財政的にも困窮している。ロサンゼルスは1930年代以降も、健康的で使いやすい公園への投資を拒んできた。数十年にわたる急激な都市化の結果、現在、ロサンゼルス郡が管理する公園のメンテナンス費用は、120億ドルも未払いになっているが、改良のためには新たに215億ドルの投資が必要だ。全米の多くの都市と同じく、ロサンゼルスも政治的な分断が激しいため、数十の自治体は独自に資金を調達して、公園や広場やスイミングプールや高齢者センターの資金不足を補っている。だが、こうした対応は環境格差をいちだんと悪化させる。ロサンゼルス郡は会計監査官の勧告を受けて、ようやく、誰もがすでに知っていることを正式に認めた。「富裕地区では、低所得地区よりも質の高い娯楽がある。公的資金の分配に関する政策と手法は、格差を緩和するどころか悪化させている」。地元の指導者たちは、何十年も前からこの問題に気づいていた。それなのに「市は、すべての地区の公園を改良するようにという監査官の勧告を無視してきた」[46]と、シティ・プロジェクトは結論づけている。

だが最近、市が公園やビーチをはじめとする公共施設の管理予算を削減していることについて、有権者が猛烈な不満を表明した。2016年11月、ロサンゼルス郡で住民投票が行われ、1平方フィート（0・09平米）あたり1・5セントの区画税を課して、公園の建設・維持を支援する「措置A号」に、有権者の約75％が賛成したのだ。これによる年間税収は1億ドル以下と控えめだが、無期限立法であるため、公園をはじめとする公共施設にコンスタントな財源ができたことになる。現時点では、その資金をもっとも必要とする人々と場所に、その資金が費やされるかどうかはわからない。ロサンゼルスの歴史を見るかぎり、屋外施設への公共投資が、貧しいマイノリティー居住地区で行われるようにするには、つねに戦いが必要だった。

拡大する環境格差

環境格差に関する研究は、自然へのアクセスが人種と階級によって決まることをはっきり示している。だが、緑豊かな社会的インフラが近隣にないと苦しむのは、貧困層だけではない。中間層や富裕層も、自然に触れる時間を必要としており、それがないと高い代償を払うことになる。少なくとも、イギリスの地理学者ジェイミー・ピアース率いる研究チームは、そのように結論づけた。ピアースのチームは、イギリスの健康格差を生み出す要素を探るため、エコロジー上のさまざまな「不快要素」を組みこんだ「複合的環境剥奪指数」を策定して、イギリス各地で測定した。[47]

すると全国レベルでは、ピアースのチームが予想していたこと、すなわち「貧困地区は富裕地区と比べて、自然に親しめる施設が著しく少ない」ことが確認された。その影響は明白だ。人口統計（死亡率）と重ねあわせてみると、環境剥奪が健康に大きな影響を与えていることがわかったのだ。しかもそれは、年齢や性別、社会経済的地位などの要因を調整しても変わらない。その相関関係も明白だ。物理的な環境剥奪がひどい地域ほど、健康状態も低かった。この発見は、ピアースの研究チームにとって重要だった。というのも、最近まで、ピアースのチームの一員である疫学者リチャード・ミッチェルなどの学者でさえも、環境剥奪をされた人々の健康状態が、緑の多い環境に住む人々よりも悪いのは、社会階級などの「交絡（外部変数）」が原因ではないかと疑問を呈していたからだ。だが、ピアースらによって、信頼できる包括的な統計に基づき、環境剥奪そのものが健康に影響を与えることが示されたのだ。[48]

だが、ピアースの研究で真に驚きの発見だったのは、富裕地区における環境剥奪が健康と寿命に与える影響だ。過去の研究（主にアメリカで行われた）では、疫学者たちは、環境剥奪が健康に与える影響は、低所得地区で「いびつに大きい」としていた。しかしピアースは、イギリスでは、「環境剥奪の影響がもっとも深刻だったのは、もっとも窮乏していない人口層だった」ことを発見した。たとえばロンドンでは、アスファルトに覆われて、公共の緑地からも遠く、人口密度の高いイズリントンやクラーケンウェルなどの地区に住む富裕層は、すぐ近くにハイドパークがあるナイツブリッジやベイズウォーターといった高級住宅街に住む人たちよりも健康リスクが高かった。[49] 少なくともイギリスでは、お金さえも、劣悪な環境がもたらす危険から住民を守ってくれない。健康でいるためには、誰もがある程度の緑を必要としているのだ。

第5章

違いを忘れられる場所

1890年、私の曽祖父エドワード・クリネンバーグは、チェコのプラハ郊外の小さな村からシカゴに移住してきた。そして数年後には、サウスサイドに腰を落ちつけた。1890年は、シカゴ大学が設立された年でもあるが、エドワードがアメリカに来たのは勉強するためではなかった。勉強は未来の世代が享受する贅沢だ。すでにシカゴには、ユダヤ系の小さな居住地区がいくつもあって、ヨーロッパのユダヤ人ゲットーと同じように、シナゴーグや学校、コーシャ市場などの重要施設を中心に、緊密なコミュニティがつくられていた。エドワードが求めていたのは、そのどれでもなかった。チェコを支配下に置いていたオーストリ

MCRD
MCRD
12

ア＝ハンガリー帝国の兵役を逃れて、アメリカが約束するチャンスを試したかったのだ。だが、まずは生活費を稼がなくてはいけない。そこで少しの間、街角で石炭を売っていたが、やがて郊外の農場から街の家畜置き場に牛を運ぶ仕事にありついた。こうしてエドワードは、大西部で数少ないユダヤ系カウボーイになった。牛たちを連れてイリノイとインディアナの州境地帯を移動しながら、エドワードは、辺りの風景を急速に変えていた製鋼所や工場に畏怖の念を抱かずにいられなかった。それはさまざまな移民を引き寄せていた。ドイツ人、アイルランド人、スコットランド人、セルビア人、クロアチア人、ポーランド人、イタリア人――。みな、工場で働くために、あるいは小さな商売を始めるために、この地に大挙してやってきた。その後サウスシカゴと呼ばれるようになる地域は、まさにエドワードが探し求めていた場所だった。

エドワードは、人生の大部分をシカゴのサウスサイドの南端に住み、11人の子どもを育てた。そこは民族的に多様な、まさにアメリカ的な地区だった。シカゴ大学の先駆的な社会学者チャールズ・クーリーは、人間がもっとも長期的に深い絆を築くネットワーク（親しい友人や家族など）を「第1次集団」と呼んだ。エドワードの場合、それは、自分と同じボヘミア系とユダヤ系の移民だった（彼は宗教的コミュニティに閉じこもることは拒否した）。こうした第1次集団の「同類性」は、昔も今もごく一般的なものだ。アリストテレスは、「人は自分に似た人を愛する」と書いているし、プラトンは、「類は友を呼ぶ」[1]と考えていた（ただし、2人とも、人間は正反対の人間に惹かれると主張したこともある！）。多様な社会であっても、たいていの人が秘密を打ち明ける相手は、なんらかの重要なかたちで自分と似ている人だ。こうした「同類どうし」は、食事や飲酒や祈り、遊び、学習などの反復的な共同活動を通じて、いちだんと親しくなる。

エドワードがヨーロッパの村にとどまっていたら、人生のほとんどを、第１次集団と過ごしていた可能性が高い。だが、シカゴでは、軽い友達や同僚や仲間からなる大きな「第２次集団」ができて、彼らともかなりの時間を一緒に過ごした。その人間関係の多くは、商売を通じて得たものだ。シカゴ一帯は圧倒的に工業地帯であり、労働者としての生活（工場や市場に根ざしていたが、近隣のクラブや酒場、レストラン、政治団体にも広がっていった）が、社会的交流の大部分を規定していた。教会や住宅地は、特定の民族からなり、結婚は「同類どうし」であることが多かったが、当時のサウスシカゴは今ほど人種的に分断されておらず、民族を超えた関係も築かれていた。工場にはさまざまな民族の労働者がいて、毎日、長く骨の折れる労働をともにするなかで、お互いに助けあっていた。彼らは組合に入り、リーダーを選び、集団交渉を学んだ。一緒に酒を飲み、スポーツのリーグ戦に参加し、妻と連れ立って近所のミュージックホールに踊りに行った。お互いの家族と知りあい、息子が適齢になれば仕事の口を紹介しあう。地元の政治クラブに参加する。そして、争い事があれば、たいてい（いつもではないが）味方した。

社会学者のウィリアム・コーンブラムは、こうした社会力学を理解するため1960年代にサウスシカゴの「労働者階級のコミュニティ」に移り住み、工場の仕事に就いた。[2] この頃までに、シカゴには肌の黒い非ヨーロッパ系移民（メキシコ系やアフリカ系アメリカ人）が生活基盤を築き、偏見や差別の対象になっていた。メキシコ系がサウスシカゴにやって来たとき、白人の工場労働者たちは受け入れに前向きだったが、黒人に対しては違った。黒人が非公式の人種境界線を超えると暴動が起こった。白人たちは、この境界線を厳格に維持したがり、黒人たちは独自の居住地をつくるしかなかった。サウスシカゴに引っ越してきたコーンブラムは、こうした分断が工場や社会生活にも及んでいるはずだと思っていた。ところが現実には、さまざまな人種がお互いに対して、驚くほど高いレベルの信頼と親密な感覚を抱いていた。「（製鋼所の）作業グループには、さまざまな人種が混在していて、そこに勤務している間に、通夜や葬式や引退パーティーや結婚式など、家族的な活動の多くを日常的に共有している」とコーンブラムは考察している。「そしてこの異人種交流から、黒人が同僚であるだけでなく、同僚のリーダーとみなされる可能性も生じる」[3]

酒場や運動場や政治クラブは、社会的な絆を築く、とくに重要な場だった。特定の民族が好むクラブもあったが、多くは白人、メキシコ系、アフリカ系が日常的に集まって、親しく語りあい、競いあった。こうした社交の場では、工場が話題になることもあったが、仕事仲間も近隣住民も、家族やスポーツや旅行、政治など個人的な話をする方が多かった。組合新聞と地元紙は、サウスシカゴの住民のコミュニティ意識を強化するのに役立った。社会的インフラが、こうしたコミュニティの構築を可能にしたのだ。

人種分離された地区や職場は、固定観念と疑念の温床になる。だが、工業化時代のサウスシカゴの労働者たちは、面と向かって、親密で、ときには白熱した（しかし多くの場合陽気な）人間関係を構築した。「白人の鉄鋼労働者は、サウスサイドのゲットーに住む黒人労働者と毎日隣りあって仕事をしている。ミルゲートに住むメキシコ系労働者は、スラグバレーに住むセルビア系製鋼工と同じロッカールームを使っている」と、コーンブラムは書いている。仕事のあと、「サウスシカゴの家庭は、自分の民族的・文化的な世界に引きこもることもできたし、近隣の多様な民族の友達と交わることもできた。だが、民族的な分断は、製鋼所の圧延装置や溶鉱炉やコークス炉、鉱石ドック、そして操車場での日常的な協力関係によって制限を受ける」[4]。もちろん、民族的な分断が完全に消えるわけではない。教会や社交クラブ、そしてとりわけ恋愛関係では、おおむね異民族は排除された。表面下には常に民族的緊張があり、暴力的な衝突が起こることもしばしばあった。だが、毎日肩を並べて働く社会環境では、偏見を持ち続けるのは難しかった。

残念ながら、シカゴやデトロイト、ミルウォーキー、セントルイス、ピッツバーグ、バッファロー、カンザスシティなどで育った工業コミュニティは長続きしなかった。1960年代末～1970年代はじめになると、製鋼所が生み出した社会は破綻しはじめた。アメリカとヨーロッパの都市では大規模な脱工業化が起こり、それは20世紀末まで続いた。工場が閉鎖されると、異なる集団をまとめあげていた組合会館や酒場、レストラン、市民団体も活動を停止した。工場を追われ、仕事を失い、新しい仕事の口を見つけられない人たちは、街を出ていった。1970〜90年代のシカゴでは、約60万人もの人口流出が起こった。ほとんどは、私の曽祖父が100年前に落ちついた工業地帯の住民だった。

脱工業化が住宅地を滅ぼし、全米の都市と郊外が人種と階級によっていちだんと分断されていく様子を、社会学者はつぶさに記録してきた。[5] だが、脱工業化と労働者コミュニティの衰退が、いかにあらゆる人々に影響を与え、いかにアメリカをバラバラにし、お互いに対する不信感でいっぱいにしたかは、ようやく理解されはじめたにすぎない。

2016年米大統領選は、アメリカの社会と政治の二極化を示す初の兆候ではなかったし、脱工業化がその唯一の原因ではなかった。むしろ、二極化がひどいのは有権者ではなく、識者や政策エリートの方であることを、世論の研究者たちは示してきた。アメリカは、「深く分断されている」のではなく、「緊密に分断されている」と、スタンフォード大学の政治学者モリス・フィオリーナ教授は2005年に主張している。市民は、二大政党のどちらかを強く支持または反対していたが、人工妊娠中絶や性道徳や死刑といった争点を除けば、主要争点のほとんどについて極端または確固たる意見を持っていなかった。[6]

だが、それもこの数十年で変わった。社会の格差と階級分離が深化するにしたがい、イデオロギー色のない報道番組は視聴者を失い、インターネットが「フィルターバブル」をつくりだしてきた。このバブルの中では、自分の考えに一致する事実と意見ばかりが提供される。[7]それは社会学者が「結束をつくる社会関係資本」と呼ぶ集団内のつながりを強化する一方で、私たちが共生するために必要な「橋がけとなる社会関係資本」を奪っている。

２００８年以降、アメリカ人はさまざまな争点について深く分断されてきた。気候変動や刑事司法や移民などの争点では、大物政治家や人気タレントが、主流派の科学的知見ではなく、「代替的事実」を主張するようになった。さらに社会学者のマイケル・ハウトが指摘するように、現在は、ほとんどすべての態度や帰属意識が政治的な色眼鏡で見られ、他愛ないことでも、信じる（または信じない）と表明しただけで、赤（共和党支持者）だとか青（民主党支持者）だとか決めつけられる。政治学者のシャント・アイエンガーとショーン・ウェストウッドの２０１５年の研究は、「アメリカの有権者の二極化は劇的に進行しており、党派主義者が自分とは異なる党派主義者を差別する。それは人種に基づく差別を超えるレベルだ[8]」と明らかにしている。党派主義的な嫌悪感がいかに激しいかは、２０１６年の選挙でも見ることができた。民主党支持者の55％が、共和党のせいで「恐怖」を感じるとし、共和党支持者の49％が民主党について「恐怖」を感じると答えた。また、どちらの政党支持者も40％以上が、対立政党の政策は「アメリカのウェルビーイングを脅かす」と答えた。[9]二極化は政治的な集会でいちだんと顕著になっている。たとえば、２０１７年のカリフォルニア州の民主党大会で、議長は中指を上げて、「クソ食らえ、ドナルド・トランプ！」と観衆に唱えさせた。2016年の共和党全国大会では、会場全体が「彼女を刑務所にぶちこめ！」と大合唱した（訳注：「彼女」とは民主党の大統領候補だったヒラリー・クリントンのこと）。

アメリカでは、昔から政治と政策について多くの議論がなされてきたが、今はそれぞれの考えが硬直化し、自分が同意できない人々に対するネガティブな見方も硬直化してきた。アメリカは60年前も分断されていたが、当時は、労働人口の約4分の1が工場労働者で、非農業労働者の3分の1が組合に加入していた。サウスシカゴのような地区は全米にあった。任意団体は、「社会階級、人種、民族、そして宗教という点で」、もっと多様性があったと、社会学者のピーター・ベアマンとデリア・ボルダッサリは指摘している。結婚相手もそうだ。現在のアメリカとヨーロッパでは、昔よりも異民族間の結婚が増えたが、社会階級は同じである可能性が高い。かつてのアメリカは、人種的に分断されて不平等だったが、社会的インフラによって、共通の経験と（現在では珍しい）混成集団がサポートされていた。[10]

「私たちは異なる政治世界に住んでいる」と、ハーバード大の政治学者で法学者でもあるキャス・サンスティンは指摘している。「もちろん、混成集団が万能というわけではない。……しかし混成集団は2つの望ましい影響をもたらすことがわかってきた。第1に、人は競合する意見にさらされると、総じて政治的寛容性が高まる。……第2に、（さまざまな階級や人種が）混在すると、人は競合する原理に気がつき、自分の主張がもっともらしい反論にあうかもしれないことに気づく可能性が高まる」[11]。サンスティンは、昔ながらの研究と実験を引用して、工業都市時代のサウスシカゴに見られたように、人は通常の社会的境界線を超えて交流すると、自分の集団に対する強い愛着と、他者に対する偏見が低下することを示した。その上で、日常的に自分とは異なる民族や階級の人や、対立する意見にさらされているほうが、民主主義政治はうまく機能すると、サンスティンは主張する。

サンスティンの著書『#リパブリック：インターネットは民主主義になにをもたらすのか』は、インターネットとソーシャルメディアに注目して、その「しくみ」が、私たちをエコーチェンバー（反響室）に閉じこめ、集団的アイデンティティーを強化すると警告する。デジタルデバイドは私も心配だが、それは問題の一部にすぎない。分断を促すしくみは、コンピューターやスマートフォンの画面だけでなく、私たちが日々、コミュニティをつくったり解体したりする歩道や道路、そして共有スペースにも及んでいる。それは社会的インフラ全体に忍びこみ、私たちが共通の基盤《コモングラウンド》を構築しなければならないときに、私たちを分断する。

だが、新しいインフラ建設プロジェクトが、「壁を建設しよう」という分断的なスローガンに牽引される場所もあれば、「つながりを見つけよう！」が共通の精神であり続ける場所もある。大規模な住宅地では、かつての人種統合された肉体労働者コミュニティは参考にならないかもしれないが、ともに働き、生活する方法を示す社会的インフラは、ほかにもある。私たちはそれを早急に理解する必要がある。[12]

「裸のつきあい」が生む絆

アイスランドは、小さくて均質性の高い国であり、市民生活を困難にするような激しい人種的・宗教的・地域的分断は存在しない。ただ、社会問題や分断と無縁というわけではなく、その多くは、2008年の経済危機以降に深刻化した。アイスランドは一年の大半が寒くて夜が長いが、ここ数十年は、公立の温水プールが、世代や階級を超えた温かくて親密なつきあいや、活発な交流に大きく貢献してきた。こうした公立プールは、多くの場合、水泳用の大きなプールと、大人が温まるための「ホットポット」と、子ども向けプールからなる。これは比較的最近誕生したものだ。あるガイドブックによると、1900年に泳ぎを知っているアイスランド人は1％にも満たなかった。だが今は、政府が地熱を利用した暖房システムと、極寒の中でも住民が交流できる社会的インフラに投資したおかげで、人口33万人の国に120カ所以上の公立プールがある。住民2750人に1カ所の割合だ。ほとんどの人は近所にプールがあり、友達や家族が集まる社交スペースとして、そして知らない人と軽い冗談をかわしたり、政治的な議論を戦わせたりする場所として、年間を通じて昼も夜も利用されている。ほとんどのプールは無料で、一部の高級施設もごくわずかな入場料しか取らないから、基本的に誰でも利用できる。「あらゆるバックグラウンドの人たちがプールにやってくる」と、アイスランドの民族誌学者でアイスランド大学教授のバルディマール・ハフスティンは言う。

「だから、教授であれ学生であれ、建設労働者であれビジネスマンであれ、大富豪であれ営業部員であれ、近隣住民がひとつの温水プールで交流する——誰もが集まるんだ」[13]

利用者の多様性と、温水プールに入る前に裸になって体を洗わなくてはならないというルールが、人々を対等な存在にする。会話の内容もそうだ。スレート誌記者のダン・コイスは、アイスランドを訪れて、その市民文化について取材をしたことがある。ある小さな街に住む移民たちは、プールは近隣住民と知りあい、現地の習慣を知る理想的な場所だと語った。子どもが生まれたばかりの夫婦は、温水プールで子育てのアドバイスをもらうと言っていた。若い女性たちは、プールでさまざまな体型の女性を見ると、自分の体型に関するコンプレックスが小さくなると言っていた。首都レイキャビクでは、市議会議員が日常的に温水プールで有権者の話を聞いている。たとえたくさんの不満を聞くことになったとしても、だ。「プールは、自治体のささやかな投資や、火山性の土地という偶然の有効活用以上の意味がある」と、コイスは書いている。彼は帰国するときまでに、「アイスランドの人々の満足度の高さは、凍てつくような空気から逃れて、同邦人と温水につかる経験と切り離すことはできない」と、確信したという。[14]

残念ながら、スイミングプールのように、人種や階級を超えた持続的で親密な交流を円滑化する社会的インフラは、人種分離のために使うこともできる。魅力的な場所は、社会的インフラの一面にすぎず、そこで提供されるプログラムが包摂的か排除的か、受容的か排他的かも、そのインフラの機能に重要な影響を与えるのだ。歴史学者のジェフ・ウィルツが著書『コンテステッド・ウォーターズ』（原題）で、見事に説明しているように、アメリカの公営プールの現代史は、コミュニティの資源がコミュニティを分断するツールになりうることを示す格好の例だ。アメリカのスイミングプールは、結束と対立の舞台となってきたと、ウィルツは指摘する。「なぜならプールは、人々がコミュニティをつくる場になると同時に、コミュニティ生活の社会的境界線を定義する場所にもなるからだ。……プールで誰かと一緒に泳ぐことは、その交流が親密かつ社交的であるがゆえに、相手を同じコミュニティの一員として受け入れることを意味する。ぎゃくに、プールから誰か、あるいは何らかの集団を排除することは、彼らを社会的な他者と定義するのに等しい[15]」

19世紀後半のボストンやフィラデルフィアなど北部の街では、主に移民や貧困層のスラムに、簡素なプールが建設された。それは、労働者階級のあらゆる男女に開かれていた（男女別に1日おきの交代だったが）。「その施設にはシャワーがなかった」と、ウィルツは書いている。「なぜならプール自体が、体を洗う手段だったからだ」。それでも、人々にとってプールの魅力があせることはなかったし、プールの民族的・人種的統合のポリシーが撤回されることもなかった。19世紀末までに、フィラデルフィアの9つの市民プールは、連日1500人ちかくの利用者でにぎわい、黒人も白人も比較的平和に一緒に泳いでいた[16]。

1920〜30年代になると、全米で数千の公立プールが建設された。小さな水浴び用プールは、レジャー用の大型プールにつくり替えられた。周囲に芝生やプールデッキやレストラン、ピクニックテーブルが設置されて、中流家庭が一日中過ごせる施設も多かった。新しい社会活動のハブに多くの人が殺到した。やがて、社会的・性的な道徳意識が緩くなり、男女別の運営が廃止された。ところが男女が同時に利用できるようになると、集団間とりわけ黒人と白人の接触に対する不安が高まったと、ウィルツは指摘する。結局のところ、プールは、多くの人が裸に近い格好で、物理的にきわめて接近する場所だ。白人たちはプールの汚れや性的暴力や不適切な男女関係に懸念を表明した。そこで自治体は、まるで南部のような措置を講じた。人種別の施設をつくり、しばしば非公式に、しかし明確な権限によって人種分離を実行したのだ。

　1950年代までに、スイミングプールは北部で人種的な対立の火種となり、暴力沙汰の原因となることも増えた（南部の場合は、そもそも黒人が利用できるプールがほぼ存在せず、あっても人種別にわけられており、警察によってその分離が確実に執行されていた）。ウィルツは著書で、オハイオ州ヤングタウンの少年野球チームのエピソードを紹介している。このチームは1951年に町の大会で優勝して、サウスサイド公園にある美しい市営プールでそれを祝うことにした。ところが、チームには黒人選手が1人いて、ライフガードはチームメイトが泳いでいる間も、この黒人少年アル・ブライトの利用はがんとして認めなかった。少年たちが抗議すると、プールの監督官が出てきて、アルが数分間プールに「入る」ことを許可したが、その間ほかのチームメイトは全員プールから出ることと、アルがゴムボートから降りないことを条件にした。全員が見ているなか、ライフガードは、アルを乗せたボートを小突き回し、「なにがあっても、絶対に水に触るな！」と怒鳴りつけた。[17]

これは極端な例ではないし、アメリカの一部の地区に限られた出来事ではない。その2年後の1953年、アフリカ系アメリカ人の映画スターで歌手でもあったドロシー・ダンドリッジは、ラスベガスのラストフロンティア・ホテルで、プールにつま先をつけた。ホテルは彼女を歌手としては歓迎したが、黒人には例外なくプールに入ることを禁じていた。そこでプールの水を全部抜いて入れ替えるという対応をした。[18]

公民権運動の弁護士たちは、スイミングプールにおける人種分離の合法性を法廷で争ったが、公共施設における人種統合は、学校の人種統合と同じくらい困難だった。たとえば、公立学校の人種分離を違憲としたブラウン判決の少しあと、メリーランド州ボルティモアの連邦裁判所は、同市の公営プールの人種統合を要求した全米黒人地位向上協会（NAACP）の訴えを退けた。理由は、「プールはその仕様にともなう視覚的・身体的親密性ゆえに、『学校よりもセンシティブ』であるため」だった。しかし、その控訴審である第4巡回区控訴裁は、地裁判決を覆し、すべての公営プールの人種統合をボルティモア市に命じた。市は反発して上告したが、合衆国最高裁に上告の受理を拒絶されて、ようやく抵抗を断念した。[19]

ボルティモア市は例外的な存在ではなかった。北部の都市も、南部の都市も、人種統合命令を命じられると、施設の運営をやめるか、民間のクラブを建設するか、公営プールをすべて閉鎖したのだ。工夫した対応を示した自治体もある。セントルイス市は、プールの男女別利用を復活させて、黒人男性と白人女性が一緒に泳ぐことがないようにした。[20]テキサス州マーシャル市の市議会は、裁判所の人種統合命令を受け、市のレクリエーション施設を売却することを圧倒的多数で可決した。公営プールは地元のライオンズクラブに買い取られ、白人専用施設として再オープンした。[21]アラバマ州モンゴメリ市は、プールを閉鎖しただけではなかった。市当局は１９５９年、訴訟を避けるために、市立公園と動物園をすべて閉鎖した。[22]だが、地元のＹＭＣＡでは１９６０年代まで人種分離がなされたままで、そこに白人専用のプールがオープンした。その背景には、市が免税措置をとり、プール用の水をと公園使用料を無料にするという密約があった。この状態はしばらく放置されていたが、１９７０年にこの密約がリークされ、裁判所がＹＭＣＡに人種分離措置を打ち切るよう命じる事態となった。[23]

しかし白人家庭には、人種統合の強制を回避する方法がほかにもあった。公共施設を使うのをやめて、自宅の庭にプールをつくったのだ。アメリカでは１９50年からの25年間で、プールつきの住宅が約２５００戸から、４００万戸以上に増えた。[24]もちろん、その原因は人種差別だけではなかったが、プールつき住宅の増加が多様な社会を養う公共インフラの衰退に拍車をかけたのは間違いない。現在のアメリカでは、１９００年代半ばよりも公営プールは、ほぼの数が少ない。プールデッキとレストランなどの娯楽設備があるリゾート型プールは、ほぼ絶滅した。アメリカでそれがあるのは、中流階級や下層階級には手の届かないプライベートクラブとリゾートホテルだけだ[25]。

アフリカ系アメリカ人と公民権運動家たちは、1960年代のずっとあともこの種の不平等に抗議し続けた。ペンシルベニア州ピッツバーグは1962年に、ある公営プールが「犬とクロはおことわり」という看板を立てたことで知られるが、同市の黒人住民は1975年、主にアフリカ系アメリカ人が利用していた公営プール「サリーズ・プール」を閉鎖する市の決定に対して、このプールは「私たちの生活の一部だ」と主張して反対した[26]。しかし合衆国最高裁は1971年、人種統合命令を受けて、自治体がプールを閉鎖しても違憲ではないとする判決を僅差で下した。たとえ差別的な意図があったとしても、閉鎖の影響(公営プールで泳げなくなること)は白人も黒人も等しく受けるから、というのがその理由だ。ただし、その副次的影響を懸念したのか、最高裁は、この判決は公立学校には適用されないと付記している。なぜならプールは「便利または贅沢のための施設」だが、公立学校は「必須施設」だからだという[27]。もちろん、学校が必須施設であることには誰も異論がないが、この判決理由は、学校以外の公共施設における人種分離が、市民の生活と文化に与える影響を見落としている。アメリカでは現在も水泳能力に大きな人種差がある。白人が泳ぎを知っている可能性は黒人の2倍で、黒人の子どもは溺死する可能性が白人の子どもの3倍にもなる[28]。歴史研究者のウィルツは、プールへのアクセスが限られていたために、アフリカ系アメリカ人の文化では水泳が大きな位置を占めることがなかったと指摘する。[29]

プールは現在も、差別と衝突の場であり続けている。2015年6月に、テキサス州マッキニーのゲーテッド・コミュニティで起きたいざこざは、全米の注目を集めた。プールパーティーに来た複数の黒人ティーンエイジャーと警察の衝突がスマートフォンで撮影され、YouTubeに投稿されたのだ。とりわけ、ある警察官が黒人少女を力ずくで取り押さえようとする映像は、警察の黒人に対する過剰暴力を問う気運をいちだんと高めた。そのプールは、ゲーテッド・コミュニティの住民専用だったが、パーティーを開いたのは近隣住民だった。このため、ゲーテッド・コミュニティの白人住民が、黒人少女のグループに詰め寄り、不法侵入だとして、「8条の家」に帰れと言い放った[30]（訳注：8条とは、貧困層の家賃補助を定めた1937年連邦住宅法8条のこと）。事件に全米の注目が集まった結果、マッキニー市は事件に関与した警察官を停職処分にしたが、その直後、ゲーテッド・コミュニティには、「マッキニー警察、私たちの安全を守ってくれてありがとう」という看板が立った。[31]

黒人理髪店の養う絆

こうしたエピソードは、排除や偏見、差別や暴力の対象となる集団にとって、安心できる社会的インフラの人気が高い（あるいは必要な）理由を説明している。抑圧されたコミュニティは、極端に大きな社会的・経済的プレッシャーを受けてきたため、そのメンバーは長期的に安定した人間関係を築きにくい。ハーバード大学の社会学者オーランド・パターソンは、アメリカの黒人コミュニティは、奴隷制やゲットー、人種隔離、そして大量投獄といった歴史ゆえに、不安レベルが高いと指摘する。「アフリカ系アメリカ人は、アメリカで、あるいはもしかすると世界中で、もっともパートナーがいない孤立した人々だ[32]」とパターソンは書いている。アメリカの黒人をはじめ、激しい差別にあうすべての集団は、助けあいと結束が促される場所を必要としている。

遠い昔から、女性や奴隷、民族的マイノリティー、同性愛者、労働者階級など抑圧された人々は、支配集団の監視のない環境で仲間どうしが集まり、自分たちが置かれた状況を理解し、それに対処する計画を練られる場所や施設をつくってきた。政治学者のナンシー・フレイザーとマイケル・ワーナーは、こうした社会空間を「カウンターパブリック」と呼び、こうした場所は社会から隔絶されているが（そして隔絶されているからこそ）、彼らが不平等な社会に市民的に関与するためには必要不可欠だったと主張する。疎外された人々は、自分とは異なる集団に関与する前に、仲間内だけで集まる場を必要とするというのだ。[33]

歴史を振り返ると、このように守られた社会的インフラの例は無数にある。敬虔なユダヤ教徒の女性が集まって助けあってきた「ミクヴェ」から、20世紀の大部分の間、男性同性愛者たちの社交の中核となってきた公衆浴場まで、カウンターパブリックの多くは、安全に親密な関係をつくれるように密室を備えている。ただし、場所自体は、一般に目につく立地にある。

現代のアメリカで最強のカウンターパブリックの役割を果たす社会的インフラは、黒人教会と黒人理髪店だろう。黒人理髪店は、アフリカ人が北米に連れてこられたときから、彼らの文化と商業で重要な位置を占めてきた。その背景には、白人理髪師が、黒人の頭髪の手入れ方法をほとんど知らなかったことや、それを学ぶ気もほとんどなかったことがある。人種差別や人種隔離、不平等が存在する環境で、黒人男性の理髪店という専用空間は貴重なリソースであり、長期的にはアメリカ全体の市民生活を多様で豊かなものにしていると、メリッサ・ハリス＝レースウェルは指摘する。[34]「黒人男性にとって、理髪店は途中駅であり、連絡窓口であり、万人の家だ」と、精神科医のウィリアム・グリアとプライス・コブスは共著『ブラック・レイジ』(原題)で書いている。「ここには、いつも歓迎してくれる人たちがいる――彼らはフレンドリーに耳を傾けてくれる聴衆であり、地元の慣習について助言をくれる先住民だ[35]」。社会学者のジョン・ギブズ・セントクレア・ドレイクとホレース・ケイトンは、シカゴのアフリカ系アメリカ人に関する画期的な研究である『ブラック・メトロポリス』(原題)で、1938年の時点で、黒人理髪店は、シカゴの黒人起業家が経営するビジネス形態としてはもっとも多い業種だったとしている。黒人が所有する理髪店は494店あったのに対して、食料雑貨店は257店、レストランは145店、酒場は70店だったというのだ。[36]

最近の民族誌研究は、黒人理髪店が、黒人の地位向上を助けていることを明らかにしている。ハリス＝レースウェルは男子学生を雇って、シカゴの黒人理髪店を詳細に観察させた。それによると、外界と切り離された理髪店では、普段は身構えて生活している人も警戒を解くことができる。これは人種に関する議論でとくに言えることだった。黒人理髪店は、さまざまな世代が集まる場所となり、若者と高齢者の生産的な（しばしば議論になったが）会話を可能にした。「理髪店と美容院は、教会や学校やラジオよりも、黒人が仲間と関わりあえる空間だ」と、ハリス＝レースウェルは書いている。「そこにタブーはなく、『対策を考える』という真剣な作業が起こっている」

ハリス＝レースウェルは、ある若者が、アフリカ系アメリカ人ばかりが交通違反切符を切られるのは、警察の偏見のせいだと不満を述べたところ、年配客の反論を受けたエピソードを紹介している。大音量で音楽を流して、座席の背もたれをひどく倒して運転していれば、捕まえてくださいと言っているようなものだと叱責したというのだ。「(理髪店の客たちは）白人に対してきわめて批判的で、現代の人種差別をじゅうぶん認識していたが、アフリカ系アメリカ人が直面する問題について、白人だけを非難することはめったになかった」と、ハリス＝レースウェルは書いている。「シカゴ警察と黒人住民の間には、昔から緊迫した関係があったが、男たちは警察の行動を一律に非難することはなかった」[37]

そこは、男たちが言葉で戦う力を養う場でもあった。理髪店でのやりとりは、残酷なほど正直で白熱した議論に発展することもあったが、極端に滑稽になることもあった。それは大ヒット映画『バーバーショップ』に描かれている。ある印象的なシーンで、理髪師のエディ（セドリック・ザ・エンターテイナー）は客に言う。「あのさ、白人の前では言わないけど、みんなには本音を言うよ。……1．ロドニー・キングは酔っ払ってヒュンダイ車を運転してたんだから、（警察に）ぶっ叩かれて当たり前だ（訳注：この事件が1992年のロサンゼルス暴動の発端となった）。2．O・Jは殺《や》った（訳注：元アメフトのスター選手O・J・シンプソンは白人の妻とその恋人を殺害した容疑で逮捕されたが刑事裁判では無罪評決が下された）。3．ローザ・パークスは座ってただけで、何もしていない（訳注：1955年に黒人のパークスがバスの白人専用席から移動することを拒否して逮捕されたことが、公民権運動に火をつけた）[38]」。エディは、店内のほぼ全員からブーイングを浴びたが、脚本家や監督の意見を代弁していたわけではない。重要なのは、セリフの内容ではなく、理髪店では大論争になりそうな意見も気軽に言うことができて、みんながある程度納得するまで、徹底的に議論できることだ。理髪店を出るとき、男たちの孤独感や脆弱感は薄れている。そこで築いた絆は、その後、社会に橋をかける力と、外の世界と関与する覚悟を与えてくれるのだ[39]。

立ち上がる町内会

人種分離が徹底している社会で、分断に橋をかけるのはきわめて難しい。だが、工業化時代のシカゴのように、社会的インフラのなかには、民族や年齢などの境界線を越えるよう促すものがある。近年、町内会やNGOが近隣住民を結束させ、信頼と市民的関与を拡大し、場合によっては暴力犯罪も減らせることが、強力な証拠によって示されてきた。[40] こうした組織は、地域の市民生活や文化生活を活性化する。町内会は、人々が集まれる物理的な場や、日常的に協力するプログラムや、コミュニティを擁護するリーダーを生み出すから、社会的インフラの1つと言える。人々が市民農園でボランティアをしたり、地域の子ども達に読みを教えたり、教会のピクニックに参加したり、大気汚染に抗議する集会に行ったりするのは、社会の結束を高めることが目的ではないが、その過程で不可避的に、社会の絆がつくられたり、強化されたりする。

ニューヨークのクイーンズ区にあるエルムハースト・コロナ地区を考えてみよう。1960年代は住民の98%が白人だったが、1990年までに45%が中南米系、26%がアジア系、10%がアフリカ系へと人口構成が激変した。[41] 変化の初期は、住民どうしの衝突が起こりやすかった。新しい住民も昔からの住民も、お互いに対して強烈な固定観念と偏見を抱いていたからだ。1960〜70年代は、住民間の不信感ゆえにコミュニティは分裂して、いざこざと誤解が日常茶飯事だった。その一方で、急いで対処しなければならない現実的な問題も出てきた。移民が増えて、住宅需要が高まると、不動産所有者が懐を膨らませるために、本来一戸のアパートを分割して複数の世帯に貸し出しはじめた。アパートも学校も人口密度が高くなり、青少年向けのプログラムは消えていった。駐車スペースがなくなり、犯罪が増えた。深刻な財政危機に陥っていた町は、行政サービスを削減し、警察が通報現場に駆けつけるのに要する時間は長くなっていた。

ほとんどの白人がよそに引っ越していったが、エルムハーストにとどまった人たちは、商業施設や宗教施設の急速な変化に困惑した。新しい中南米系やアフリカ系の住民は、生活保護を受けている貧困層ばかりだと批判する人たちもいたが、実際には生活保護受給者はほとんどいなかった。黒人と白人は、中南米系を「不法移民」と呼んだが、ほとんどはそうではなかった。それなのに1974年には、町内会の会長が、移民は「公害」であり、移民帰化局（INS）が根こそぎ排除してくれればいいのに、と発言した。[42] 地元住民の会話には、特定の民族への侮辱が含まれることが普通になった。エルムハースト・コロナ地区は暴発寸前となり、多くの人が実際に暴発するのではないかと怯えて暮らしていた。

1970年代の財政危機を乗り越えたあとも、この地区は路上での麻薬取引や、売春、違法な露店、ゴミの散乱、違法建築など、依然として多くの社会問題を抱えていた。ニューヨークには、こうした問題に押しつぶされて、放火が頻発したり、廃墟だらけになったりする地区もあった。だが、エルムハースト・コロナでは、市民団体が住民を結束させ、大小さまざまな生活問題に協力して取り組んだ。政治活動や市民活動の経験がない一般市民が、身近な問題を解決するためにミニ団体を立ち上げ、そこに近隣住民が次々と加わって、運動が大きくなることも多かった。成功のカギは、近隣の小さな公共施設や半公共施設（教会の地下室や、高齢者センター、大規模マンションの集会所など）で、集会やイベントを開いたことだ。

典型的な例を紹介しよう。近所の交番が遠くに移転するという発表に抗議して、住民たちがつくったグループだ。美容師のルーシー・シャイレロは、車上荒らしに対する懸念から、地域問題に関わるようになった。そして、近隣のパトロールをするかたわら、交番の移転中止を求める署名を集めはじめた。するとすぐに、もっと署名を集めるためには、要望書をさまざまな言語に翻訳する必要があることに気がついた。いくつもの会合が開かれた。「同じブロックに住む人たちみんなが助けてくれた。50人だ」と、シャイレロは人類学者のロジャー・サンジェクに語った。「あらゆる文書をスペイン語、ギリシャ語、イタリア語、中国語、韓国語、フランス語でも用意した。イラン人とトルコ人にも会って翻訳を手伝ってもらった」

この経験から自信を得たシャイレロは、「安全なコミュニティのための住民連合」を立ち上げた。やがてメンバーは、近隣のブロックの住民とスモールビジネスのオーナーを含む2000人に膨らんだ。ロバート・サムソンらの社会学者が言うように、地域的な協力プロセスは、抗議以上のものを生み出した。近隣住民がお互いに対して抱いていた固定観念が崩れ、民族を超えた連帯が生まれたのだ。「今までは知らなかった民族の友達ができた。ヒンドゥー系、たくさんのスペイン語系、中国系。エクアドル系のお隣さん。とてもいい友達だ。スペイン語系の住民とも連絡を取りあっている。（クイーンズ南西部の）マスペスやミドルビレッジに住む（白人の）友達は、『そんなところによく住めるね。マンハッタンみたいじゃないか』と言う。だから『お互いに協力しなければ、生き抜くことはできない』と答えている」[43]と、シャイレロは言う。

この地区で13年間にわたり民族誌研究を行ってきたサンジェクはエルムハースト・コロナ地区の住民が厳しい現実を生き抜くために、さまざまな地域組織を通じて助けあっていることを知った。プエルトリコ移民のハイディ・サンブラナは、1980年、質の高いスペイン語サービスを求める「懸念するクイーンズ住民の会」を立ち上げた。この時期、エルムハースト・コロナ地区の中南米系団体は、プエルトリコの政治問題を議論することにばかり時間を費やして、地域問題にはじゅうぶん取り組もうとしなかったのだ。「私にとっての優先課題は、ヒスパニック・コミュニティがアメリカの政治過程に参加することだ」と、サンブラナは1986年に市の委員会で語っている。そこで「懸念するクイーンズ住民の会」は、公式および非公式の場で、中南米系住民が市民活動に参加することを促進する運動に焦点をシフトした。サンブラナは「コミュニティボード4」（コミュニティボードはニューヨーク市の町内会のこと）に加わり、1年もしないうちに、ヒスパニック系のメンバーを3人引っぱりこんで、中南米系の代表レベルを2倍に拡大した。[44]

サンジェクによると、最大の地域運動は、年齢や性別や民族を問わず全住民に影響を与える問題から生まれた。たとえば、1986年と1987年、レフラックシティ支部図書館の問題に対処するため、複数の市民団体が力を合わせることになった。この支部図書館は長年、警備員を雇って、館内の警備に当たっていた。これはニューヨーク市ではごく標準的な措置だ。支部図書館には連日、小学生からティーンエイジャー、ホームレス、フリーランスワーカー、精神病患者、高齢者など、ニーズも行動規範も異なる人々が大勢やってきて、スペースを取りあうから、不可避的に緊張が生まれやすい。しかし図書館員にはそれに対処する余裕がないため、警備員が重要な役割を担うようになっていた。それだけに、予算削減により警備員を廃止すると市が発表したとき、コミュニティは激怒した。

1987年はじめのコミュニティボードで、「懸念する住民の会」連合が反対の声をあげ、警備員の維持を市に求めた。すると、市の図書館担当者が、図書館でいざこざが起こるのは黒人家庭の「カギっ子」のせいであり、子どもを監督するのは行政ではなく家庭の責任だと主張した。10年前なら、白人やアジア系、ヒスパニック系の一部が市職員の主張に同調して、黒人との間の溝を大きくしていたかもしれない。だが、地域連合で長年協力してきた住民たちは、こぞって黒人家庭を擁護したと、サンジェクは書いている。エルムハースト・コロナ地区では、多くの親が、子どもを放課後に図書館に行かせている。それは図書館があらゆる人にとって安全で、プラスになり、教育的な経験を与えるからだと、コミュニティボードのメンバーたちは主張した。結束したコミュニティの主張に反論するのは難しかった。最終的に市は、警備員を維持するために必要な予算を捻出した。

運動場で見つける生涯の友

大規模な社会的インフラを整備するには大きなコストがかかることもあるが、一般に、さまざまな人が集まって持続的に交流できる場所をつくるのに、巨額の予算は必要ない。たとえば、運動施設は、多様なバックグラウンドの人が同じ社会空間に集まって、競争や遊びや喜びをもたらす活動を通じて、他の場所では得られない人間関係を築くことを可能にする。運動場はコミュニティの聖地になりうる。なにしろそこでは、社会や政治ではひどく重視される分類や序列が意味を失う。偉大な人類学者のビクター・ターナーは、こうした場所を「アンチ構造的」と呼んだ。なぜなら、ほかの場所では対立しているかもしれない人たちが、ターナーが「コミュニタス」と呼ぶ経験では協力することができるからだ。その境界的瞬間に、すべての参加者の社会的地位は同じになり、よそでは禁じられてきた社会的絆を築くことが奨励される。こうした特別な交流が恒久的な意味を持ち、分断したグループが共通する人間性に気づき、運動場の外でも有意義な関係を生む道を開く場合もある。[45]

ジョゼフ・オニールの美しい小説『ネザーランド』では、米同時多発テロ後のニューヨークで、ブルックリンのクリケット競技場が重要な役割を果たす。[46] 物語の語り手であるオランダ出身の銀行員ハンス・ファンデンブルックは、テロに怯えた妻が子どもたちを連れてロンドンに移ってしまったあと、「ボールドイーグル競技場」で、アメリカと自分自身を再発見する。その競技場は、トリニダード・トバゴ出身のインド人チャック・ラムキソーンがリースして、念入りに手入れしていた。カリスマがあって起業家精神あふれるチャックは、クリケットは「アメリカ初の近代的なチームスポーツだ。……正真正銘のアメリカの娯楽だ」と主張して、ニューヨーク・クリケットクラブの会長に就任する。ハンスはチャックに出会うまで、漂流しているようだった。チェルシーホテルに部屋を借り、フラヌール（遊民）の視点で近隣をぶらつき、街の光や仕事や個性的な仲間を受け入れつつ、いつも距離を置いていた。この街になじめなかった。

チャックにクリケットに誘われたとき、それが変わった。金持ちのヨーロッパ系白人のハンスは、アメリカで真っ当な地位を確立しようと奮闘するアジア系やカリブ海諸国系プレーヤーの集まる競技場で浮いた存在だった。彼らにとってクリケットは、「移民が想像するコミュニティだった。このスポーツの非アメリカ的なところが彼らの特異性を際立たせていたが、それはブルックリンの公園で、パキスタン系やスリランカ系、インド系、西インド諸島系の人々を一致団結させるスポーツだった」[47]と、ニューヨーカー誌の書評家ジェームズ・ウッドは書いている。ハンスにとってボールドイーグル競技場は、自分も「本物のアメリカ人」、つまり安定した基盤を見つけようとしている野心的な移民であることを証明しなければならない聖なる場所になる。[48]クリケットは、彼がチームの一員であるかだけでなく、彼に居場所があるかどうかかも試す。最終的にハンスはその試練を克服して、ようやく自分の居場所を見つけるのだ。

現実の運動場での社会活動は、小説の世界ほど詩的ではないことがほとんどだが、私たちが人間関係やアイデンティティーを育む上で、小説の世界と同じくらい重要な役割を果たす。野球場で最高の仲間を見つける（そして自分自身のことも理解するようになる）若者がいかに多いか考えてみるといい。子どもが野球場や陸上競技場やコートで練習や試合をしているとき、それを見ている親どうしが長年の友になるケースが、いかに多いことだろう。

私はシカゴでの少年時代、リンカーンパーク動物園の近くにある急ごしらえのサッカーピッチで、数え切れないほどたくさんの午後を過ごした。メノミニークラブという地域団体が、そこでサッカークラブを運営していたのだ。１９７０年代、メノミニークラブは急速に高級住宅街化するオールドタウンの子どもたちと、すぐ南側の低所得層向け団地の子どもたちが結集する場所だった。監督は、おしゃべりで熱狂的なサッカーファンのベージル・ケインという人物で、参加料は１シーズン６ドル程度と、誰でも払える金額だった。おかげで私が「美しいゲーム」（訳注：サッカーのこと）で経験したことは、不平等で人種分離がひどかった街での多くの経験とは違っていた。

たとえば、近所の市立学校には、オールドタウンと団地のどちらの子どもにも人気のバスケットボールのコートがあった。私は友達とよくそこを使っていたが、私が10歳くらいのとき、誰かがゴールを盗んでしまい、プレーができなくなってしまった。市が新しいゴールを設置したが、すぐにまた盗まれた。私はとても腹が立った。当時、団地に住む貧しいアフリカ系アメリカ人の犯罪について、多くの人が文句を言うのを聞いていたから、これもアフリカ系の仕業に違いないと思った。ところがある日、近隣でも指折りの豪邸に住む白人の友人の家に遊びに行くと、秘密を教えてやろうかと、彼が言った。ゴールを盗んだのは、ティーンエイジャーの兄とその友達だったというのだ。理由は、団地に住む黒人の子ども達が近隣に遊びにこないようにするためだという。私が思いもしない真実だった。

いま考えると、その可能性は想像できたはずだ。シカゴでは、住む場所から学校、社交クラブ、宗教施設まで、ほぼあらゆることが人種によって分離されていたのだから。だが、少なくともサッカー場では、普段つきあう人たちとは人種も社会階級も（したがって家や車や食事も）違う人たちと知りあうことができた。シーズン中は、同じチームの一員なのだ。一緒にサッカーをやるだけでは、永遠の友情を育むことはできなかったが、つながりをつくるチャンスになった。

親になった今、再びサッカー場で（ただしピッチ外でだが）過ごす時間が、我が家の社会生活やコミュニティ生活に大きな影響を与えている。平日は、妻も私も、大学の研究室と子どもの学校の間を忙しく行き来しながら、デートや夕食会や仕事のイベントを詰めこんでいる。週末は、少しゆったりしたスケジュールになるが、息子がサッカーチームに加わってからは、息子の試合やトーナメントを中心に家族の予定が組まれるようになった。そのために、自宅から遠く離れた場所に行くこともある。子どもが遠征チームに入っていない友達は、私たちのライフスタイルと、それにともなう大きな負担に驚いた顔をする。正直に言うと、私もだ！でも、そんなときは、この経験を貴重で、あらがいがたいものにしている理由を思い出す。それは、同じ経験をしているよその家庭との絆と、子どもたちとの関係だ。

サッカー場を中心とするコミュニティは、息子が7歳のときから、我が家の生活の重要な一部になっている。２０１６年に私が長期休暇を取って、家族でスタンフォード大学近郊に引っ越したときは、とくにそうだった。当初、妻も私も知りあいはほとんどおらず、いたとしても、仕事関係者がほとんどだった。子どもたちも友達はおらず、当然ながら、本人たちはそのことを心配していた。だが、パロアルトに来た初日、息子は大きな地元サッカークラブの遠征チームに誘われた。そしてすぐにチームメイトが友達になった。さらに、何度か息子の試合の応援に行って以来、私たち家族はバーベキューや海水浴や祝日の食事会に誘われるようになった。娘は、息子のチームメイトの姉妹と仲良しになった。私たち夫婦は、地元の学校や病院、食料雑貨店、放課後の習い事についてアドバイスをもらった。忙しい平日をお互い協力して乗り切るために、子どもたちの送り迎えのローテーションを組んだ。

これを完全に統合されたコミュニティと呼ぶ人はいないだろう。シリコンバレーでは天文学的に高い生活費がかかるし、アメリカの青少年向けスポーツクラブの多くがそうであるように、遠征チームに参加する費用も高くつく。だが、選手の約20％は、イーストパロアルト（大型ハイウェーによって富裕層が住む地区から物理的に切り離されている、マイノリティー中心のコミュニティ）など、貧困地区や労働者階級が多く住む地区の子どもたちだった。クラブが経済的な支援をしていたから、チームには、ほかの社交団体よりも階級や民族の多様性があった。親のなかには、テクノロジー業界で働いていて、テスラやメルセデスベンツを運転している人もいたが、ほとんどは日産やスバルに乗っていて、従来型の専門職など中流の仕事をしていた。カナダ、メキシコ、ブラジル、インド、イスラエル、チュニジア、フランス、ドイツから来た家族がいた。民主党支持者も、共和党支持者も、支持政党なしの人も、進歩主義者もいた。そのチームは、２０１６年大統領選がもっとも白熱していた時期につくられたから、親の会話がメッシ対ロナウドではなく、クリントン対トランプの議論になることもあった。私たちは、自分とは異なる考えを持つ人に同意しなかったが、その意見を変えようともしなかった。ただ、反対意見に耳を傾けるだけの好意と信頼を、相手に対して抱いていた。対面交流を通じて、私たちは、自分と異なる考えを持つ人たちのバックグラウンドを理解するようになった。サッカーピッチの横で、私たちの社会的な距離は縮んだ。[49]

それは政治面では厳しい年になったが、サッカーの面では素晴らしい年になった。子どもたちのスキルは上達して、チームは地区チャンピオンの座にじりじりと近づき、カリフォルニアで最強のチームのひとつに成長した。見知らぬ土地の新しい学校で、友達をつくるのに苦労していたかもしれない息子は、最高に自信に満ちあふれ、社会的なつながりを感じていた。妻と私は、マンティーカやデービスといった小さな町に遠征する連休や、大学関係者とは違うタイプのファミリーと過ごす長い午後や夕べを心待ちにするようになった。サッカーシーズンの終わりは、スタンフォードでの夢のような研究生活が終わることよりも悲しかった。試合がなくなるからではなく（試合はいくらでもある）、チームは続くのに、私たちは東海岸に帰らなくてはいけなかったからだ。

２０１７年にニューヨークに戻ると、適切なサッカークラブを見つけることが我が家の一大プロジェクトになった。それは子どもが加わるチームであるだけでなく、私たち家族が加わるコミュニティを選ぶ作業だった。私たちが住むアパートからさほど遠くない場所に、地元の素晴らしいサッカークラブがあり、何もなければ、息子をそこに入れていたに違いない。ところが息子は、クイーンズ区のマスペスにある伝説的なクラブ「メトロポリタン・オーバル」の入団テストに招かれた。ホームグラウンドは、１９２０年代にドイツ系とハンガリー系の移民が建設した立派なサッカー場だった。コミュニティセンターとしても設計されており、実際、過去90年にわたりその役割を果たしてきた。監督や選手、家族は、クイーンズ区の変化を反映して多様性に満ちていた。私たちはこのクラブにすっかり魅了された。サッカーのプレースタイルが美しかったことも魅力だった。息子はアカデミーに入団を認められると飛び上がって喜んだが、我が家の全員がその恩恵を受けた。

社会学的に見ると、私たちは典型的な経験をしていた。団体スポーツに参加すると、社会関係資本が高まり、スポーツとは無関係の集団活動に参加する可能性も高まることは、社会学の研究で一貫して認められてきた。最近のイギリスの研究は、「国家レベルでも、地域レベルでも、個人レベルでも、社会関係資本と、スポーツへの参加レベルの間に相当な相関関係がある」と報告している。団体スポーツをやる人の80%は、その団体に友達がいる。これは、人道団体や環境団体、消費者団体に参加する人が、そこに友達がいると答える割合よりも著しく高い。これは驚きではない。なぜならこのような団体は、運動選手に必要とされる身体的かつ対人的な関わりではなく、一般に、「より受け身で、しばしば出資金に基づく関与を求められる」からだ。むしろ驚くべきなのは、団体スポーツをする人は、定期的に教会に通う人の次に、ボランティア活動に参加する可能性が高いという発見だろう。このイギリスの研究チームは、運動場で団体スポーツのリーダーを務めたり、チームワークを学んだりすると、社会生活のほかの場面でも応用できるスキルが身につくと指摘する。「これは個人にとって有益なだけではない」と、彼らは結論づける。団体スポーツは、「コミュニティの他の領域にも応用できるスキルをもたらすことにより、市民関係を再生するプロセスに貴重な貢献ができる」[50]

南アフリカの人類学者エリック・ワービーは、最近の研究でそのしくみを説明している。ワービーは2000年代に、ヨハネスブルク近郊のサッカー場で民族誌学のフィールドワークを行った。ワービーが家族とそこに住むことにしたとき、多くの友達や同僚が、身を守る方法や安全確保の方法についてアドバイスをくれたが、友達をつくる方法についての助言はほとんどなかった。ワービーは娘と、「コンクリートのゴミ箱がゴールがわりに使われている……ほこりっぽい、質素なサッカー場」で、寄せ集めのメンバーによるサッカーに加わることで、人間関係のつくりかたを学んだ。

ワービーによると、アパルトヘイト後の南アフリカで、このような運動場は「都市の社会的解放」の場所になっていた。すなわち、長い間恐れられていたか、交流が禁止されていた人々との出会いがある場所だ。もちろん、人種や階級の違う人たちとサッカーをしても、長年の分断を消滅させることはできないが、お互いを「再び人間とみなす」助けになった。控えめな前進だが、南アフリカが、分断した社会を統合して、民主化を進めようとするなかでは必要不可欠なプロセスだ。[51]

実に多くの現代社会で、運動場は楽しみながら社会的統合を進める聖地のような場所になっている。それだけに、運動場での暴力行為は、特別に象徴的な意味あいを持つ。

２０１７年６月、共和党の議員たちがワシントン近郊の野球場で、毎年恒例の民主党議員との友好試合に向けて練習をしていたところ、１人の男が銃を乱射し、複数の負傷者が出た。銃乱射事件はどれも恐ろしいが、この事件はとりわけ不快だと識者らは語った。「政治的な街ワシントンでも、野球とソフトボールは共通の基盤になっている」と、ニューヨーク・タイムズ紙は書いている。公共ラジオＮＰＲでは、議会では党派主義的な議員が相手方を敵と決めつけているが、野球場はそうした日常を中断する重要な場だという議会関係者のコメントが紹介された。民主党全国委員会のデビー・ワッサーマン・シュルツ委員長は、女性議員も同じような経験ができるように、ソフトボール大会を立ち上げた。「チームがなければ、知りあうことはもちろん、話すことなど絶対なかったであろう議員たちと、私は共同で法案を提出し、可決させてきた[52]」と、彼女は語っている。

インターネットがもたらす出会い

自分とは異なると思われる人たちと有意義なつながりをつくることが難しいのは、南アフリカのように歴史的に分断した国や、ワシントンのように政治的な対立の激しい街だけではない。シェリー・タークルやキャス・サンスティーン、ジョナサン・ハイトなどの研究者は、インターネットの急速な普及が、世界中で人々のお互いに対する考え方や扱い方を変え、友達どうしの間にさえ大きな社会的距離を生み出してきたと主張する。

インターネットに、人間の最悪の部分を引き出す側面があるのは間違いないが、二極化までも引き起こしているのか。サンスティーンとハイトはそうだと考えている。「インターネット（が普及した）結果、ニッチな少数集団だらけの時代になってしまった。（SNSの）多くは自発的に参加するものだが、その多くをつくったのは、私たちが何を好きになるか知っていると思っていて、実際に知っている連中だ」と、サンスティーンは主張する。「自分とは異なる陣営に充満する激しい怒りに延々とさらされているかぎり、再びお互いを信頼しあったり、協力しあったりできるとは思えない[53]」と、ハイトは書いている。だが、政治の二極化と、インターネットやソーシャルメディアの使用の間に因果関係を認めることに疑問を投げかける研究もある。ある経済学者のチームは、全米選挙研究のデータに基づき、「二極化は、インターネットとソーシャルメディアを使用する可能性がもっとも低いグループの間でもっとも顕著になっている」と驚きの発見をしている。たとえば、政治の二極化は、18～39歳（オンラインメディアの最大の利用者だ）よりも、75歳以上（FOXニュースなどケーブルテレビのニュースの熱烈な視聴者）において、はるかに大きく見られる。この事実は、「二極化とインターネットを結びつける、もっとも明白な説明らしきものを無効化する」と、著者らは書いている。ソーシャルメディアは、イデオロギー的な分断に寄与しているかもしれないが、インターネットがもっとも二極化が激しいグループの原因でない以上、ソーシャルメディアがすべての原因とは言えないだろう。[54]

インターネットは、さもなければ出会っていなかったかもしれない人々をつなぐ善良な役割も果たしてきた。最近の研究では、オンラインで恋人を探すアメリカ人とドイツ人は、友達や家族や学校を通じて恋人を探す人よりも、教育レベルや民族や宗教が異なる人とカップルになる可能性が大幅に高い。[55]また、国内を二分する2016年大統領選後、政治的意見の異なる人たちにインターネットで対話の機会を提供した社会的起業家も多い。そのひとつである「リビングルームカンバセーションズ（http://livingroomconversations.org/）」は、議論となっているトピックに関するビデオチャットに、誰でも参加できるしくみをつくっている。「ハイフロムジアザーサイド（HiFromTheOtherSide.com）」は、対立する意見を持つ2人をマッチングして、フェイスブックで身元を確認したうえで、それぞれに紹介メール（と参加の手引き）を送り、2人が実際に知りあえるようにする。

小さな町や保守的なコミュニティに住む同性愛の少年少女や、抑圧的な政治体制に反対する活動家や、紛争地帯を逃れる難民のように、インターネットが誰かと知りあう方法であるだけでなく、命を救う支援やつながりの情報源になることもある。フェイスブックには多くの問題があるが、苦しんでいるのは自分だけでないことに気づいたり、物事を改善したり回避したりするアイデアを交換したりする場を提供している。近年は、ヨーロッパを目指すシリア難民が、旅の前に準備するべき持ち物から、低料金で泊まれるホテルまで、あらゆる情報をフェイスブックでシェアしている。定住先で旧友や同郷人を見つけたり、コミュニティをつくったり、故郷のニュースを手に入れるのにもフェイスブックを使っている。[56]

もっとも他愛のないレベルでは、「ネクストドア」などのソーシャルメディアが、近隣住民がお互いと知りあったり、グループで話しあったりする便利な方法を提供している。大学生の場合、フェイスブックのヘビーユーザーのほうが、あまり使わない学生よりも、多様な仲間と軽い（しかし有意義な）社会的つながりを構築する可能性が高い。[57] 私もニューヨーク市の図書館についてフィールドワークをしていたとき、中国系やロシア系、メキシコ系、ポーランド系など、多様な移民からなるグループ（英語のクラスや市民権のクラスで出会い、ワッツアップというチャットアプリで活発な社交グループをつくった）と知りあった。彼らが何年もつながりを維持しているのは、テクノロジーによって連絡を取りあうのが簡単になったことが一因だ。

人々がインターネットを使って、意外な社会的架け橋をつくっている例は、ほかにも無数にある。そこでは、政治やイデオロギーとは限定的または間接的なつながりしかない、健康や音楽やスポーツが話題になっていることが多い。こうしたトピックは、強い思いこみによって分断されているかもしれない人々が、共通の基盤を構築しやすい。

たとえば、私は最近、ＨＩＶに感染しているが、伝統的な支援団体に参加したくないか、参加できない人たちの匿名チャットルームがあることを知った[58]。そこでは、農村部に住む白人のトランプ支持者が依存症から立ち直るのを、トランスジェンダーの非白人女性が助けていた。これはどうみても異色の組み合わせと言えるだろう。さまざまな健康問題を抱える人たちは、日常的にインターネットを使って、健康問題以外では共通点がほとんどない人にサポートを与えたり受けたりしている。彼らは経験から知っているのだ。インターネットを賢く使えば、あるいは、違いではなく共通点に基づき人間関係を構築すれば、しばしば二極化の原因だと非難されるテクノロジーも、苦痛を和らげる役割を果たすのだ、と。

二極化を育むのは、物理的空間とコミュニケーションにおける、社会的な距離と分離だ。これに対して接触と会話は、私たちに共通の人間性があることを思い出させてくれる。それが反復的で、共通する情熱と関心をともなうときはなおさらだ。ここ数十年のアメリカは、さまざまな民族が混在する労働者コミュニティを持つ工場や工業都市を失った。住宅地は、階級による分離が進んだ。企業は、金持ちの子ども相手に、プロのように競争的なスポーツクラブを運営し、低所得の子どもたちは置き去りにしてきた。ケーブルテレビのニュース番組やラジオのトーク番組は、視聴者の考えを補強することばかり言うようになった。

こうした環境は、各集団内の社会的絆を強めるが、社会的な橋わたしを困難にする。それが二極化を促し、私たちを分断するのだ。市民的生活を可能にする共通の目的意識や、同じ人間なのだという感覚を取り戻すのは容易ではない。よりよい社会的インフラを構築しなければ、こうした問題は克服できないだろう。そこに私たちの民主主義の未来がかかっている。

第6章 次の嵐が来る前に

ポール・サイモンとシェル・サイモン夫妻は、全米第4の都市であるテキサス州ヒューストンでは、雨が命取りになりうることを知っている。平年なら年間降雨量は1200ミリ程度で、全米で見ても特別多くはない。だが、猛烈な豪雨に見舞われたり、ハリケーンや竜巻が襲来したりする年もある。ヒューストンのインフラは、自動車交通とほぼ無限の成長を円滑化するために設計されていて、荒天時の水管理はあまり考えられていない。不規則に広がる約1500平方キロの街は、不浸透性の舗装面が多く、氾濫原にも大量の住宅が存在する。激しい雨が降ると、排水溝や下水管や雨水滞水池はたちまちいっぱいになる。雨水は、街の

幹線道路をたどり、いくつもの道路を水浸しにし、場合によっては、病院や家屋、そして商業ビルまでも浸水させる。大型の嵐の直撃を受けると、無数の石油精製所と化学プラントにも水が入り、制御不能の大事故に発展する恐れもある。

ともに30代後半で、中流階級のアフリカ系アメリカ人であるサイモン夫妻は、2017年8月末、熱帯低気圧「ハービー」がカリブ海で発生し、メキシコ湾に向けてゆっくりと北上しているというニュースを見た。その夏は異常に暑く（毎年のようにそう感じられるが）、メキシコ湾とカンペチェ湾の水温は例年よりも上昇していた。ハービーはテキサスに近づくにしたがい勢力を増していった。8月23日水曜日、米国立ハリケーンセンター（NHC）は、ハービーがテキサス上陸時には強力な熱帯低気圧か、カテゴリー1のハリケーンに成長している恐れがあるとの予報を出した。その予報は外れた。ハービーはどんどん勢力を強めて、木曜日には、風速50メートルの暴風と豪雨となって、カテゴリー3か4のハリケーンとしてヒューストンを直撃する可能性が高まったのだ。さらに不吉なことに、ハービーはテキサス南部でしばらく――ひょっとすると数日間――停滞する可能性が高まった。ヒューストン市当局は、避難命令こそ出さなかったものの、全住民に大規模浸水警報を出した。

しかしサイモン夫妻は、避難せずに、リッチモンドの自宅にとどまることにした。この辺りはヒューストン南西部の労働者階級が住む地区で、ヒスパニック系住民が大多数を占めた。だが、夫妻の家があるウエストオークスビレッジは、美しく整備されたコミュニティで、簡素な戸建て住宅と、低層アパートと、豊富な共用施設（遊び場と大きなスイミングプールなど）があった。2人には生後8カ月と2歳の息子がいて、親戚も近隣に住んでいた。夫妻が避難を思いとどまったのは、2005年の苦い記憶があったからだ。ハリケーン・リタが接近してきたとき、約250万人のヒューストン市民が避難しようとして大渋滞が起こり、通常なら2時間で行けるオースティンまで、17時間以上かかったのだ。しかもリタは、さほど大きな被害をもたらさなかった。その数週間前にニューオーリンズを襲ったカトリーナと比べると、大幅に軽かった。むしろ、大渋滞のハイウェーで熱中症を起こして、命を落とした人の方が多かったほどだ。だから今回は自宅にとどまろうと、ポールとシェルは考えた。

ところがハービーは、あらゆる予想を上回る被害をもたらした。雨は金曜日に降りはじめ、土曜日には豪雨になった。シェルは数日後、ことのあらましを教会で語った。「姉のシェレーンが心細いからと言って、（生後1歳9カ月の）息子を連れて泊まりにきていた」。シェレーンたちが到着するとすぐに、竜巻警報が出た。「そこでポールが、すべてのクローゼットを空っぽにしようと言い出した。『なにかあったら、クローゼットの中に隠れるんだ。竜巻がきたら、クローゼットに入れ』と何度も言う。私たちはその通りにした」

通常なら、しばらくすると土砂降りはやむ。雲が晴れ、青空が広がり、太陽か星が再び出てくる。「ヒューストンは洪水が起こりやすいことは誰もが知っている」と、ポールは言う。「でも、（リッチモンドには）15年前から暮らしているが、問題が起こったことはない。床上浸水になったことも、そうなりかけたこともない。だから、きっと大丈夫だと思った」。突風が吹き、雨が荒れ狂ったように降り注いだ。外を見ると、道路が浸水しつつある。あまりの緊張で2人ともヘトヘトだった。やがて寝る以外やることがなくなった。

でも、そんな状況でのんびり眠っていられるはずもない。

夫妻は夜明け前に起き出して、すぐに外を見た。「雨水がドライブウェーのところまできていた」とシェルは振り返る。「水位はどんどん上昇していた」。心臓がばくばくしはじめた。このまま雨が降り続けたら、家の壁も、クローゼットも、助けにならない。別の方策を考えなくては――。

「外に行ってくる」と、ポールが言った。「車で近所の様子を見てくる。脱出路があるかもしれない」

「だめ」と、すぐにシェルが止めた。「バラバラになっちゃだめ。子ども達と離れないで」

だが、水位は上昇し続け、お昼過ぎには、もはや家を出たくても出られなくなっていた。ドライブウェーは川のようになっていた。道路は急流だ。家の中にも水が入ってくるのは時間の問題だった。子どもも、シェルの姉も、夫妻の全財産が家の中にあった。

「やはりヒューストン市内に住む母に電話をしたら、外の様子を写真に撮って送ってくれと言われた」と、シェルは数週間後に私に話してくれた。「そこでドア口まで行くと、外は信じられないほどの水位になっていた。ショックで呆然としていると、ちょうど隣人がうちのドアの前まで歩いてきた。危険だから、家づたいに歩いてきたのだ。ビニールのゴミ袋に所持品を入れていた。隣人のいとこのＴＪも一緒だった。彼がトラックで迎えに来てくれたのだ。私は頭にヘアクリップをつけて、赤ん坊を抱いて、『いったいあなたたち、何してるの？』といった様子で呆然と見ていた。すると彼らが、『おれたちは避難する！　一緒に来るか？助けが必要か？』と声をかけてくれた。私はすぐに、『ええ、ええ！』と答えた」

シェルは大声でポールを呼んだ。ＴＪは、数ブロック先にトラックを止めてあると言った。シェルたちの家のあたりは浸水して通れなかったからだ、と。そしてポールに、トラックには全員が乗れるスペースはないが、すぐにまた戻ってくると約束して、ポールの電話番号を聞いた。ＴＪたちが立ち去ると、ポールとシェル、シェレーンは大急ぎで必需品をかき集めた――おむつ、粉ミルク、水、食べ物、子どもたちの服。「私は緊急事態が苦手で、パニック状態だ」と、シェルは振り返る。「でも、そこにＴＪが戻ってきてくれた。だからあの水の中に出ていくことにした」

サイモン夫妻は、子どもたちを抱いて家を脱出した。本当はシェルの父親の家に行きたかったが、道路が寸断されていた。「神様には別のご計画があった」と、ポールは言う。「行く先々で道路がふさがれていて、私たちはあちこちさまよった」。ある浸水エリアで、ＴＪが道路のように見えるところを走り出すと、実はそこは中央分離帯だった。やがてトラックが中央分離帯を踏み外して、動けなくなってしまった。「まちがいなくあのときが一番怖かった」と、ポールは言う。「あたりは暗くて、雨は相変わらずの土砂降り。ラジオでは竜巻警報が流れていた。そんななかで、我々はトラックに3人の幼児を抱えて何もできずにいた。もちろんチャイルドシートなんてない」

シェルは今度こそパニックに陥った。「泣き叫んだわ。怖かったの。下の子は生まれたとき未熟児だったから、もともと呼吸にトラブルがあったのだけれど、見ると、全然動かない。どこか調子が悪いのかと思った。近くにあった姉のスマホでフェイスブックを開き、身動きがとれないというメッセージを送った。『お願い、私たちのために祈って』とね。本当に助かるかわからなかった」

そこに別のトラックが通りかかり、ケーブルをつないで、TJの車を中央分離帯から下ろしてくれた。こうして一行は浸水エリアから脱出したものの、時間が遅くなり、TJは自分の家族を助けに行かなくてはならなくなった。そこでガソリンスタンドに行くと、救急隊が集まっていたので、サイモン夫妻はそこで車を降りることにした。赤ん坊は無事だった。ただ疲れていただけだった。だがそこで、新たな問題が発生した。移動手段がなくなってしまったのだ。「救急隊が助けてくれると思った」とポールは振り返る。「でも、彼らはそこで出動要請を待っていなくてはいけなかった。だから私たちは身動きが取れなくなってしまった」。ガソリンスタンドの中には、何人かの男たちが集まっていた。その1人が、浸水を逃れたエリアまでの安全なルートを見つけたと言う。「よく聞くと、そのルートは私の両親の家のすぐ隣の道だった。彼がほかの男たちにルートを案内すると言っていたから、無我夢中で、一緒に連れて行ってくれないかと頼んだ。父は街の外に出ていたが、私は父のトラックのカギを持っていた。それでシェルとシェレーンに、ここから出られるぞと言ったんだ」。サイモン夫妻は、自分たちの幸運をにわかには信じられなかった。

その感覚は長くは続かなかった。おそらく一家が避難したすぐあとに、洪水がポールとシェルの家のドアを破ったようだ。しかも水位は上昇し続けた。ハービーは、それから3日間ヒューストンに居座ったからだ。ついに嵐雲が去った火曜日までに、街の一部の降雨量は1300ミリにもなった。アメリカ本土で1つの嵐またはハリケーンによる降雨量としては新記録だ。通常なら無味乾燥な言葉を並べる米国立気象局（NWS）も、このときばかりは、「衝撃的としか言いようがない」降雨量だと表現した。[1] サイモン夫妻と数千人のヒューストン住民にとって、その数字は統計にすぎない。彼らにとって重要なのは、自宅が水浸しになったこと、そして家に残してきた物をほぼ全て失ったことだ。

次の日曜日、シェルとポールはいつも通っているウィルクレスト・バプテスト教会の礼拝に行き、嵐をきっかけにコミュニティの信頼がいっそう強まったと語った。[2] まず、隣人のいとこのTJ。彼が急きょ「救急隊員」になり、自分の命の危険もかえりみずに、サイモン家を救ってくれた。そして回復と再建の段階になると、これまでも一番重要だった教会コミュニティが、いちだんと重要な役割を果たしてくれた。

ウィルクレスト教会は、ヒューストン南西部の中低所得地区にある小さな教会だ。活発に参加する教会員は500人ほどで、そのルーツは50カ国にもわたる。人種的には白人、中南米系、アフリカ系がほぼ同程度の割合でいて、住んでいるのは市中心部、郊外、農村部とばらつきがあるが、ほとんどが（ただし全員ではない）保守的だ。アメリカでは、これほど教会員の構成が多様な教会は珍しい。昔から教会は、アメリカでもっとも民族的かつ人種的に分断された組織の1つなのだ。ウィルクレスト教会の多様な構成は、偶然の産物ではない[3]。ごく最近まで、教会員の大多数は白人だった。著名な宗教社会学者で、ウィルクレスト教会について著書があるマイケル・エマーソンによると、この教会はかつて、黒人や中南米系やアジア系の来会者には、別の教会を紹介するカードを用意していた。教会のリーダーたちはそのカードを礼儀正しく渡し、もっと我が家《ホーム》のように感じられる教会を探すよう促していた。

変化が訪れたのは1980年代だ。この地域から白人が引っ越しはじめ、黒人と中南米系の住民が増えた。教会幹部のほぼ全員が、元教会員たちが引っ越して行った郊外に教会を移転させることを望んだ。ところが、教会の移転には理事会の満場一致の決議が必要なところ、1人の理事が現在の場所にとどまり、変化に適応するべきだと言い張った。そこでウィルクレスト教会は、コミュニティを拡大しはじめた。まずは少しずつ、やがて強力かつ計画的に。1990年代はじめに就任したロドニー・ウー牧師は、福音主義派内で台頭しつつあった教会の多民族化・多人種化を推進する運動の担い手だった[4]。ウーは、ヒューストン南西部で伝道活動を開始したほか、教会員を世界中を回る伝道の旅に連れて行った。ポールは、「初めてあの教会に行ったとき、ウー牧師の説教がとにかく感動的だった」と振り返る。「双子の妹と一緒に行ったのだが、周囲を見回すと、歓迎されていると感じた。多文化的でもあった――私たちにとっては重要なことだ。聖壇にはいろいろな国の国旗が飾られていた。教会員の出身地や、教会が活動したことのある国のものだ。私たちはここに帰属意識を感じた」

サイモン夫妻は、活発な教会員になった。ポールは2007年に転入し、今は執事（教会役員）となり、主任案内係を務める。シェルはポールと結婚した2012年にこの教会に加わり、家庭集会を開いたり、聖歌隊に入ったりしている。そんな彼らも、自分の家族と家が、これほど教会に助けられることになるとは思いもしなかった。ウィルクレスト教会は、ハービーが到来した日曜日は礼拝を取りやめたが、教会幹部は、雨が上がる前から支援活動の検討を開始した。ウーの後任を務めるジョナサン・ウィリアムズ牧師は、エネルギッシュな若者で、フェイスブックに祈りの動画や、希望のメッセージを投稿し、教会員がお互いを気遣っていることに感謝した。サイモン夫妻のように浸水によって大きな被害を受け、自宅に住めなくなった教会員には、ほかの教会員が宿泊場所を提供した。

8月31日木曜日、ウィルクレスト教会は被災した教会員が必要としている物資リストをソーシャルメディアに投稿した。「男の子の服。サイズは9～12カ月、2T、3T。ベビー用お尻ふきとおむつ。サイズは4と5。粉ミルク。車のチャイルドシート。Tシャツ。男性用ジーンズ。靴下」。これらの物資をできるだけ早く教会に持ってきてほしいと、ウィリアムズは教会員に訴えた。翌金曜日、教会の仲間5人がポールの家にやってきて、家の状態を詳しく調べた。1階は120センチほど水に浸かったため、それより下の物すべて（床板、戸棚、石膏ボード、タイル、ラミネート）をはがし、取り替える必要があった。ポールの友達がウィリアムズに報告し、ウィリアムズが、都合のつく人は土曜日の朝に教会に集まってほしいと呼びかけた。教会は、あらゆる人のための救援センターに変身した。教会員だけでなくすべての市民に、温かい食べ物と新しい服、清掃用品、そして祈りが与えられた。教会員はローテーションを組んで浸水被害にあった地区に行き、被災家屋の清掃を助けることになった。最初はサイモン夫妻の家だ。時間が許せば、ほかの家の清掃も助ける。

広範囲におよぶ浸水被害にもかかわらず、土曜日の朝には、80人以上がウィルクレスト教会に集合した。早朝に来て、温かい朝食を用意したチームもある。共同の食事と祈りで1日が始まった。ウィリアムズは、このハリケーンは、地上の命や物質的な富が一時的なものであることを知らしめる出来事だと語り、教会員は教会という体の一部であり、キリストの体の一部であることを認識するよう促した。そのうえで教会は、物理的、感情的、精神的支援を必要とする人すべてのために存在することを約束した。今日、そしてそれからの数カ月、彼らのもっとも身近な課題は、この地上でお互いを助けあうことだった。

朝食が終わると、ほとんどの人（男性のほぼ全員）がサイモン家に向かった。近隣の道路の水はまだ完全に引いていなかったため、近くの小学校に車を停めて、そこから歩いて行った。教会のほかのプロジェクトを助けたグループもあった。カフェテリアで食事を用意したり、寄付センターで物資を整理したり、特定の物資を必要とする教会員に救援パッケージを届けたり、親が近隣住民や友達をケアしている家庭の子どもの面倒を見る人もいた。サイモン夫妻の家の修理は重労働だったが、40人以上が協力したため、作業は瞬く間に進んだ。それが終わると、集合写真を撮ったり、祈りを捧げたりして、ほぼ全員が隣に住む高齢夫婦や近隣住民の手伝いに行った。向かいに住むラバーンとブリトニーの手伝いもした。2人は、どこかの教会に通うことを検討中で、どの教会にするかを決めかねていた。だが、これで決心がついた。

日曜日になると、ラバーンとブリトニーは、サイモン夫妻と、アヤラ家（やはり浸水で家を追われた4人家族だ）とともにウィルクレスト教会の礼拝に参加した。すべての教会員にとって感動的な日だったが、アヤラ家にとってはとくにそうだった。ハリケーン以来身を寄せていた親戚の家に、やはり被災した別の家族がやってきて、よそへ行かなければならなくなり、途方に暮れていたところ、ほとんど知らない古株教会員のキャントウェル夫妻が「必要なだけうちに泊まるといい」と招いてくれたのだ。キャントウェル夫妻は、すでに子どもたちが自立した白人夫婦で、スイミングプールつきの大きな家に住んでいた。アヤラ夫妻の小さな子どもたちは、当初、よその家に泊まることに緊張していたが、何日かぶりにはしゃいでいた。

多くの人が集うなか、ウィリアムズは礼拝の最初に、教会コミュニティの素晴らしい働きを称えた。「もし私の家が被災したら、昨日ここに集まったグループが来てくれるに違いないと思えるのは、なんという喜びだろう。もしあなたの家が被災したら、彼らはあなたの家に行くだろう。私にはわかっている。私の家が浸水にあったら、ポールが（助けに）来てくれるし、シェルが来てくれる。ラバーンとブリトニーも来てくれるはずだ。私がみなさんに呼びかけよう。誰がどこに住んでいるかは知っているから。さあ、祈ろう」

大型ハリケーンはもっと増える

それからの数日間、ヒューストン中のコミュニティが奇跡的な復興を祈るなか、ハービーは「500年に1度の洪水」だったという、現在の気象モデルに基づく専門家の見解が発表された。つまり、ある年に、あれほどの大嵐が襲来する可能性は500分の1だというのだ。もちろん、だからといって市民や政府や救援機関が安心していていいわけではない。アメリカは2010年以降、500年に1度レベルの嵐を24回経験しているのだ。気候変動とともに、その数はもっと増えるだろう。とはいえ、約10日後にモンスター級のハリケーン・イルマがやってきて、そのわずか10日後には、ハリケーン・マリアがプエルトリコに壊滅的な被害を与えるとは、誰も予想していなかった。プエルトリコは数カ月にわたる停電と断水に見舞われ、死者は１０００人を超えた。

イルマは、カリブ海とフロリダキーズ、そしてフロリダ半島西岸に大打撃を与えた。ピーク時には風速80メートルを超えるカテゴリー５のハリケーンとなり、米本土に到達したときもカテゴリー４の勢力を維持していた。フロリダは、テキサスと同じように低地が乱開発され、洪水が頻繁に起こる可能性が高く、21世紀末には住めなくなると予想される場所に数百万人が居住している。イルマでは、フロリダ州の３分の２の地域で６７０万世帯が停電、４２５～６５０億ドル相当の損害が発生し、少なくとも75人が命を落とした。これには、停電で室温が上昇した老人ホームの入居者12人が含まれる。それでも、イルマの進路が変わり、ギリギリになって勢力が弱まったおかげで、犠牲者は予想よりも少なくてすんだ。しかし、２０１７年のアメリカの異常気象の被害総額は過去最大の３０６０億ドルとなった。次のハリケーンや超大型熱帯低気圧がやってくるのも時間の問題だ。

世界中の国と都市が今、地球温暖化による気候安全保障の問題（海面上昇、大型化する嵐、気温上昇と長期化する熱波、干ばつ、移民、さらには水や食料や土地といった基本的資源をめぐる紛争）に直面しつつある。温室効果ガスの排出量を減らして、劇的な気候変動を食い止め、人間を含め無数の種が現在の場所に住めなくなる事態を阻止できる時間は限られている。だからこそ今、気候変動を緩和することほど緊急の環境プロジェクトはない。ほとんどの国が、計画を大幅に前倒しして化石燃料の使用を劇的に減らし、再生可能エネルギーへの転換を進めて、新しいシステムとライフスタイルを支えるインフラを構築する必要がある。

その一方で、私たちがすでに排出した二酸化炭素の多くは、今後何世紀にもわたり大気中に残存して、海水温を上昇させ、海面上昇を引き起こすだろう。もし、とてつもない発明によって、明日にも温室効果ガスの排出量をゼロにできたとしても、地球温暖化は何世紀にもわたって続き、海面は数千年にもわたり上昇し続ける。[5] したがって私たちは、気候変動を緩和すると同時に、気候変動に適応する努力をしなければならない。

今後数十年間で、世界でもっとも豊かな国々は、21世紀の課題（ハービーやイルマ級のメガ・ハリケーンを含む）に耐えるインフラ（防波堤やスマートグリッドや雨水貯水槽）の建設に数兆ドルを投じるだろう。だが、どんなにハード面のインフラに投資しても、沿岸部や河口デルタや砂漠、平原地帯に建設してきた人口密度の高い都市や住宅地を、「気候変動の影響を受けない場所」にすることはできない。高度なシステムは、新たな気候にある程度対処できても、完全無欠ではないことを歴史は物語っている。その崩壊は、しばしば予期せぬ理由で起こる。社会的インフラはつねに重要な役割を果たすが、災害が起きているときや災害後には、まさに生死をわける可能性がある。

社会的インフラは、伝統的なメガプロジェクトに組みこむこともできる。それによって防波堤や雨水貯水槽など大きな建設コストのかかる気候安全保障措置を、人々が日常的に集まって、危機のとき必要になる助けあいのネットワークを生み出す公園や広場にするのだ。地域団体や宗教団体が社会的インフラになることもある。その物理的な施設やプログラムは、天気に関係なく、あらゆるタイプの集団生活のベースになることができる。

アメリカでは、コミュニティが異常気象を乗り切るとき、ウィルクレスト教会のような宗教団体が重大な役割を果たす。宗教施設が重要な社会的インフラである理由の1つは、それがいたるところに存在するからだ。現在、アメリカには、宗教的な集会所が30万カ所以上ある。「つまり、宗教的な集会所の数は、サブウェイとマクドナルドとバーガーキング、ウエンディーズ、スターバックス、ピザハット、ケンタッキーフライドチキン、タコベル、ドミノ・ピザ、ダンキンドーナツ、クイズノス、デイリークイーンの合計の3倍以上にもなる[6]」と、ある社会学者のグループは書いている。

宗教団体が非常に重要な役割を果たすもう1つの理由は、そこが礼拝の場所であるだけでなく、コミュニティ構築の場所でもあることだ。宗教団体の活動は、道徳的およびスピリチュアルな配慮に動機づけられており、教会員の生活に深く関与している。規模やリソースに大きな違いはあっても、教会やモスクやシナゴーグは、教育や研究会、スポーツ大会、チャイルドケア、高齢者支援など、多様な社会プログラムを提供することが多い。教会員以外にも関与し、一般社会との間に橋をかけようとする団体もあれば、孤立的で自集団のニーズにしか力を注がない団体もある。だが、いずれの場合も、社会的インフラとしての重要性に議論の余地はない。

しかし誰もが宗教団体に属しているわけではないし、すべての宗教団体が、ウィルクレスト教会のような災害救援活動を提供する能力があるわけではない。さいわい宗教団体以外にも、図書館や学校や町内会など、社会的インフラとして機能する場所と組織はたくさんある。だが、ほとんどは、十分な活動をするためのリソースが不足している。

政府と災害対策立案者たちは、気候変動対策としての社会的インフラの重要性に気づきつつある。オバマ政権で厚生次官補を務め、現在はランド研究所の研究員となっているニコール・ラリーは、「良質な社会的ネットワークやつながりがあると、災害時にいかにプラスになるか」を、政府は理解していたと言う。「私たちの考え方にも大きな進歩があった。だから今は、コミュニティのレジリエンスを高めることに最大の重点が置かれている」

バラク・オバマ元大統領は、政界入りする前の1980年代末、シカゴのコミュニティ・オーガナイザーの仕事を通じて、社会的なつながりの重要性を身をもって知った。上院議員時代の2005年に、ハリケーン・カトリーナの影響と、ニューオーリンズの弱者地区が平時から経験していた苦難の関連性を指摘したときも、シカゴで見た貧困コミュニティのことが頭にあったに違いない。「ニューオーリンズの人々は、あのハリケーンのときだけ放置されたわけではないことに、私たちは気づく必要がある」とオバマは言った。「彼らはとうの昔に見捨てられていたのだ」。カトリーナを機に、「私たちの中に醸成され続けている大きな分断に気づく」必要があるし、「同じ失敗が再び起こることを阻止する」よう決意するべきだと、オバマは語った。[7]

オバマは大統領としての1期目に、新しい「国家保健安全保障戦略（NHSS）」を発表した。準備態勢とレジリエンスを重視して、政府機関や市民団体、企業、市民など「全コミュニティ」が気候安全保障計画の全側面に参加することを呼びかける内容だった。オバマが全米の準備態勢を強化する大統領令に署名した2012年3月以降、連邦緊急事態管理庁（FEMA）も、コミュニティのレジリエンスを重視するようになった。ロサンゼルスとシカゴ、ニューヨーク、そしてワシントンでは、CDCが後援する「コミュニティ参加」プログラムがスタートした。「気候変動の緩和に関しては、伝統的なインフラに重点が置かれてきた」と、ロサンゼルス郡の元緊急準備対応局長であるアロンゾ・プラウは言う。「だが、重要なのは土木工事だけではない。社会関係資本も重要だ。今回の措置は、社会的インフラも重要であることを明確にしている」[8]

被災時に活躍する水平的な組織

現在は、政策立案者や政策設計者の間でも、大きな施設をアップグレードするときは、社会的インフラを組みこむと、多くのプラス効果を得られることが認識されつつある。いわゆる「多目的プロジェクト」に投資することによって、災害被害を抑えるだけでなく、平時の健康と豊かさも増進するネットワークを強化しようというのだ。

2012年のハリケーン・サンディは、政府や市民団体が気候安全保障に対する考え方を変えるきっかけになった。サンディは、直径1600キロ超のエリアを覆う、アメリカ史上最大級の「スーパーストーム」となった。猛烈な風力でありながら、ハービーと同じく進行はいらいらするほど遅く、大きな被害を与えるためにわざと小休止しているかのようだった。アメリカの大西洋岸に到達したのは、10月29日。考えうる最悪のタイミングだった。満月で高潮だっただけでなく、北東部に北極から風が流れこむ初冬の嵐が形成されていて、2つの嵐がぶつかって「フランケンストーム」と呼ばれるものを形成していたのだ。

米同時多発テロの最大の標的となったニューヨーク市は、それからの10年で数十億を費やした、安全保障システムの強化と、大災難に備える態勢づくりを進めてきた。テロ対策だけではない。マイケル・ブルームバーグ市長（当時）のもとで、気候変動対策における世界のリーダーとなり、適応と緩和に関する報告書を発表し、天候不順に強い街になるプロセスに着手した。2011年8月、ニューヨークはハリケーン・アイリーンの到来に身構えていたが、進路が北西にそれたために大きな被害はなかった。これは、市職員と緊急対応管理者たちにとって本番前のリハーサルのような役割を果たしたが、住民に誤った安心感を与えることにもなった。歴史的にニューヨークにプラスに働いてきた住民の自信がいちだんと高まった。

　サンディは、そんなニューヨークの無敵精神（と重要インフラの多く）を打ち砕いた。高潮は4メートルにも達し、街の洪水防止システムを圧倒した。地下鉄のトンネルからはバスタブのように水があふれ、下水道もいっぱいになり、16億リットルもの汚水が河川や道路に流れ出した。通信システムがダウンして、住民100万人以上と企業が電話もインターネットも不通になった。送電網が崩壊し、ロウワーマンハッタンでは停電が1週間ちかく続き、ブルックリン区、スタテンアイランド区、クイーンズ区ではもっと長く続いた。複数の病院と老人ホームは全員が避難を強いられた。数万人が自宅に住めなくなった——なかには永遠に。当局の推定では、損害額は600億ドルに達したが、奇跡的に死者は他州も含めて150人程度で、カリブ海沿岸諸国でも死者は100人以下だった。

　サンディは、近年の歴史で最大の死者を出したわけでも、最大の損害額をもたらしたわけでもない。世界的に見ても、2004年のインド洋大津波（死者20万人以上）や、2003年のヨーロッパ熱波（死者7万人）など、もっとひどい自然災害はあった。だが、サンディは別の理由から重要だった。それは世界でもっとも金持ちで、最高の保護策が講じられた大都市圏の、驚くほど脆弱な物理的・社会的インフラを露呈した上に、アメリカの政治・経済・メディアのエリートに直接的なダメージを与えたからだ。化石燃料業界は、気候変動否定論を推進し、あらゆる環境対策を遅らせることに成功してきたが、サンディはアメリカの最重要機構の多くに、否が応でも地球温暖化について考えさせた。世論や社会政策や都市計画に大きな影響力を持つ人々や組織が、サンディの前と後とでは異なる目で世界を見るようになった。そして、温室効果ガスの排出量を減らす方法や、弱者と脆弱な場所を守る方法や、都市やコミュニティや重要インフラをつくりなおして、私たちが依存するシステムがもっとも必要なときに崩壊しないようにする方法について、新しいアイデアを探すようになった。

サンディは、ニューヨーク近郊のあらゆるインフラの重大な欠陥を露呈した。私が2012年11月半ばにクイーンズ区のロッカウェイビーチとスタテンアイランドを訪れたとき、住民は復興のスピードが遅いことに不満をこぼしていた。電気はない。ガスもない。電話は途切れ途切れ。電車は走っていない。道路は洪水であふれた下水に覆われていた。

それでも、地元には驚くほどの強さが残っていた。たとえば、スタテンアイランド。ここはニューヨークでもっとも多くの人が命を落とした地区であり、破壊的な洪水を受け、州の補助で、沿岸部の住民の高地への移住が進められていた。ニュードープ地区の質素なビルに入った支部図書館は大きな被害を逃れたが、近隣の住宅は5メートルちかくの水をかぶり、住民はあらゆる支援を必要としていた。この地区には学校や老人ホームもあったが、人は大きな災害に見舞われると、近隣住民や友達に会えそうな場所に行こうとするものだ。ニュードープの場合（ニューヨークの多くの地区でもそうだが）、それは支部図書館だった。老人も若者も大挙してやってきた。

当初は、支部図書館も基本的なリソースを提供していた。食べ物やお湯、清潔なトイレ、電話、電力、掃除用具、そして話し相手。だが、数日のうちに、はるかに多くの役割を担うようになった。住民がオンラインでFEMAの支援金を申請したり、赤十字に連絡したりするのを手伝い、各種救援団体のボランティアに拠点を提供した。図書館員は、ヒューストンの教会のリーダーのような役割を果たした。彼らは利用者のことをよく知っていたから、消息がわからない常連市民の安否を確認したり、ひとり暮らしや弱者や特別な支援が必要な人の家を誰かに訪問させたりするなど、アウトリーチ活動を展開した。

同じようなことが、クイーンズ区のロッカウェイビーチ・サーフクラブでも起こっていた。ここは、サンディの数カ月前に自動車修理工場を改造してできたクラブで、創業者2人の指揮で暫定的な救援機関となり、フェイスブックに最新情報を投稿したり、5000人以上のボランティア募集を助けたりした。教会を救援センターにしたウィルクレスト教会のように、ロッカウェイビーチ・サーフクラブも地域で最大の救援センターとなり、住民に食べ物や掃除用具、仲間、そして労働力を提供した。数カ月前までは、サーフクラブなんて土地柄に合わないのではないかといぶかっていた、近隣の労働者階級の家庭や、貧しいアフリカ系の住民も恩恵を受けた。

残念ながら、サンディによって家屋が損壊した数千人は、強力なサポートネットワークも、大規模な救援活動を展開できるコミュニティ団体もない地区に住んでいる。彼らは典型的なニューヨーカーよりも貧しく、教育水準も低く、近隣住民とも政界の有力者ともつながりが乏しいことが多い。

ワシントンの「グローバルヘルス・イニシアチブ」のトップを務め、2010年のハイチ大地震後に現地で救援活動を展開したマイケル・マクドナルドは、サンディの襲来後、ボランティア団体や政府機関、コンサルティング会社、医療従事者、そして脆弱な地区（とくにロッカウェイズ）の救援活動を調整する「ニューヨーク・レジリエンス・システム」を構築した。人や場所が気候変動の脅威に耐えられるかどうかは、究極的には市民社会によって決まると、マクドナルドは確信している。「現場で実際に起こっていることは、緊急指令システム（ICS）の管轄外だ」と彼は言う。「このような状況で違いを生むのは敏捷なネットワークだ。現場に安全をもたらすのは、私たちが構築しているような水平的なしくみであって、ピラミッド的な機構ではない。救援活動を統合できるのは、私たちのような組織だ」

気候変動に適応するインフラ

島国シンガポールは、720平方キロの国土に560万人が暮らしている。国土の大部分は危険なほど海抜が低いため、政府は物理的インフラと社会的インフラを組み合わせて複数の模範的プロジェクトを展開している。モンスーンの豪雨で海抜の低い中心部がくり返し浸水に見舞われた経験から、政府が危険な天候に適応する措置を講じはじめたのは35年前のことだ。シンガポールは昔から水とは難しい関係にある。雨季は浸水が起こりやすいが、飲料水はつねに不足しており、マレーシアからの輸入に頼っている。しかも、近年はそれが政治的な対立を生み出している。気候変動による海面上昇と豪雨の頻発化は、シンガポールの安定を脅かしているが、政府はこれをチャンスだとも考えている。

２００８年にオープンしたマリーナ・バラージは、排水インフラを改良して、洪水が起こりやすい場所を減らすとともに、社会的インフラを改善して都市生活の質を高める20億ドルプロジェクトの中核をなす。９つのクレストゲート（水門）と一連の巨大ポンプを兼ね備えた１００平方キロの貯水池は、豪雨のとき低地の住宅を浸水から守るだけでなく、潮の干満の影響を縮小するとともに、淡水である雨を利用して、シンガポールの水需要の10％を供給する。マリーナ湾の水位を安定させて、水上競技に格好の条件をつくる働きもある。マリーナの陸地部分には、彫刻庭園や水遊びエリア、ドラマチックな夜景を楽しめる屋上庭園、そして「サステナブル・シンガポール・ギャラリー」が設けられ、観光業の役にも立つ。ここは社会環境の重要な一部になるとともに、気候安全保障への投資から利益を生み出すようにもしており、世界の都市のモデルとなっている。

オランダのロッテルダムは、長い洪水の歴史がある街で、やはり気候安全保障計画に社会的インフラを組みこんだモデルを提示している。1953年に壊滅的な高潮に見舞われたロッテルダムは、デルタ計画と呼ばれる国家プロジェクトの一環として、一連のダムや水門、堤防を建設してきた。2000年代はじめに、米政府がアメリカ本土の安全保障に莫大な投資をしていたとき、オランダ政府はデルタ計画のアップグレード版である「ロッテルダム気候対策計画」に投資した。この事業のマネジャーを務めるアルノー・モレナーによると、彼のチームは空と海がもたらす水を「青い黄金」に変える可能性に気がついたという。「以前は水を問題とみなしていた」とモレナーは言う。「従来オランダでは、水の侵入をどう防ぐかに力を注いできた。これに対してニューヨークは避難、つまり、人々をどうやって危険から脱出させるかに力を注いできた。もっとも興味深いのは、この2つの中間のアプローチを見つけることだ。つまり、入ってきた水をどうするか、だ」

2005年にロッテルダムで開かれた第2回国際建築ビエンナーレ（IABR）のテーマは「洪水」だった。世界中のデザイナーが、都市の水対策を発表した。モレナーのチームは、すぐに現実的なインパクトのある計画を実行に移しはじめた。ロッテルダムは今、気候変動対策のデザイナーたちが「適応の建築」と呼ぶもののグローバルリーダーだ。たとえば、大量の雨水の流入を防ぐ努力だけでなく、水が入ってこられる魅力的かつ実用的な場所をつくっている。ロッテルダム中心部の川に浮かぶパビリオンは、銀色の半球形が3つ並んでおり、内部はテニスコート4面に相当する広さの展示スペースがある。運河沿いには、浸水に耐える段丘構造と彫刻庭園がある。ビルのファサードやガレージ、そして1階はすべて防水仕様だ。

ロッテルダムが気候安全保障のために建築したもっともエキサイティングな社会的インフラは、「ベンセム水の広場」だろう。設計したのはオランダの建築事務所デ・アーバニステン。中央駅に近いこの広場は大型ビルに囲まれていて、かつてはひどく殺風景な場所だった。そこに不規則な形の窪地が3つ設けられた。2つは浅く、1つは比較的深い。そのエコロジー上の目的は、大嵐に見舞われたときに雨水を溜めることだ。都市部の貯水施設は、地中に埋められ、目に見えないインフラとなることが多く、どれだけの水がどこへ運ばれるのか、あるいは都市システムがどのようになっているのかはわからない。ベンセムは正反対のアプローチをとった。貯水スペースが地上に露出しているだけでなく、この広場で一番目を引く構築物として多くの人を魅了し、さまざまな社会活動やレクリエーション活動を提供しているのだ。

晴れた日には、一番深い窪地はテニスやバスケットボールのコートとして使われ、それを取り囲む階段席にあらゆる年代の人が集まる。2つの浅い窪地は、一方にダンスフロアに似た材質の舞台が設けられている。もう一方はスケートボード場になっていて、それを見物する人たちの席もある。[9]それだけではない。このエリアはかつて木々が生えていたことから、空きスペースには野生の草花を植えてベンチを置き、小さな憩いの場にした。大きな噴水と美しい水の壁もある。雨水を溜める井戸は、ステンレスの特大の側溝とつながっている。おかげで広場には、いつも心地よい水音が響いているが、ひとたび大雨が降るとそこは巨大な水場と化す。いくつもの段差によって、広場全体に滝のような轟音が鳴り響き、設計者たちが意図した通りの光景が生み出される。雨が命取りになりかねない都市にとって、重要インフラの役割も兼ねるドラマチックなアート作品だ。

ロッテルダムの水の広場や、シンガポールのマリーナ・バラージのような施設をつくるのは安上がりではない。しかし嵐が増えて、その人的・経済的損失が大きくなるなか、各国政府はテロとの戦いに投じてきたレベルの資源を、気候変動対策に投じなければならない。だが、きわめて貧しい国や脆弱な国は、国民を異常気象から守ると同時に、日常生活の質も高めるようなインフラを構築する経済的余裕がない。こうした国々は、主要な気候変動条約交渉のとき、適応基金の設置を求めてきたが、その生態系を守るために確保できた金額は必要額を大幅に下回っている。そもそも、地球温暖化を引き起こす二酸化炭素の大部分は富裕国が排出してきたのに、その反応は鈍いままだ。

たとえば、バングラデシュを考えてみよう。複数の大河が合流するデルタ地帯に人口1億6500万人がひしめく、生態学的にもっとも脆弱な国の1つだ。その地理ゆえに、バングラデシュは地球温暖化が大きな問題となる前から、壊滅的な洪水に苦しめられてきた。津波やサイクロンや暴風雨が恐ろしいほど定期的にやってくるし、高潮で農地が塩害にやられ、国民の生活と命の糧である作物をダメにする。1991年には、1つの熱帯低気圧で約

13万8000人が命を落とした。とくに、泳ぎを知らない高齢者と女性と子どもが多く犠牲になった。1998年には、雨季の大雨で国土の3分の2が水に浸かり、住宅約30万戸が損壊し、家畜が失われ、飲料水が汚染され、農業が壊滅的な損害をこうむった。世界にはまだ、地球温暖化対策の優先順位が低い国もあるが、バングラデシュではすでに国家を揺さぶる重大問題であり、大きな政策論争にはかならずついて回る問題になっている。

世界最貧国の多くがそうであるように、バングラデシュでも、インフラ投資の条件は国際開発機関が決めることが多い。ニューヨーク大学の大学院生で、私のリサーチアシスタントであるマルコム・アラオスは、バングラデシュの首都ダッカで、適応プロジェクトの実施状況を調べた。すると案の定、堤防や水門や排水システムといった設備は、もっとも洪水リスクが高い低所得層の人口密集地帯ではなく、政治の中心地やエリート層の住宅地周辺に集中していることがわかった。しかも、ほとんどの施設は、社会的インフラを無視していただけではなく、スラムや貧しい人々が集まる市場を潰して建設されていた。

その一方で、従来型の洪水防止システムを構築する余裕のないコミュニティが、斬新な対策を講じているのを、アラオスは発見した。バングラデシュ全体で、草の根団体がNGOや地方自治体と協力して、自然災害に対するレジリエンスを高めるとともに、住民の生活の質を劇的に向上させる社会的インフラを構築しているのだ。

とりわけ効果的なイニシアチブの1つは、「浮かぶ学校と図書館」だ。これを展開するN

GOのシドゥライ・スワニルバル・サングスタは、水に浮かぶ社会的インフラ（この場合はボート）によって、気候変動と教育、人権、医療、そしてデジタルデバイドに対処しようとしている。バングラデシュ北西部は、洪水が起こりやすく（一般的な降雨でも洪水が起こる）、そのたびに住民は、学校や病院や図書館に行けなくなる。シドゥライはこの地域で44隻のボートを保有していて、極端な荒天のとき以外は、特定の場所に係留して、教室や診療所を運営している。その恩恵を受けるのは子どもたちだけではない。識字教育、持続可能な農業の教育、そしてより緊急性の高い災害時のサバイバル教育など、成人向け教育も行われているのだ。女性たちはそこで緊密な絆をつくり、子どもたちといつどこに避難するべきかや、泳ぎさえも学ぶことができる。伝統的な安全保障の専門家の中には、こうしたイニシアチブの価値を認めない人もいるが、学者や国際救援機関は、女性や子どもがこの地域の危険なモンスーンと洪水を生き抜く上で、もっとも有効な方法の1つだと考えている。[10]

「浮かぶインフラ」を試しているのは、貧しい途上国だけではない。2017年には、複数の大手国際設計事務所が、サンフランシスコ湾に浮かぶオフィスや居住スペースを提案した。ニューヨーク・タイムズ紙は同年、海面上昇に脅かされているエリアに海上都市をつくる「シーステディング」構想が生まれ、ペイパルの共同創業者ピーター・ティールなどの著名投資家が投資していると報じた。記事の見出しは「浮かぶ都市がSFの世界から現実へ」[11]だ。

国際開発の分野では、まだ、気候変動を中心に据えた開発計画の重要性が認識されていないかもしれないが、バングラデシュの指導者らは、異常気象のとき死者が激減したのは、浮かぶ学校のような草の根プロジェクトのおかげだとしている。社会的インフラは、適切に設計されたハードインフラの代わりにはならないが、それと同じくらい重要だ。気候変動の脅威にさらされる多くの低地の途上国と同じように、バングラデシュでも、社会的インフラはコミュニティが自らを守る最善の手段になっている。

ロウワーマンハッタン復興の試み

近年は、世界のもっとも豊かな国々で、猛烈なハリケーンや強烈な熱波、そして激しい森林火災が人命を脅かし、貴重な財産を破壊しており、これまで地球温暖化を否定するか対策を先延ばしにしてきた国々も、バングラデシュのように対策を講じるようになってきた。海面上昇や気温上昇といった、遠くで起きている生態系の変化を無視するのは簡単だった。だが今、気候変動は具体的かつ恐ろしいことを意味するようになってきた。「１００年後の海面の水位は、晴れた日でさえ、現在の高潮のときと同じレベルになるだろう」と、コロンビア大学の地球物理学者であるクラウス・ジェイコブは言う。ジェイコブが２００９年に発表した、ニューヨーク市の気候リスクに関する報告書は、大規模な高潮のとき市のインフラに何が起こるかについて、不気味なほど正確な予測をしている。サンディはジェイコブのシナリオに従ったかのような被害をもたらした。「天災が起こるたびに再建することはできない」と、ジェイコブは言う。「気候変動の未来を考慮に入れた、先取的な建築が必要だ」

サンディ到来後、オバマ大統領（当時）は、新しいインフラ整備計画に、先取的な建築を含めるための特別なイニシアチブを立ち上げた。国際デザインコンペ「リビルド・バイ・デザイン」（デザインによる再建）だ。責任者は、ショーン・ドノバン住宅都市開発長官（当時）が務め、連邦災害救援法から10億ドル以上が投じられた。このコンペには世界中から学際的な148チームの応募があり、そこから選ばれた10チームが、9カ月間にわたるリサーチと、アウトリーチ、そしてデザイン活動に参加した。私はこのコンペのリサーチディレクターを務め、その仕事を通じて、現代のインフラの不適切性と、その再建が生み出しうる社会的恩恵に気がついた。

また、気候科学と社会科学、都市計画、土木工学、そしてデザインをミックスした新しい分野のリーダーたちの仕事を間近で見ることもできた。この分野が目指すのは、気候危機を緩和し、いちだんと温暖化が進む世界で弱者を守ることだ。それは気候変動に関する議論の焦点をシフトさせるだけでなく、私たちがあらゆる脅威に対してもっとレジリエントになるために必要なシステムも変えつつある。

サンディが大打撃を与えた地域のうち、ロウワーマンハッタンほど人的、経済的、そして文化的活動が濃密に詰まった地域はない。ここはインフラも脆弱だ。42丁目よりもダウンタウン側の小さなエリアに、ニューヨークでも最貧困層の一部と最富裕層の一部、世界最大級の企業の本社と数千棟の団地、そして無数の貧困支援団体が集まっている。バッテリーパーク周辺には世界的な金融機関が立ち並び、イーストリバー付近には大病院がある。チェルシーとウェストビレッジには著名ギャラリーがいくつもあるし、この地区全体に数千のスモールビジネスがひしめいている。地下鉄の駅が数十あり、イーストビレッジにはダウンタウンの大部分に電力を供給する変電所もある。

そのすべてがサンディのとき水に浸かった。4メートルの高潮がマンハッタン南部の川べりを越えて、ロウワーマンハッタンとロウワーウエストサイドを水浸しにした。あらゆる場所がダメージを受けたが、貧困層が集まる老朽化した団地と、大病院が集まっているイーストサイドの被害はとくに大きかった。イーストリバーの水が病院のロビーと地下に流れこみ、長年の研究資料を台無しにし、病院全体が緊急避難を余儀なくされた。サンディが去ったあとも、この地域の長期療養システムは1年以上混乱した。高潮により、ロウワーイーストサイドの団地の電力システムと通信システムは破壊され、数千人の弱者が水も電力もなく、エレベーターも動かない状態で上層階に取り残された。高潮は汚水や瓦礫をサウスストリート・シーポートとイーストリバー・グリーンウェイなどの公共スペースにも押し出した。

ロウワーマンハッタンを未来のハリケーンと海面上昇から守ることは、ニューヨーク市の重点課題だが、ロウワーイーストサイドの生活の質を高めることも課題の1つだ。「リビルド・バイ・デザイン」コンペでは、デンマークの著名建築士ビャルケ・インゲルス率いる設計事務所BIGが並外れた提案をした。[12] ロウワーマンハッタン全体をU字型の堤防で囲む数十億ドル規模のプロジェクトで、当初は「ビッグU」とあだ名されたが、今はイーストサイド・コースタル・レジリエンシー（ESCR）プロジェクトと呼ばれる。堤防は公園やレクリエーション施設（運動場、自転車専用道路、歩道など）を兼ねる。U字内は3つの区画にわけられ、それぞれ住民と企業と地域団体の意見を長時間にわたり聞いた上で設計された。

ロウワーイーストサイド地区は、今のところ、このプロジェクトで唯一予算がついた部分で、多くの木が植えられた堤防が、住宅街とインフラと各種機関を守るようになっている。この堤防からFDRドライブをまたぐ橋が建設されて、川べりの新しい公園や商業施設と結ばれるしくみだ。FDRドライブはマンハッタンの東岸に沿って走る高架道路で、交通量が多い上に、住民がウォーターフロントまで徒歩でアクセスするのを妨げてきた。堤防は非常時に高潮をブロックする役割を果たすが、ニューヨークでもとりわけコンクリートに囲まれた地区に住む人々にとっては、公園や運動施設としての機能も同じくらい重要な意味を持つ。

FDRドライブの汚い底面を覆い隠すように設置される側壁は、このプロジェクトのもうひとつの目玉だ。ここは地元アーティストによって壁画が描かれ、平時は、高架下を歩かなければならない数千人の気分を高揚させる天井パネルの役割を果たす。その天井の一部が下ろされて強風をブロックしたり、フードマーケットの区画をつくったりする壁になることもある。ハリケーンが到来したときは、頑丈な防波壁となり、この地区が再び洪水による壊滅的被害を受けるのを防ぐだろう。

壁を立てても水の浸入は防げない

ハドソン川の河口に位置するスタテンアイランドは、マンハッタンにとっては防波島の役割を果たすが、この島自体は大西洋に直接さらされており、強固な防波施設を必要としている。実際、１９５０年代末にブルックリンと結ぶベラザノナローズ橋などのインフラが整備されて、マンハッタンからの移住が奨励されるようになったが、住民はしばしば壊滅的な洪水に苦しめられてきた。ニューヨーク市でもっとも人口が少ない区なのに、サンディによる死者はもっとも多かった。大波が低地の住宅を飲みこみ、車を押し流し、洪水など予想もしていなかった内陸のコミュニティにも押し寄せた。

海に壁を立てることはできないが、波のエネルギーを弱めて、洪水の被害を縮小することはできる。「リビング・ブレークウォーターズ」は、このことと、沿岸部のコミュニティの強化と、気候変動対策の推進を目指す自然を活用したインフラ構築計画だ[13]。たとえば、ゴツゴツした岩肌に魚や甲殻類がたくさん張りついていれば、島の南岸の洪水被害や浸食を軽減できる。このプロジェクトは、パイオニア的な景観設計士のケイト・オーフが率いる景観設計事務所スケープが中心となって、気候科学者や海洋生態学者、教育者、そして社会的インフラの擁護者たちを巻きこみ進められてきた。

スケープの狙いは、巨大な防壁を構築するのではなく、水が入ってくるのは不可避的であることを認めて、自然を利用して弱者と脆弱な場所を洪水から守ることだ。また、強力な気候変動対策を講じるためには、科学者だけでなく市民も地球温暖化のリスクを理解する必要があることから、気候変動の影響を緩和する方法を住民に教えるプログラムも展開している。

スタテンアイランドの社会的インフラを強化する方法としては、環境教育ハブを日常的な文化センターにして、共通のプロジェクトや懸念に基づき社会のまとまりを高めようとしている。具体的には、ガバナーズ島にあるニューヨーク・ハーバースクール高校（ＮＹＨＳ）と考案したビリオン・オイスター・プロジェクト（訳注：ニューヨークの水路に生息するカキを10億個まで回復する試み）を通じて、数千人の生徒を海洋再生プロジェクトに参加させたり、人間と海の運命が結びついていることをコミュニティに教えたりしている。リビング・ブレークウォーターズは、文化プログラムや海辺での活動を通じて、住民どうしを結びつけ、次の嵐がきたとき助けが必要な人を見つけたり、支援方法を把握したりすることも目指している。

リビング・ブレークウォーターズとイーストサイド・コースタル・レジリエンシー・プロジェ

クトは、どちらもまだ、最終的な環境評価と規制当局の許可を待っているところで、うまくいかない可能性もじゅうぶんある。リビング・ブレークウォーターズは、市、州、そして米陸軍工兵隊が、それぞれ水プロジェクトを実施しているエリアまたはその周辺で活動する必要があり、重点領域で対立や管轄争いが生じる恐れがある。イーストサイド・コースタル・レジリエンシー・プロジェクトについては、予算内に収めるために最終段階で計画が縮小されれば、緑化事業が犠牲になり、コンペで真っ先に拒絶されたはずの威圧的で醜い堤防になりかねないという批判がある。

だが、現段階では、連邦政府も州も市も画期的なプロジェクトを支持しており、このプロジェクトから着想を得た国内外の都市も多い。イーストサイド・コースタル・レジリエンシー・プロジェクトとリビング・ブレークウォーターズが、その構想に近い状態で実現すれば、気候変動への適応に対する考え方が大きく変わり、社会的インフラがその中心に据えられるようになるだろう。

広がる車を使わない街づくり

だが、どんなに気候変動への適応を図っても、温室効果ガスの排出量を劇的に減らさないかぎり、適応策は一時的なサバイバル措置に過ぎず、国家間や州間の環境格差をいちだんと悪化させるだけだろう。再びヒューストンを例に考えてみよう。ヒューストンの住宅地の多くは、災害時に住民の結束と助けあいを促す社会的インフラから、すでに恩恵を得ている。なにしろこの街は、世界でもっとも金持ちで、もっともパワフルな国の1つにある、もっとも金持ちの街の1つであり、浸水を防ぐインフラを構築する余裕はじゅうぶんある。だが、現在のライフスタイル（石油と天然ガス頼みの経済構造と、不規則な拡大を許す戸建て住宅中心の都市計画と、自家用車への依存）を見直さないかぎり、地球温暖化に拍車をかけ、自らのリスクも高めることになる。世界の全ての都市と同じように、ヒューストンはもっとコンパクトになり、人口密度を高め、徒歩と自転車に適した街に変わる必要がある。つまり、中心部にもっと高層の集合住宅を建てなくてはならない。また、二酸化炭素を吸収して大気を冷やしてくれる木をもっと植えて、都市公園や歩行者専用道路を増やし、車を使わずに住民が楽しく暮らせるようにする必要がある。また、低地を浸水させる不浸透性の舗装道路は変える必要がある。そのすべてが、社会的インフラの改善になる。土地利用規制がないことで有名な街では簡単なプロジェクトではないが、ハービー後の再建は理想的な出発点になるだろう。

その意味では、やはり巨大ハリケーンの壊滅的な被害から立ち直りつつある近隣の街ニューオーリンズが参考になるだろう。2020年に策定された都市再生計画「ニューオーリンズ2030」は、ハリケーン・カトリーナ後の緊急ニーズを大きく超えて、食料の確保、適応、気候安全保障をカバーする基本計画になっている。[14]同市は大きな課題に直面していた。2005年のカトリーナ襲来前は45万5000人だった人口が、2006年には20万8000人に落ちこみ、2010年も34万8000人と、じゅうぶん回復していないのだ（2016年は39万1000人）。子どもが減ったため、一部の公立学校は閉鎖を余儀なくされた。「ニューオーリンズ2030」は、大型の公共建築物をコミュニティセンターやアートスタジオ、スモールビジネスの支援センター、そしてアパートとして再利用または再開発することを提唱する。それだけではない。洪水前の1999年、同市は、幹線道路沿いや交差点の商業開発を支援すると約束していた。そこなら大規模小売店を建設する十分なスペースがあるし、駐車場もたっぷりつくれるからだ。しかしカトリーナ後、気候変動に対する懸念が高まった結果、もっと歩行者にやさしい、商業施設と住宅の複合施設の開発を奨励することにした。そのほうが地域住民の交流も促進できる。ニューオーリンズはもともと活気ある地域文化で知られるが、それをいちだんと強化しようというのだ。

人種や階級による分離がはっきりしている街では、あまりにもユニークな地域文化は社会を二極化させる恐れがある。ニューオーリンズは伝統的に民族と人種がミックスした独特の文化を持つが、住宅地は人種と階級ではっきりわかれている。この問題に対処するため、「ニューオーリンズ2030」では、歩行者の循環を促すとともに、気候変動の影響緩和と洪水防止につながる社会的インフラを構築することにした。その1つであるラフィット・

グリーンウェイは、2015年にカロンデレ運河の近くにつくられた約5キロの多目的トレイルで、高級住宅街のミッドシティやレイクビューと、低所得層向け住宅が密集するトレメ、活気あふれるフレンチクオーター、そしてバイユー（小川）など多様な地区を結ぶ。トレイルには自生樹林とバイオスウェイル（雨やシルトや汚染物質を吸収する緑溝）が並び、各地区の公園に向けて枝道が延びている。わずか数年で、このグリーンウェイは市民に大人気のスポットになった。ニューオーリンズではほとんど消えかけていた自転車文化の復活にも一役買った。カトリーナ襲来時のニューオーリンズには18キロのサイクリングロードがあったが、現在は全長185キロにもなる。グリーンウェイが完成して以来、ニューオーリンズは全米でも有数の自転車通勤者にやさしい街になった。現在、自転車通勤者の割合は全米第5位だが、自転車シェアプログラムが始まれば、さらにランキングが上昇するのは間違いないだろう。[15] ニューオーリンズは、社会的インフラが自動車の利用を減らし、カーボンフットプリントを減らし、地球温暖化を抑える移動手段を拡大できる格好の例と言えるだろう。

ラフィット・グリーンウェイは、900万ドルという控えめな予算で始まったが、周辺の児童公園やドッグラン、市民農園、運動場を取りこんで拡大し続けている。その終点の先にあるコミュニティは、グリーンウェイにつながるための用地整備を自治体に求めている。グリーンウェイの周辺には、バーやレストランといった商業施設が続々オープンし、不動産開発も進んで、街のコンパクト化につながっている。マイナス面があるとすれば、商業開発が高所得層向けに偏りすぎると、近隣の高級住宅街化が進み、昔ながらの住民が立ち退きを強いられる恐れがあることだ。ただ、現時点では、グリーンウェイ沿いの住民はプロジェクトを歓迎している。それは彼らの日常生活をより健康で、より楽しいものにし、より持続可能な街をつくっている。

さらに重要なのは、ラフィット・グリーンウェイが風水害対策とクリーンな交通網の両方を提供することにより、気候変動を乗り切るために必要なインフラのモデルを示していることだ。それは気候変動への適応策と緩和策をミックスすると同時に、天気にかかわらず都市住民の生活の質を改善し、近隣住民がつながる機会を与えている。どうあがいても大雨は降る。だが、適切な社会的インフラがあれば、ノアの方舟がなくても乗り切れるかもしれないのだ。

終章

宮殿を守る

2017年2月、フェイスブックのマーク・ザッカーバーグCEOは、6000語の公開書簡を自分のアカウントに投稿した。宛名は「私たちのコミュニティへ」。その冒頭で、約20億人のフェイスブックユーザーに向けて、ストレートな問いを投げかけた。「私たちは、私たちが求める世界をつくっているだろうか[1]」

答えは明白だ。

ザッカーバーグの世界観に中核的な信念があるとすれば、それは、人間が進歩するのは、社会的・地理的な分断を取り払って、もっと大きくて、もっと拡張的な道徳的コミュニティ

をつくったときだ、というものだ。「歴史とは、私たちが部族から都市、そして国家へと、より大きな人数で力を合わせる方法をいかに学んできたかの物語だ」と彼は主張する。「その各段階で、私たちはコミュニティやメディアや政府など、自分だけでは成し遂げられないことを可能にするパワーを与えてくれる社会的インフラをつくりあげた」

世界最大級の利益を上げていて、世界最速レベルの成長を遂げている企業のCEOだけあって、あからさまな政治色がつかないよう、慎重に言葉を選んでいる。だが、前年の米大統領選のとき、ザッカーバーグは、「壁の建設を呼びかけ、自分とは違うとレッテルを貼った人々を遠ざける恐ろしい声」を非難した。この公開書簡を投稿する数週間前にも、一部の中東諸国からの移民受け入れを禁止するトランプの大統領令を非難した。「私たちは、難民をはじめ、助けを必要とする人々に門戸を開き続ける……べきだ。それが私たちの本来の姿だ[2]」。新大統領が異例の論争を巻き起こすなか、ザッカーバーグの書簡は、フェイスブックの新しい基本理念を示すと同時に、権威主義に傾く恐れのある混乱した時代に、社会を立て直す方法について、フェイスブックなりの青写真を示したとも言える。

「このような時代に、私たちフェイスブックができるもっとも重要なことは、社会的インフラをつくり、万人のためのグローバルコミュニティをつくるパワーを人々に与えることだ」と、彼は説明した。ザッカーバーグに言わせれば、フェイスブックには社会の分断に橋をかけるユニークな能力がある。教会やスポーツチームや組合などの市民団体に多くの人が参加している地域では、こうした団体がフェイスブックのもたらす社会的恩恵をも提供できるという。「(こうした団体は)私たちみんなに、目的意識と希望を与えてくれる。自分が必要とされており、自分よりも大きな何かの一員であるという道徳的な価値を確認してくれる。私たちはひとりぼっちではなく、コミュニティが気にかけてくれているという慰めを与えてくれる。メンターや指導者や人間としての成長を与えてくれる。セーフティネットを与えてくれる。価値観や文化的規範や責任を与えてくれる。社会的な集まりや儀式や新しい人と出会う機会を与えてくれる。時間の過ごし方を与えてくれる」。こうした団体の会員は1970年代以降「激減」したが、そんな暗い時代に「オンラインコミュニティは明るく輝く場所だ」ともザッカーバーグは言う。そして、フェイスブックの「次の目標は、コミュニティのために社会的インフラを構築することだ」と書いている。「私たちをサポートするため、私たちの安全を守るため、私たちに情報を与えるため、市民的エンゲージメントのため、そしてすべての人を包摂するために」

ザッカーバーグの第1の約束は、ユーザーに恩恵をもたらす「非常に有意義な」フェイスブックコミュニティ(「私たちのソーシャルネットワーク経験のもっとも重要な部分にすぐになるもの」)を予測できる優れたアルゴリズムを開発して、「社会のしくみを強化する有意義なコミュニティに、10億人を結びつける」ことだ。第2の約束は、「サブコミュニティをサポートするグループを拡大する」こと(サブコミュニティとは同じスポーツチームやテレビ番組やビデオゲームを好きな人々のこと）だ。そして第3の約束は、「対面で集まる物理的なコミュニティを補強して、私たちがお互いに助けあえるようにする」ことだ。

ザッカーバーグは読者に、フェイスブックの社会的インフラは健康と安全を推進すると説くが、これは、読者にオンラインでいちだんと多くのことをやらせることを前提としている。フェイスブックは人工知能を使って、「私たちのコミュニティが、問題が起こる前に問題を見つけるのを助ける」と彼は言う。また、フェイスブックは「アンバーアラート（児童誘拐事件速報システム）を表示するインフラを構築して」きたし、「治安組織と協力するインフラを構築して」きたし、「セーフティチェック（災害時安否確認機能）のようなインフラを構築して、自分の無事を友達に伝えたり、事件や災害に巻きこまれた友達の安否を確認したりできる」ようにしたという。

ザッカーバーグは、民主主義を再び活性化したがっている。そしてフェイスブックを、人々が投票し、声をあげ、組織化するツールだと考えている。フェイスブックは、世界中の人々が共同統治に参加し、オープン性と透明性と新たな公益にコミットする新しい方法をもたらすというのだ。

数十億人のアクティブユーザーを持つ、時価総額5000万ドル（2017年当時）の企業リーダーらしい壮大な声明だ。だが、彼が唱える社会的インフラのビジョンは薄っぺらだ。ソーシャルメディアにはたしかに大きなパワーがあるが、教会や組合やスポーツチームや福祉国家がもたらすようなものを与えることはできない。また、ソーシャルメディアはセーフティネットでもなければ、集会所でもない。むしろ、シリコンバレーの複数のテクノロジー企業の関係者によると、デザイナーやエンジニアの最重要課題は、対面交流ではなく、人々をスクリーンの前に座らせておくことだ。フェイスブックは、本物の人間関係を築ける人と知りあう助けになれるし、実際助けになっている場合もある。また、いつかは改善するかもしれない。2018年はじめ、ザッカーバーグは、フェイスブックが、（ニュースフィードに広告などを増やすために）「ユーザーどうしのつながりを強化する個人的ニュースを締め出している」ことを認め、「たとえ（ユーザーが）フェイスブックで過ごす時間やエンゲージメントを減らす」ことになったとしても、フェイスブックを改革すると約束した。[3]だが、フェイスブックのデザイナーがいくらコンテンツに工夫をこらしても、命の危険を脱したり、信頼を構築したり、社会を再建したりするのに必要なつながりをつくるためには、オンラインの「友達」との「あいさつ」や「いいね」だけでなく、物理的空間における反復的な交流が不可欠だ。

ザッカーバーグは、フェイスブックが社会組織のように、民主主義に不可欠な価値観や社会規範や説明責任のシステムを成長させると言うが、これは不誠実だ。というのも、アメリカの近年の歴史でもっとも分断をもたらし、きわめて重大な結果をもたらした2016年米大統領選のとき、フェイスブックはロシア政府の工作員に3000件以上の広告枠を販売し、結果的に、1000万人以上の人々に偽情報を届けていたのだ。しかも、ザッカーバーグはこの公開書簡を書いたとき、そのことを知っていたのに、米議会によって事実上自白を強いられるまで、会社としてはけっして認めなかった。ロシア（とアメリカ国内に偽情報をまきちらすことに熱心なオルトライト組織）は、フェイスブックのテクノロジーのおかげで、激戦州の有権者にターゲットを絞って、偽情報を浴びせることができた。その背後にいる組織は、アメリカの有権者を操って、民主党の大統領候補ヒラリー・クリントンを支持する可能性が高いコミュニティの投票率を下げようとしただけでなく、社会的分断の種をまいて民主主義の信頼を傷つけようとした。世界のほかのオープンな社会でも、同じような方法で大混乱を起こそうとした。フェイスブックのアルゴリズムは、二極化を煽る極端で感情的なメッセージを増幅する一方で、細やかで思慮深い投稿は目立たなくする。それは、ロシアのプロパガンダ要員たちにとって、うってつけのしくみだった。

２０１６年の選挙以降、フェイスブックをはじめとするテクノロジー企業は、政治広告の広告主開示を義務づけるルールが成立しないよう、莫大な金額を投じてロビー活動を展開した。また、ザッカーバーグのチームは、ロシアが政治目的でソーシャルメディアを歪めることができる問題は、技術的に克服できるかのように見せてきた。だが、より根本的には、２０１６年の選挙と、その後の議会公聴会により、営利目的の大規模なコミュニケーションインフラを管理する企業は、公益よりも私益を優先するしくみになっていることが明らかになった。フェイスブックをはじめとする上場企業は、株主価値を最大化することを法的に義務づけられている。なかには、株主価値を幅広く定義する経営者もいるが、ほとんどのCEOは、株主価値を最大化するということは、利益を増やすことだと考えている。

もちろんザッカーバーグも、自分の会社が、民主主義のプロセスを傷つける活動を助けることなど、望んでいなかっただろう。だが、一連の調査報道によって、反クリントンと反イスラムを掲げる「セキュア・アメリカ・ナウ」などの政治団体が、フェイスブックの広告販売員やエンジニアの多大な協力を得て、そのメッセージを特定の有権者に届けていたことが明らかになっている。[4] フェイスブックの社員の政治的見解はどうあれ、彼らにはそれに協力するべき単純な理由があった。彼らの仕事は、広告主を獲得することであって、民主主義を推進することではない。2016年の選挙のとき、ロシア政府やオルトライト組織とつながりのある団体の政治広告を受け入れることで、フェイスブックが得た利益はわずかだった。だが、アメリカの民主主義と、ザッカーバーグが構築しているというグローバルコミュニティが受けた被害は甚大だった。

自分勝手なテクノロジー企業

フェイスブックをはじめとする大手テクノロジー企業がベイエリアに登場して以来、壊滅的な被害を受けたコミュニティはほかにもある。昔からこの地域に住んでいた、貧しい労働者階級と中間層だ。地価や物価がどんどん上昇して、彼らは立ち退きを余儀なくされた。歴史的なテクノロジーブームでベイエリアに起こったことは、高級住宅街化という言葉では表現し尽くせない。サンフランシスコの不動産価格はとてつもなく高く、中間層が住み続けるのはほぼ不可能だ。カリフォルニア大学の都市強制退去プロジェクトの研究によると、このエリアの人口の47％、低所得世帯では60％が立ち退きまたは高級住宅街化の圧力を受ける恐れがあるか、すでにそれを経験している。[5] サンフランシスコのアフリカ系アメリカ人の数は急減しており、低所得世帯や中間層世帯は、中心部から遠くへ、遠くへと引っ越し、通勤時間はどんどん長くなっている。その影響はあらゆる場所におよんでいる。市街地やフリーウェイは大渋滞しており、道路やショッピングモールの駐車場は不足している。数十年前、シリコンバレーはのどかな郊外で、質の高い生活を提供してくれたが、現在はひどく人口密度が高く、限界に近づいている。

フェイスブックやグーグル、アップルといった企業は、ソフトウエアのエンジニアリングに力を入れているが、本物の社会的インフラ、つまり人間の交流をかたちづくる物理的空間の価値も理解している。なにしろ、こうした企業の社屋（キャンパス）は目を見張るものだ。緑が生い茂る庭に、ジュース・バーと本格的なレストラン、手入れの行き届いた運動場とジム、美容院、託児所、劇場、図書館、カフェなどあらゆる施設が揃っていて、人が集まれる場所も屋内外にたっぷりある。ただしそれは、特定の人向けの社会的インフラだ。それを利用できるのは、色別のバッジが示す上級社員に限られていて、同じ組織でも、料理をしたり掃除をしたりする臨時職員や個人事業者は利用できないし、もちろん近隣住民やビジターにも公開されていない。いっぽう、このように金をかけて念入りに設計された社会的インフラは、上級職員のニーズをじゅうぶん満たしてくれるから、彼らは地元のカフェやジムやレストランを利用しない。これらのスモールビジネスは、大企業が近くにできて大いに期待したかもしれないが、肩透かしを食らった格好だ。

控えめながら、地元の社会的インフラを改善する努力をしてきた会社もある。たとえばグーグルは、マウンテンビューにある本社の近隣にサッカー場や公園やサイクリンググレーンをつくったし、共同創業者のセルゲイ・ブリンは、自分が所有する不動産の住民向けにサービスを提供するスモールビジネスの家賃を補助している。フェイスブックは2017年7月、長距離通勤に疲れた従業員と、会社周辺の渋滞に怒ったイーストメンロパークの住民の強い要請を受け、キャンパスを拡張する計画を発表した。著名建築家レム・コールハース率いるOMAニューヨークが設計を手がける「ザ・ビレッジ」は、オフィスビルの間に住宅や商店や公園、そして食料雑貨店を配置する予定だ。フェイスブックがあるにもかかわらず、この地域は長年、「食の砂漠」だったから、食料品店ができることは近隣住民にとってもきわめて重要だ。[6] 近隣住民は自治体に、フェイスブックの計画を遅らせて、自分たちの要望に応えることを優先してほしいと考えているようだ。なぜ市は、老朽化した学校や公園や運動場の改修資金を確保もしないでフェイスブックの拡張を許すのか。新たに数千人の社員が近隣に住むことになれば、交通量や大気汚染の悪化は確実と見られるが、市はそれにどう対処するつもりなのか。ザ・ビレッジが地元に恩恵をもたらすようにするには、フェイスブックは何ができるのか。そもそも本当に地域のことを考えているのか。

フェイスブックの新キャンパス建設に対して地元がいい顔をしないのは、同社がメンロパークに移ってきて以来、地元の社会的インフラを改善することを、ほとんど何もしていないからだろう。昔ながらの住民が、家を売ってよそに引っ越すなら、間違いなく利益を手にできるだろうが、そこに住み続ける人にとって、不動産価格の上昇は生活のプラスにまったくならない。彼らが、フェイスブックのような企業の近くに住んでいることで受ける最大の影響は、交通渋滞だ。オフィスビル間を走るフェイスブック運営のバスの後ろで身動きが取れなくなることもある。こうしたバスは、フェイスブックの有名なロゴ以上に、大手テクノロジー企業がベイエリアでやっていることの強力なシンボルになってきた。つまり、緊急に修復が必要な公共のインフラにただ乗りして、自分たちの専用の社会的インフラを構築し、それは公益のためだと自分たちの「コミュニティ」に説いているのだ。

シリコンバレーの大物経営者たちが、利益のためにやっていることを、より平和で公正で人道的な世界をつくるためだとさかんに説くのは、けっして驚きではない。石油業界や金融業界や自動車業界の経営者たちも、同じことを何十年もやってきた。だが、ザッカーバーグがそれをここまで堂々とやるのを見るのは、実に腹立たしい。フェイスブックは開発当初から、ソーシャルメディアはオープンで透明でなければならないとしてきた。そのゲームのカラクリ（訳注：透明性の名の下にユーザーに本名や誕生日といった個人情報を提供させ、それを利用して利益を上げるビジネスモデル）を誰もが知った今、世の中がもっと豊かになってほしいから、新しい機能（たとえば13歳以下の子ども向けメッセージングアプリ）を追加すると言われても、不快でしかない。

ザッカーバーグが、さらなる富とパワーを手に入れることへの関心とともに、善意の持ち主であることは、私も疑っていない。彼は、まともな賃金の仕事が乏しくなっているコミュニティで、「ユニバーサルベーシックインカム（全住民向け最低生活保障）」を実験的に導入することを支持してきた。2015年には、妻のプリシラ・チャンと「チャン・ザッカーバーグ・イニシアチブ」を設立した（ただし、毎年基金の5％を無償供与することが義務づけられ、営利プロジェクトには投資できない慈善財団ではなく、有限会社のかたちにしている）。夫妻は、フェイスブックの保有株の99％をこの慈善活動に寄付すると約束した。当初、アナリストらはその価値は将来的に450億ドルに達するとの見方を示した。チャンとザッカーバーグは、21世紀末までに「あらゆる疾病を治す」プロジェクトに、向こう10年間で30億ドル寄付することも約束した。サンフランシスコに開設されたチャン・ザッカーバーグ・バイオハブでは、スタンフォード大学とカリフォルニア大学バークレー校、カリフォルニア大学サンフランシスコ校出身のエンジニアやコンピューター科学者、化学者、生物学者らが、保健関連のさまざまなプロジェクトの共同研究をしている。アフリカでソフトウエア開発者を育成するスタートアップにも2400万ドルを寄付し、インドの子どもたちを支援する学習アプリの開発にも5000万ドルを投資した。

どれも素晴らしいプロジェクトであり、全体として多くの人々の暮らしを救うか改善する可能性はじゅうぶんある。だが、ザッカーバーグが公開書簡で認めているように、現代の世界には、孤立と二極化、保健・教育・気候変動への対処能力における格差拡大など、取り組むべき喫緊の課題がある。その多くはシリコンバレーの目の前に歴然と存在する。より優れたアルゴリズムや、有意義なフェイスブックのコミュニティグループが、こうした問題に現実的な改善をもたらしてくれると主張するのは、あまりにもナイーブだ。現代人はスクリーンやインターネットの前で多くの時間を過ごすけれど(あるいは、過ごすからこそ)、物理的に集まって、市民社会に参加し、社会的な絆を強化できる共同の場所をひどく必要としている。実体のある社会的インフラに投資しなければ、ザッカーバーグの問い(「私たちは、私たちが求める世界をつくっているだろうか」)に対する答えは、絶対的にノーであり続けるだろう。

アメリカの社会的インフラが残念な状態にあるのは、ザッカーバーグをはじめ21世紀のいかなる企業リーダーの個人的責任ではない。だが、歴史を振り返ると、社会の大部分が基本的ニーズを満たすのにも苦しむ一方で、一握りの実業家が巨万の富を築いていた時代に、偉大な慈善活動家たちはみずからの富と権力を使って、万人に機会を与える場所を構築した。しかも、そうした場所は、彼らの営利追求の場を兼ねていなかった。鉄道業と鉄鋼業で財を成したアンドリュー・カーネギーを考えてみよう。彼は正真正銘の「悪徳資本家」であり、ホームステッド労働争議のときは、武装したピンカートン社の探偵を何百人も雇って、組合労働者を暴力によって鎮圧した。また、所得税など政府の格差是正策に反対するロビー活動を展開した。だが、カーネギーは、自らの資産の多くを寄付したことから、「アメリカ史上もっとも大きな影響を与えた慈善活動家かもしれない」と、アメリカの慈善家団体フィランソロピー・ラウンドテーブルは評している。カーネギーの寄付は、「類を見ない」というのだ。[7]

現代の起業家たちは、新しい情報経済で莫大な富を築いてきたが、その慈善活動は、1883～1929年のカーネギーの貢献に遠く及ばない。たとえばカーネギーは、大型図書館2811カ所の建設資金を寄付した。このうち1679カ所は国内に建設された。現在、カーネギー図書館は世界中の住宅地に存在し、今もその活力の源であり続けている。カーネギーがアメリカの都市とコミュニティにもたらした並外れた貢献と同時に、彼を動かした理念も思い起こす価値がある。自らも移民だったカーネギーは、アメリカでは、文化と教育にアクセスさえできれば、誰でも成功できると信じていた。しかし、誰もが学校に行けるわけではないことを、彼は身をもって知っていた。ピッツバーグでの少年時代、カーネギーは学校に行かずに働くしかなかった。だが、近所で子ども達に本を貸し出していた商人が彼の人生を変えた。「子ども時代の経験から、地域に公共図書館をつくることほど、素晴らしいものを内面に持ち、それを育てる能力と野心のある少年少女のためになる金の使い方はないと確信していた」と、カーネギーは書いている。だから、本を貸し出し、教育活動と社会活動を提供し、日常生活のプレッシャーから解放してくれる図書館の建設に寄付したのだ。彼はまた、図書館が人々にインスピレーションを与えてほしいと考えた。だから、オリジナルのカーネギー図書館の多くは、高い窓と、吹き抜けの構造を持つ壮麗なデザインだった。「そして私が図書館を建てることは、「わずかな貢献にすぎない」とカーネギーは説明している。「私が抱いている深い感謝の念を示すごく小さな方法にすぎない」[8]

現代の慈善活動家（とくにテクノロジー業界出資者）たちが情熱を燃やす、宇宙移住や不死といった「ムーンショット」プロジェクトの魅力は、私も理解できる。だが、こうしたイニシアチブの多くは、「素晴らしいものを内面に持ち、それを育てる能力と野心のある少年少女」を気にかけているからではなく、尊大さやナルシズムに突き動かされているように見える。現代のシリコンバレーで、カーネギーのような善意と市民マインドを見つけるのは難しい。それどころか業界全体が、政府が開発したテクノロジー（インターネット）と、税金で構築された通信インフラにただ乗りしている。ザッカーバーグと同じように、企業リーダーは、自らの市場価値を高めつつ、公益を推進するプロジェクトならば喜んで実験する。だが、自分の利益を確保しながらやる慈善活動には限界がある。いったい彼らは、どれだけ富を築けば、無償で助ける気になれるのだろう。

図書館は、読む力を高め、さもなければ方法がない人たちにインターネットを利用できるようにする主たる施設であるのに、IT業界（金融業界を含む）のリーダーで、図書館を支援してきた人物がほとんどいないのは実に不可解だ。例外はある。マイクロソフトとゲイツ財団（学校や保健所など社会的インフラへの投資で傑出している）は、1990年代、全米の図書館のインターネット接続を実現するために4億ドルを寄付した[9]。2008年には、大物投資家でブラックストーン・グループのCEOであるスティーブン・シュワルツマンが、ニューヨーク公共図書館に1億ドルを寄付した。以来、5番街にある同図書館の歴史的建造物にはシュワルツマン・ビルという名がつけられた。スタブロス・ニアルコス財団は2017年、シュワルツマン・ビルの斜向かいにあるミッドマンハッタン図書館のリノベーションに5500万ドルを寄付した。いずれも並外れた寄付だが、世界中の支部図書館が、著しく時代遅れのシステムをつくりなおすために必要としている金額を考えれば、大河の一滴と言わざるをえない。こうした支部図書館は、老朽化していても、近隣地区とコミュニティの支えとなり、よりよい生活を目指す人々や、一日を一緒に過ごす相手を必要としている人々を助け続けている[10]。

現在、都市や郊外は自己改革を進めており、政府が口出しをするべきではないという声もある。だが、図書館のような施設がその価値をきちんと認められることは重要だ。「図書館(library)」の語源(liber)は、「本」と「自由」を意味する。図書館は、自動化と格差の時代にあっても市民社会の要となる公共施設であり、私たちが守るべきものを体現し、その模範となっている。図書館は、経歴も情熱も関心も異なる普通の人々が、生きた民主主義の文化に参加できる場所だ。それは公共部門、民間部門、そして慈善部門が、業績よりも大切なことを成し遂げるために協力できる場所でもある。

誰もがこの見方に同意するわけではない。ここ数十年、市場の論理に動かされた政治リーダーたちが、図書館のような施設はもはや役立たずであり、新しいテクノロジーに投資して、市場の見えない手に私たちの運命を委ねるべきだと主張してきた。

こうした主張は、かつて聖なる公共施設だったものの扱いにも影響を与えている。現在、アメリカのほとんどの図書館はリソースが枯渇している。支部図書館は、利用者数や貸出数は上昇しているのに、開館時間や開館日を減らしており、平日は仕事や学校がある人たちが訪れることは不可能になりつつある。職員や司書も減り、清掃やITといった基本サービスも縮小している。新刊本や定期刊行物や映画ソフトの購入予算も減った。

ほとんどの自治体で、支部図書館は20世紀の基準(ましてや21世紀のニーズ)を満たさない老朽化施設の1つになっている。デンバー(富裕自治体だ)など、あまりにも状況がひどいため、支部図書館をすべて閉鎖した自治体もある。フェイスブックやグーグルやアップルの本社から一本道を隔てた自治体サンノゼでは、予算不足があまりに深刻なため、未払い延滞金が10ドルを超える利用者には、本の貸し出しやコンピューター利用が禁止された。延滞金が50ドルを超えると、債権回収会社が取り立てに乗り出す。その図書館は、利用者を元気づけるのではなく、押さえつける施設になったのだ。

世界の文化と金融の中心であるニューヨーク市では、支部図書館がもっと深刻な状況に直面している。最近も、予算削減に頭を悩ませる図書館の運営幹部と、支部図書館が統廃合されれば一部のサービスが受けられなくなるのではないかと不安を覚える利用者との間で衝突が起こっている。

彼らが怯えるのには十分な理由がある。政策シンクタンク「都市未来センター」によると、ニューヨーク公共図書館システムは、既存の施設の修繕と保守整備だけでも15億ドル以上が必要だという。[11] ニューヨーク市は2007年、53丁目のニューヨーク近代美術館（MOMA）の向かい側で親しまれてきたドネル図書館の土地と空中権を5900万ドルで売却し、図書館は2011年までに新築される高級ホテル兼コンドミニアム内にオープンすることとした。しかし2016年夏にオープンした図書館は、21世紀的なデザインを評価する声はあるものの、魂がなく、コミュニティのハブというよりアップルストアのようだと、利用者からも批評家からも批判されている。

ブルックリン区では、6つの支部図書館の改修費用は3億ドルを上回ると見積もられている。そんななか、公共図書館委員会は、歴史的建造物で知られるボーラムヒルのパシフィック支部図書館を、不動産開発業者に売却しようとして、近隣住民の猛烈な抗議にあい、計画の撤回を余儀なくされた。しかしそのすぐあと、同委員会はブルックリンハイツ支部図書館の土地を5200万ドルで売却することを決定した。これにより不動産開発業者が36階建ての複合ビルを建設し、そこに新しい図書館が入ることになったが、規模の大幅な縮小は避けられないだろう。近隣住民が抗議したが、ブルックリン地区委員会は2016年はじめに土地の売却を承認した。

ニューヨーク公共図書館の財政危機は、もっと直接的な影響ももたらしている。2008〜2013年、ニューヨーク市は図書館の予算を6800万ドルカットしたため、職員の勤務時間が24％減らされた[12]。100年前、ほとんどの支部図書館は週7日開館していたが、今はたいてい日曜日は閉館だ。だが、日曜日は、移民やブルーカラーの低所得世帯がもっとも多く訪れやすい日だ。これらの人々にとって公共図書館の代わりになる場所はない。

市場が部分的な代替場所を提供できる場合もある。ブロンクスでは、バーンズ＆ノーブルのベイチェスター店が、長年、近隣にある唯一の書店として週7日（月〜土曜日は午前9時〜午後10時、日曜日は午前10時〜午後8時）営業していて、働く親が夕方だけ立ち寄ったり、週末に子どもを連れて行ったりすることができた。このため、この店は1999年の開店以来、重要な社会的インフラの役割を果たしてきた。来店客は長居を歓迎され、本を買わなくても他の客や店員との交流を楽しんだ。

　規模にかかわらず、書店はいつの時代も、たんなる小売店以上の役割を果たしてきた。何世紀にもわたり（アメリカではペンシルベニア州ベスレヘムにモラビアン書店が開店した1745年以降）、書店は、本好きな人や新しいアイデアを愛する人が集まったり、良本を紹介したりすることに喜びを見出すオーナーや店員に出会える場所だった。子どもや家族向けの特別なプログラムを提供したり、大人の読書クラブをサポートしたり、作家の講演会やサイン会を開いたり、さまざまな市民運動に関与することも多い。書店は、人々が集まる安全な場所を提供するだけでなく、討論する材料を与えることによって、見知らぬ人の間に会話が生まれるのも助ける。

　私は大学教授として、そして以前は大学院生として、書店を熱烈に利用してきた1人だ。私のほかにも、近隣の書店で微笑ましい時間を過ごした思い出がある人は大勢いる。お気に入りの書店の変遷を通じて、自分の成長の軌跡をたどれるのは私だけではないだろう。シカゴでの少年時代は、ウェルズ通りのバーバラズ書店で、両親に児童書を読んでもらったものだ。そこにひとりで行けるようになってからは、両親が苦い顔をしたかもしれない本（ジュディ・ブルームのアダルトフィクションなど）を探し求めたりした。バークレーでの大学院時代は、テレグラフ通りにあるモーズという本屋の2階と3階で、カビ臭い古本の山を読み漁って半日を過ごすことも多かった。私だけではない。本をきっかけに、さまざまな意見を交換する学生のグループができた。ハイドパークやケンブリッジやアナーバーなど世界中の大学都市にある小さな書店で、同じような光景が見られただろう。さいわい私のガールフレンド(今は妻だ)は、私と同じ情熱を共有していた。彼女には新刊書を購入する十分な所得があったから、私たちはコーディーズ書店でも多くの夜を過ごした。

夫婦でニューヨークに引っ越した頃、バーンズ&ノーブルで刊行間もない自分の初著作を見つけたときの喜びは決して忘れないだろう。当時、バーンズ&ノーブルは、我が家から半径1キロ以内に4店舗(6番街に2つ、ユニオンスクエアに1つ、そして5番街と18丁目の角に旗艦店)あった。私たちはそのすべての常連客となった。妻はその頃、私がハードカバーの本を買うのを初めて見て、長年の苦学生時代を経て、ついに経済的な安定を実感しているようだと、友達に語っていたものだ。子どもたちが小さい頃は、フラットアイアン地区にあるブッククオブワンダーという本屋によく連れて行った。ここは、よくも悪くも、私たちが求める絵本とともに、カップケーキとコーヒーがあったのだ。子どもたちが大きくなると、世界は私たちと同じくらい本(と書店)を愛する人でいっぱいなのだと教えてくれる場所に連れて行った。グリニッジビレッジのストランド書店、ソーホーのマクナリー・ジャクソン書店、そしてスタンフォード時代はメンロパークのケプラーズ書店。書店めぐりはお金がかかることもあったが、それ以上に価値あるお金の使い方はさほど多くない。

もちろん最近は、もっと安くて、もっと効率的に本(とあらゆるもの)を買う方法がある。

そして私の家族も、その魅力と無縁ではない。どんなに書店を愛していても、急いでいるときや、より手頃な価格を優先するときは、インターネットで本を買うことも多い。それにしたがい、閉店を余儀なくされる書店が相次ぎ、社会的インフラは姿を消している。我が家の近所でもそれは明白だ。6番街のバーンズ&ノーブルは2店とも閉店した。一方はビルごとチェーンの食料雑貨店になったが、8丁目のほうは、たちまち殺人的なヘイトクライムの現場になった。2016年末、バーンズ&ノーブルは賃料の急騰を理由に、ブロンクスのベイチェスター店も閉店することを決めた。その跡地には、高級百貨店サックス・フィフス・アベニューのアウトレットが入ることになった。これにより、この地区の住民150万人（かつてはマーク・トウェインやエドガー・アラン・ポー、シンシア・オジック、リチャード・プライスなどの著名作家もいた）は、長年存在してきた社会的インフラを失うことになった。バーンズ&ノーブルの幹部は、「将来ブロンクスに戻ってくるために、地元当局と緊密に協力する」[13]と断言した。その通りになることを、私は心から願っている。

リアルに集まれる場所としての図書館

緊急の社会的ニーズが存在するのに、政治の二極化によって物事が進まないなかでは、政治に期待するのをやめて、新しい解決策に手を伸ばしたくなるのは無理もない。その多くは、市場が私たちの求めやニーズを満たしてくれるという思いこみに基づく、テクノロジー主導の、実験的で、営利的な解決策だ。食料雑貨店がないコミュニティには、アマゾンとフレッシュダイレクトがある。コンビニがないコミュニティには、グーグルの元従業員2人が立ち上げたボデガのパントリーボックス（食料棚）がある。ボデガは、地区の需要に合わせてパントリーボックスの中身を調整し、特定の場所に設置し、利用者はスマートフォンで購入するしくみだ。「最終的に、統合管理された商店は必要なくなる」と、共同創業者のポール・マクドナルドは言う。「10万個のボデガが町中に置かれて、自宅から30メートルのところで必需品が手に入るようになるからだ[14]」。この種の野心のおかげで、マクドナルドと共同創業者のアシュワス・ラジャンは、グーグルやフェイスブック、ツイッター、ドロップボックスのエンジェル投資家のほか、シリコンバレーの大手ベンチャーキャピタルから資金を取りつけることができた。最終的に、ボデガのパントリーボックスがいくつ設置されるのかはわからない。だが、注目すべきことに、その提案は、彼らが「破壊」しようとしている業界に多い中南米系商店主たちを激怒させるとともに、全米のコミュニティの猛反発を浴びている。ほとんどの人は、人間が経営する小さな店の近くに住み、店主とときどきおしゃべりしたり、急いでいるとき、ただ微笑んでお釣りを渡してくれたりといった交流を楽しんでいるのだ。

スマートフォンやパソコン画面とのエンドレスな交流が、人間どうしの交流を脅かす一方で、オンライン生活の限界に対する不満も聞かれるようになってきた。世界中で、物理的に集まれる場所が、あらためて評価されつつあるのだ。市民と慈善団体が協力して、このニーズを満たす社会的インフラの再建に乗り出したらどんなことが起こるかは、注目に値する。

たとえば、オハイオ州コロンバスは、図書館を利用して社会の分断に橋をかけ、市民生活を活気づける街のモデルになりつつある。州都として、そしてオハイオ州立大学のお膝元として、コロンバスは保守的な田舎に囲まれたかなりリベラルな街だ。全体的な所得レベルと教育レベルは高いが、深刻な貧困地区も存在する。最近のある調査は、この街では未就学児の約35％が年齢相応の読む力を欠いており、「幼稚園に上がる準備ができていない」と評価を下した。別の調査では、全世帯の20％がインターネットに接続されていないことがわかった[15]。

2008年の大不況時、オハイオ州議会は歳出を大幅に削減したため、コロンバス市議会は、市内の図書館が危機に陥ることを恐れた。支部図書館の開館時間が短縮され、一部のプログラムは廃止された。そこでコロンバス市は住民投票を実施して、図書館に年間5600万ドルの追加予算をつけるために、財産税を導入することについて、有権者の判断を仰いだ。アメリカで財産税ほど嫌われるものはめったにない。ところがコロンバスの市民は、図書館を情熱的に愛していた。200人ちかくのボランティアが戸別訪問をして、このイニシアチブへの支持を訴え、対話集会を開き、有権者に電話をかけ、市民団体を説得した。だが、住民は説得される必要はなかった。有権者は、反対票に倍ちかくの差をつけて、増税を選んだのだ。コロンバス市は、ただちに中央図書館と支部図書館のすべてのサービスを再開した。[16]

2016年には、中央図書館と複数の支部図書館の大規模改修が行われた。中央図書館には、隣接するトピアリー公園をのぞむ大きな窓と、いくつかの児童室が新設され、トイレが改修され、図書館と公園の接続が改善された。カリフォルニア州のサンノゼ市が、図書の延滞金徴収を強化して利用者を苦しめていたのとは対照的に、コロンバスは2017年1月1日をもって、未返却本について延滞金を取るのをやめた。「バリアを取り除いて、もっと多くの利用者に、もっと多くの資料を与えれば、私たちはもっと結束して、知恵が支配する豊かなコミュニティというビジョンの実現に近づける」[17]と、市立図書館を統括するパトリック・ロシンスキCEOは言う。コロンバスの図書の貸出数と来館者の数は、依然として全米で最高水準にある。宿題ヘルプセンターの利用者は9万5000人、夏の読書会の参加者は約6000人という数字も圧巻だ。[18]コロンバスの住民は、こうした強力な社会的インフラを確保するために代償を払っている。その金額は、年収10万ドルの世帯あたり年間86ドル。だが、その投票行動や、図書館のにぎわいは、人々がこうした負担の見返りに得るものをいかに大切だと思っているかを示している。

図書館は重要な社会的インフラの一形態にすぎない。これまで見てきたように、近隣コミュニティの中核的な役割を果たす公共空間や施設はほかにもたくさんある。それらは、有意義な社会的交流の機会を増やす（状態によっては減らす）だけでなく、危機のときには生死を分けることさえある。

重要な社会的インフラ（とくに教会、カフェ、書店、理髪店）のなかには、非営利団体または市場原理から生まれたものもあるが、私たちが再建しなければならない重大な場所や施設のほとんどは、公的資金で運営されているか、行政が管理している。しかしここ数十年、なにがなんでも税金に反対するイデオロギーのせいで、重要インフラを構築して維持するのに必要な公的資金は不足してきた。何世代も前のアメリカ人は、巨大なダムや橋、各地に延びる鉄道網、信頼できる送電網、清潔な水道設備、全米各地の豊かな自然公園など、近代的なシステムのパワーとレジリエンスを大いに誇りにしていた。だが今、こうした公共のインフラはぼろぼろであり、私たちをより偉大な国に導くどころか、恥と困惑をもたらしている。道路はひび割れ、列車は遅延し、空港は「第三世界の国のようだ」とトランプ大統領（当時）は表現した。ボストンやシカゴ、フィラデルフィアなどの複数の街は、水質汚染を隠蔽するために検査をごまかしていたことが明らかになった。[19] ミシガン州フリントなどの街では、飲料水の汚染があまりにもひどくなって、その危険を否定したり隠蔽できなくなったりしたにすぎない。無数の街と郊外の社会的インフラも同じように劣化しており、それがもたらす問題は、ゆっくりだが、全米を危険にさらしている。

インフラの刷新に関する論争は、テクノロジーに集中する傾向があるが、世界の建築家たちは、もっと根本的なレベルでイノベーションを起こして、長年公共事業を支配してきたコンセプトや建築類型に新風をもたらしている。たとえば、建築家ジーン・ギャングの「ポリスステーション」は、人種分断的な警察活動の象徴である警察署を、インクルーシブな社会的インフラに変えようとしている。[20] シカゴ在住のギャングは、乱暴なパトロール活動を展開する警察と、その標的となるマイノリティー住民の間で、緊張と不信感が高まるのを見てきた。そこで彼女が率いる建築事務所スタジオ・ギャングは、住民と警察の関係がもっとも悪化している地区の市民リーダーと地元当局者に、一対一およびグループで聞き取り調査を行った上で、若者や近隣住民、町内会、警察官が懸念と希望を共有できる集まりを開いた。簡単なことではなかった。シカゴ市警は20年以上にわたり、まさにギャングたちが調査を行った地区で、犯罪容疑者を不当に痛めつけ、密かに拷問までしていた（市は2015年にこれを正式に認めた）。暴力に手を染めていたのは警察だけではない。シカゴは戦争地帯でこそないが、人種が偏った貧困地区の多くでは、依然として暴力犯罪が最大の問題となっている。こうした背景が、警察と住民を結束させることを難しくしていた。

だが、相対する陣営が一堂に会すると、みな、お互いの苦労に予想以上に理解を示し、状況の改善に大きな関心を示した。新しい建物をつくっても、銃犯罪や人種差別的な警察活動の根底にある問題を解決できるわけではない。それでも、状況を改善する現実的な方法は存在した。そしてそのすべてが、社会的インフラの改善をともなった。たとえば、どの地区のコミュニティリーダーも警察も、ティーンエイジャーや子どもが放課後に安全に遊べる場所がないと指摘した。だから路上をうろついているというのだ。彼らは通常は問題を起こさないが、警察は秩序を維持し、安全を守る方法を見つけることに苦慮していた。ギャングのチームは、ばらばらになった社会を再びまとめられるデザインを探して、ブレインストーミングを重ねた。そしてある集まりで、斬新なアイデアを発表した。警察署をコミュニティセンターにしてはどうか。若者が怖がらずに利用できるレクリエーション施設のある警察署だ。

それは衝撃的なコンセプトだった。警察署といえば、拘留や尋問や威嚇の場所だった。刑事司法システムに暴力が蔓延していたシカゴでは、とくにそうだ。だが、ギャングは、マッカーサー財団が認定する「天才」の1人であり、女性として初めて世界最高層のビル（シカゴのアクアタワー）を設計するなど、スケールが大きくて野心的なアイデアの持ち主だった。ラーム・エマニュエル市長（当時）と親しかったことも大きかった。エマニュエルは、警察改革に本気で取り組む姿勢を示したいと強く考えていた。警察も、コミュニティづくりに住民を参加させたいと考えていた。全員の希望が一致したところで、ギャングのチームはプロトタイプづくりをはじめた。建設場所に選ばれたのは、ノースローンデール地区だった。その社会的インフラは、1995年のシカゴ熱波の影響について私が調査したときからさほど改善しておらず、体力の衰えた多数の弱者が依然として自宅で孤立する危険にあった。

ノースローンデールでのプロジェクトに認可が下りるときまでに、ギャングはポリスステーションのコンセプトをかなり膨らませていた。そこには理髪店、カフェとレストラン、手入れの行き届いた公園と遊び場、市民農園、体育館、公衆無線ＬＡＮを備えたコミュニティラウンジなど、本書で紹介してきた社会的インフラの多くを含めることにした。どれも、警察官と市民の両方が利用できる。広い敷地を確保できる場合は、警察官の住宅や、図書館とコンピューターラボ、カウンセリングセンター、そしてワークショップの場所もつくる構想になっていた。ただ、パイロットプロジェクトに使える土地はずっと限られていて、ギャングが工夫できるのは駐車場の一角だけになった。

そこで地域住民の話を聞いた結果、バスケットボールのコートをつくることが決まった。植木と黒い金網で仕切られ、コートは美しい緑色にペイントされた。フリースローレーンはオレンジ色だ。スムーズなコートと立派なゴールは、近隣の荒廃した遊び場にはない手入れの行き届いたものだ。

警察署のバスケットボールコートは、さすがに地元の少年たちに一番人気のたまり場にはなっていないが、頻繁に使われている。そのたびに、少年たちは警察官と顔馴染みになり、緊張が低下する。願わくば、警察官の心理にも同じような影響があるといいのだが。もっと大規模なポリスステーションをつくる計画は、シカゴでは進んでいないが、ボルティモアなどの都市が関心を示している。ニューヨーク市は、警察署ではなく消防署を同じような社会的インフラにする案を検討している。シカゴもそうだが、これらの自治体のリーダーは、建築だけでは警察と非白人の軋轢は解決できないことはわかっている。ただ、警察署を社会的インフラに変える計画が、建設的な第一歩であるのは間違いない。

もう先延ばしにはできない

トランプ大統領は、国内のインフラ整備を約束すると同時に、最優先課題をきわめて明白にしてきた。国境の壁の建設だ。これほど単純で、これほど簡単に建てられるものはないが、それは私たちを分断して弱くする象徴であり手段でもある。また、国境地帯の現状を深く懸念する政治家の多くが主張するように、壁を建設しても不法移民の流入を食い止めることはできない。

壁の建設は、気候変動対策としても賢い方法ではない。それなのに、近年、サンディやハービーやイルマ、マリアなど甚大な被害をもたらすメガストームが相次いだ結果、水の流入を抑えるために防波堤の建設を求める声が高まっている。たしかに、不可逆的な海面上昇と大規模な高潮のリスクに備えて、一部の脆弱な地域では浸水を防ぐ必要があるのは事実だ。しかし、壁は一部の問題を防ぐ一方で、新たな問題を生み出す。たとえば、壁の向こうに住んでいる人たちに間違った安全感覚を与えて、決壊（カトリーナやサンディの際に現実になった）

に備えた行動を怠らせる。それに水門や堤防は、たいてい設置に莫大な費用がかかるため、地球温暖化の影響を受ける恐れがある全ての場所に設置することはできない。つまり、どんなに洪水を阻止する努力に投資しても、ほとんどの人が洪水にさらされる事態は避けられない。

人口密度が高くて、経済開発が進んだ街（ロンドンやニューオーリンズやロッテルダムやベニス）の政策立案者や建築士たちは、壁の建設は気候変動対策として不十分であることに気づきつつある。だから、ロウワーマンハッタンにイーストサイド・コースタル・レジリエンシー・プロジェクトを提案したビャルケ・インゲルスのグループは、川岸に単純な壁を建てる従来型の対策ではなく、水の流入を阻止するのと同じくらい有効な安全対策として、盛り土と公園に橋をかけて人々をまとめあげる方法を考案したのだ。これはシカゴのポリスステーションと同じくらいラディカルなコンセプトだ。その壁は、誰かを排除するのではなく、多様なコミュニティを共通の社会空間に招くインクルーシブな壁だ。インゲルスのデザインは、ハード（物理的）なインフラであると同時にソフト（社会的）なインフラであり、誰もが恐れる大洪水から私たちを守ると同時に、あらゆる人の日常生活を向上させる役割を果たす。

残念ながら、気候安全保障のためにハードかつソフトなインフラを構築することは、とてつもなく高くつく。そして、すでに地球温暖化によって生活が脅かされている人々や場所は、ニューヨークやロンドンやロッテルダムなどの裕福な自治体にあるリソースを持たない。富裕国（その消費活動が気候変動を引き起こしているのだが）が、2016年のパリ協定で約束した金額を大幅に上回る支援をしなければ、貧しい途上国は、これからやってくる致命的な嵐に対して脆弱なままだろう。現時点では、このような支援がなされる見通しは乏しいが、それを早期に実現しなければ、より深く大規模な環境格差が生じるだろう。その不正義は大きな怒りを生み、気候変動と同じくらい、抑えこむことができなくなるかもしれない。

少なくとも今はまだ、私たちの運命は変えることができる。そして、私たちが構築するインフラは、その持続性を左右するだろう。インフラとは、その時代を象徴すると同時に、経済や社会のしくみを支配する考え方を表していると、プリンストン大学の著名エンジニアであるデービッド・ビリングトンは言う[21]。アメリカの鉄道や高速道路や公園や送電網は、私たちが何者で、それを建設したとき何を目指していたかを表しているのだ。私たちがこれからの数年間に建設するものも、私たちのアイデンティティー感覚と世界観を後世に伝えることになる。だが、社会の分断に橋をかけなければ、「私たち」の存続さえも危うくなる恐れがある。

世界中の国々は今、21世紀とそれ以降を生き抜くために必要な大型インフラを構築するべく、何兆ドルもの資金を投じようとしている。アメリカでも、現代の生活を支えるシステムが時代遅れになり、機能しなくなれば、今後数十年間に何千億ドルも投資せざるをえなくなるだろう。それを先延ばしにすれば、そのコストはもっと大きくなる。だが、その工事に着手する前に、どこを改善したいのか、何を守らなければならないのか、そしてより重要なことに、どんな社会をつくりたいのかを、私たちは確認する必要がある。

政治家はよく、インフラ整備は高い専門性を要する課題であり、市民や市民団体にはとうてい理解できないし、民主主義的な場で有意義な議論をすることなど不可能だと主張する。だから、エンジニアや専門家に任せて、一般市民はトップダウン式の意思決定に従うべきだと言う。だが、人々の命に関わる重大なシステムの再建方法について、大統領や閣僚が一方的な決定権を持つべきではない。そのような方法では、人々が本当に必要とするものがつくられることはめったにないと、歴史は物語っている。今、これまでになく必要とされているのは、どのような物理的および社会的インフラが、もっとも人々の役に立ち、もっとも人々の命を守り、支えてくれるかについて、インクルーシブな話しあいをすることだ。リビルド・バイ・デザインのように、税金を投じてつくられるインフラの影響を直接受ける人々やコミュニティが、そのデザインに積極的に参加できるような民主的プロセスが必要とされている。専門知識や技術だけでなく、地元の知識と知恵を尊重するプロセスだ。

私たちの目の前で展開している厄介な問題を解決するインフラを構築するためには、都市や地域の脆弱性や可能性についての集合知を総動員する必要がある。壊れゆく重要インフラを修復するスマートな土木工事が必要なのは間違いないが、壊れそうな社会の市民性も修復する必要がある。それは壮大な試みであり、現在の対立や亀裂を考えると、長期的なプロジェクトになるのは間違いないだろう。しかし、これ以上先延ばしにするわけにはいかない。問題は、いつ、どこから始めるかだ。

謝辞

私がシカゴを離れてから15年以上がたつ。私が社会的インフラに関心を持ち続けているのは、素晴らしい地域に育ち、この街でフィールドワークにどっぷり浸かったおかげだ。オールドタウンの実家の向かいには、毎日、ほぼ無料でさまざまな放課後活動を提供してくれるメノミニークラブがあった。

オールドタウンは、私が育った1970年代と1980年代に高級住宅街化を遂げていた。富裕層が住むゴールドコースト地区と、貧困層が住むカブリニグリーン団地の両方と隣接していて、いざこざ（と場合によっては暴力）が多かった。私は一週間に数日、クラブと地元の公園で午後を過ごした。公園では、カリスマ的なディレクターのベージル・ケインがサッカーを教えてくれた。さまざまな（特段才能があったわけではないかもしれないが）子どもたちが参加していた。私は長年、このコミュニティセンターで学んだことが特別な経験だと気がつかなかった。今、それが私の人間形成にいかに大きな影響を与えたかがわかる。

本書のアイデアの源泉がシカゴにあるとすれば、それが育ったのはニューヨーク、とりわけニューヨーク大学だ。光栄なことに、私は2012年以降、ニューヨーク大学の公共知識研究所（IPK）のディレクターを務めている。IPKは私が学界で知るなかでもっともリアルなコミュニティであり、学者が市民生活にエンゲージすることにやりがいを感じられる、めったにない場所だ。このような特別な環境をつくってくれたこと、そしてその未来を私に託してくれたことを、IPKの創設所長であるクレイグ・カルフーンに感謝したい。ケイティ・フレミング副学長とサイベル・レーバー上級副学長には、IPKに対するサポートを感謝する。ジェシカ・コフィー、シエラ・ディスモア、ゴードン・ダグラスは、IPKを維持してくれている。ヒラリー・アンジェロ、マックス・ベスブリス、ダニエル・オルデナ・コーエン、デービッド・グレージアン、マックス・ホララン、リズ・コスロフ、ケイトリン・ペトラ、アイアル・プレス、アリクス・ルール、マルキット・ショサン、マシュー・ウルフといった素晴らしいIPKのフェローや学生と一緒に仕事をする幸運にも恵まれた。全員がこのプロジェクトに貢献してくれた。

リビルド・バイ・デザイン（RBD）コンペの仲間も協力してくれた。先見の明のあるプリンシパルのヘンク・オビンク、不屈のマネジング・ディレクターであるエイミー・チェスター、そしてRBDのスタッフであるタラ・アイゼンバーグ、リン・イングラム、ジュリエット・ゴア、アイダン・サッソン、ラカ・センに感謝する。最大の寄付者であるロックフェラー財団のジュディス・ロディン、ナンシー・キート、サム・カーター。気候変動を緩和するとともに、それに適応する素晴らしいアイデアを出してくれた建築家や、エンジニア、科学者、デザイナーたちは、今もインスピレーションを与えてくれる。マタイス・バウ、ピッパ・ブラシア、ビャルケ・インゲルス、クラウス・ジェイコブ、エレン・ニーセス、ケイト・オーフ、リチャード・ロアク、ローラ・スター、マリリン・テイラー、デービッド・ワゴナー、クレア・ワイス、ジーナ。ワースは、インフラによって何が可能になるかを教えてくれた。

キャリー・ウェルチと、ニューヨーク公共図書館のスタッフには特別な恩義を感じている。彼らはいつでも私を歓迎し、常連利用者よりもはるかに長時間にわたり、スワードパーク支部図書館に居座ることを許してくれた。

本書の大部分は、学界のもっとも聖なる空間の1つで書いた。スタンフォード大学行動科学先端研究所（CASBS）だ。社会的インフラとして、CASBSにはすべてがそろっている。プライベートな執筆スタジオ、セミナー室、何キロもの散歩道、無限のピーツコーヒー。そのダイニングテーブルで起こる会話は、60年以上にわたり社会科学分野の重要文献に豊かなインスピレーションを与えてきた。私のフェローシップをサポートしてくれたヒューレット財団に感謝する。CASBSを21世紀に合わせて改革したマーガレット・レビー所長と、彼女のダイナミックなスタッフたち、そして2016〜17年度のフェローの知的な伴走にもお礼を言いたい。これにはブルック・ブロワー、ルース・チャン、マーク・グリーフ、アンドリュー・ラコフ、デボラ・ローレンス、テリー・モロニー、アリソン・ピュー、ジャック・

ラコーブ、ジェシー・リボット、ブレンダ・スティーブンソン、バリー・ザッカーマンが含まれる。彼らとともに1年間を過ごせたことを幸運に思う。

チャールズ・H・ラブソン財団の理事長で、公共の熱烈な支持者であるジュリー・サンドーフに出会えたことも幸運だった。2016年初旬、ジュリーはIPKにやってきて、ニューヨーク市の支部図書館の状態を改善する、小規模なコラボレーションプロジェクトの提案をした。私はそれを、図書館と社会的インフラと市民生活に関する幅広いプロジェクトに拡大することを提案した。ジュリーと彼女のチームはそれ以来ずっと全面的に協力してくれた。その多大な支援に感謝する。

本書の草稿を読み、コメントしてくれた家族、友人、同僚の寛大さには恐縮している。ありがとう、ガブリエル・アベンド、サーシャ・アブラムスキー、ヒラリー・アンジェロ、アジズ・アンサリ、エリック・ベイツ、クレイグ・カルフーン、ダニエル・オルデナ・コーエン、アンドリュー・ディーナー、シェイマス・カーン、アンドリュー・レイコフ、マーガレット・レビー、シャロン・マーカス、ハービー・モロック、アイアル・プレス、パトリック・シャーキー、ロナ・タルコット、イド・タボリー、フレッド・ターナー、マット・レイだ。

ニューヨーク大学のリサーチアシスタントたちには特別な恩義を感じている。とりわけ、このプロジェクトの全側面で協力してくれたデララム・タキアと、社会的孤立とオピオイド依存症の部分を助けてくれたマット・ウルフ。書き終わったあと、デララム（現在法学と社会科学を学んでいる）と、マット（現在社会学者でありジャーナリストでもある）は、全面的なファクトチェックもしてくれた。私はそのプロセスを楽しんだとは言えないが、そのまま残していたら後悔したに違いない部分を削除することを、2人は進言してくれた。多くの社会学者が、自らの研究をこうした精査にかけるべきだ。その価値はじゅうぶんある。ヒューストン生まれのキアラ・ダウズは、ハリケーン・ハービーの直後にデララムと帰郷した。キアラが、ウィルクレスト・バプテスト教会を紹介してくれたおかげで、その緊急救援活動を知ることができた。リズ・コスロフ、シャン・ルー、ケイティー・ドネリーは、数えきれないほどの日にちをかけて、地域図書館の社会活動を調べてくれた。彼らのハードワークがなければ、本書は書けなかっただろう。

同じことが、クラウン・パブリッシングのチームにも言える。私の最高の編集者アマンダ・クックは、企画書を読んだ瞬間から本書のポテンシャルを私に説明してくれた。そして印刷所に出すときまで、賢くて鋭い提案を与えてくれた。彼女と一緒に仕事ができたことは、大きな特権だった。自分のアイデアを、自分よりも理解してくれる人と仕事をするのは、なんという喜びだろう。ザッカリー・フィリップスとエマ・ベリーは、全プロセスを通じて編集上の有意義な助言をくれた。モリーン・クラークは最終稿に素晴らしい磨きをかけてくれた。モリー・スターンの熱意のおかげで、私は最後の仕上げまで頑張れた。本当に最高の出版チームだった。ありがとう。

ティナ・ベネットとアシスタントのスベトラーナ・カッツは、いつも、私が著作権代理人に求める以上のことを与えてくれた。この業界で最高の代理人だ。どこで出版するのであれ、彼女たちがサポートしてくれることを幸運に思う。

両親のロナ・タルコットとエドワード・クリネンバーグと、彼らの配偶者であるオーウェン・ドイチとアン・マキューン、そして義母キャロリン・グレイは、喜んで孫たちの面倒を見てくれた。私が本書に取り組んでいる間、彼らが申し出てくれた無限のサポートに感謝している。本書が仕上がった今も、我が家の子どもたちは、祖父母たちとたくさん時間を過ごしたがっている。

ケイト・ザルームは、私たちみんなのために時間をつくり、本書のアイデアを含め、討論する価値のあることすべてについて私が考え抜くのを助けてくれた。昔から輝かしい知性の持ち主だが、数年前に（デジタル雑誌）パブリック・ブックスを立ち上げて以来、素晴らしい編集者としての目も養ってきた。私はケイトと人生をわかちあうことで、すべてをよりよくできている。

2人の子ライラとサイラスと時間を過ごすことも、同じ効果をもたらしている。私の彼らに対する愛は無限だ。本書を2人に捧げたい。彼らは、よりよい世界を手にする資格がある。また、彼らがそんな世界を構築するのを助けることが、私の最大の願いだ。

それは協力してこそ可能になる。

21. David Billington, *The Tower and the Bridge: The New Art of Structural Engineering* (Princeton, NJ: Princeton University Press, 1985).

えていない」と、同図書館の元エグゼクティブは言う。以下を参照のこと：Scott Sherman, *Patience and Fortitude: Power, Real Estate, and the Fight to Save a Public Library* (New York: Melville House, 2015), 73.

11. 以下を参照のこと：transcript of testimony by Jonathan Bowles before the New York City Council in September 2013: https://nycfuture.org/research/testimony -building-better-libraries.
12. 2014年、同市は2008年以来初めて、公共図書館基金を1億4400万ドルに増やしたが、2000年代はじめにグループ図書館に提供した公的補助のレベル（当時は年間2億ドル以上だった）を大幅に下回っている。以下を参照のこと：New York City Independent Budget Office, "Library Funding: Subsidies Rebound, Disparities Remain," Fiscal Brief, July 2007, http://www.ibo.nyc.ny.us/iboreports/library spending.pdf.
13. Steven Goodstein, "Barnes & Noble Commits to Bronx Return in 24–36 Months," *Bronx Times*, November 15, 2016, https://www.bxtimes.com/stories/2016/46/46- barnes-11-11-bx.html.
14. マクドナルドの発言は以下より：Elizabeth Segran, "Two Ex-Googlers Want to Make Bodegas and Mom-and-Pop Corner Stores Obsolete," *Fast Company*, September 13, 2017, https://www.fastcompany.com/40466047/two-ex-googlers-want-to-make-bodegas-and-mom-and-pop-corner-stores-obsolete?utm_content=bufferb45ab&utm_medium=social&utm_source= twitter.com&utm_campaign=buffer.
15. 以下を参照のこと：Deborah Fallows, "Not Your Mother's Library," *Atlantic*, October 6, 2014, https://www.theatlantic.com/national/archive/2014/10/not-your-mothers-library/381119/, and the report "Internet Connection Data for Cities," Governing.com, http://www.governing.com/gov-data/city-internet-connection-household-adoption-rates-data.html.
16. "Voters OK 2.8-mill Columbus Metropolitan Library Levy," *ThisWeek Community News*, November 3, 2010, http://www.thisweeknews.com/article/20101026/news/310269541.
17. Columbus Metropolitan Library, "Columbus Metropolitan Library to Eliminate Overdue Fines Beginning Jan. 1, 2017," press release, December 1, 2016, http://www.columbuslibrary.org/press/columbus-metropolitan-library-eliminate-overdue-fines-beginning-jan-1-2017.
18. Columbus Metropolitan Library, "Media Fact Sheet," 2017, www.columbuslibrary.org/sites/default/files/uploads/docs/Media%20Fact%20Sheet_0.pdf.
19. Oliver Milman and Jessica Glenza, "At Least 33 US Cities Used Water Testing 'Cheats' over Lead Concerns," Guardian, June 2, 2016, https://www.theguardian.com / environment/2016/jun/02/lead-water-testing-cheats-chicago -boston-philadelphia.
20. 以下を参照のこと：the Studio Gang description of the Polis Station on its website: http://studiogang.com/project/polis-station/.

new-orleans/534735/, and Richard Florida, "Mapping America's Bike Commuters," City-Lab, May 19, 2017, https://www.citylab.com/transportation/2017 /05/mapping-americas-bike-commuters/526923/.

終章　宮殿を守る

1. Mark Zuckerberg, "Building Global Community," Facebook, February 16, 2017, https://www.facebook.com/notes/mark-zuckerberg/building-global-community/10154544292806634/.
2. 以下を参照のこと：Tony Romm, "Trump Campaign Fires Back at Zuckerberg," Politico, April 13, 2016, https://www.politico .com/story/2016/04/mark-zuckerberg-trump-feud-221897, and Seth Fiegerman, "Mark Zuckerberg Criticizes Trump on Immigration," CNN, January 27, 2017, http://money.cnn.com/2017/01/27/technology/zuckerberg-trump-immigration/index.html.
3. Mark Zuckerberg, Facebook post, January 11, 2018. https://www.facebook.com/zuck/posts /10104413015393571/.
4. Benjamin Elgin and Vernon Silver, "Facebook and Google Helped Anti-Refugee Campaign in Swing States," Bloomberg.com, October 18, 2017, https://www.bloomberg.com/news/articles/2017-10-18/facebook-and-google -helped-anti-refugee-campaign-in-swing-states.
5. 都市強制退去プロジェクトの地図と報告書を参照のこと：http://www.urbandisplacement.org/map/sf.
6. George Avalos, "Facebook Campus Expansion Includes Offices, Retail, Grocery Store, Housing," *San Jose Mercury News*, July 7, 2017, http://www.mercurynews.com/2017/07/07/facebook-campus-expansion-includes-offices-retail-grocery-store-housing/.
7. Philanthropy Roundtable, "Andrew Carnegie," http://www.philanthropyroundtable.org/almanac/hall_of _fame/andrew_carnegie#a.
8. Andrew Carnegie, *Autobiography of Andrew Carnegie* (Boston: Houghton Mifflin, 1920), 47.
9. プレスリリースは以下を参照のこと：https://www.gatesfoundation.org/Media-Center/Press-Releases/1997/06/Bill--and-Melinda-Gates-Establish-Library-Foundation.
10. 2017年にスタブロス・ニアルコス財団が、ミッドタウンの巡回図書館の再建に5500万ドルを寄付するまで、ニューヨーク市公共図書館の最後の大規模投資は、フラッグシップ図書館をリノベーションする見当違いで、とてつもなく高額で、究極的には失敗に終わった努力だった。それを率いたエリート理事たちは、「42丁目の建物のことしか考えておらず」「支部図書館のことは考

（ヒューストン育ちでウィルクレスト教会に友達がいる）とデララム・タキアがヒューストンに行き、ハービーに対する集団的対応について報告してくれた。彼らはこの教会の会合に出席し、ウィルクレスト・バプテスト教会に何日か滞在して、教会員たちがいかに被災者を助けたかを観察した。

3. 「教会は長い間きわめて人種分離されていた」と、社会学者のマイケル・エマーソンは書いている。「2007年現在（詳細を入手しうる最新だ）、アメリカの教会の85%で、ひとつの人種集団が90%以上を占める。2010年の時点で、人種的な多数派が存在しないと主張する教会は4%しかなかった」。以下を参照のこと：Michael Emerson, “A New Day for Multiracial Congregations,” *Reflections: A Magazine of Theological and Ethical Inquiry from Yale Divinity School*, 2013, https://reflections.yale.edu/article/future-race/new-day-multiracial-congregations.
4. ロドニー・ウーは、ウィルクレスト教会がよりオープンで多人種的になるのを助けた経験を振り返る本を書いている。：*The Color of Church: A Biblical and Practical Paradigm for Multiracial Churches* (Nashville: B&H Academic, 2009).
5. 以下を参照のこと：Anders Levermann, Peter Clark, Ben Marzeion, Glenn Milne, David Pollard, Valentina Radic, and Alexander Robinson, “The Multimillennial Sea-Level Commitment of Global Warming,” *Proceedings of the National Academy of Sciences* 110, no. 34 (2013): 13745–50.
6. Korie Edwards, Brad Christerson, and Michael Emerson, “Race, Religious Organizations, and Integration,” *Annual Review of Sociology* 39 (2013): 212.
7. ニコール・ラリーとバラク・オバマの発言は、以下より：Eric Klinenberg, “Adaptation,” *New Yorker*, January 7, 2013.
8. 同上。
9. 水の広場のしくみはデ・アーバニステンのウェブサイトで説明されている：http://www.urbanisten.nl/wp /?portfolio=waterplein-benthemplein.
10. 以下を参照のこと：Khurshed Alam and Habibur Rahman, “Women in Natural Disasters: A Case Study from Southern Coastal Region of Bangladesh,” *International Journal of Disaster Risk Reduction* 8 (2014): 68–82.
11. David Gelles, “Floating Cities, No Longer Science Fiction, Begin to Take Shape,” *New York Times*, November 13, 2017.
12. 以下を参照のこと：Eric Klinenberg, “Want to Survive Climate Change? You'll Need a Good Community,” *Wired*, November 2016, https://www.wired.com/2016/10/klinenberg-transforming-communities-to-survive-climate-change/.
13. 同上。
14. City of New Orleans, *Plan for the 21st Century: New Orleans 2030*, 2010, https://www.nola.gov/city-planning/master-plan/.
15. 以下を参照のこと：Shannon Sims, “Building a Social Scene Around a Bike Path,” CityLab, August 1, 2017, https://www .citylab.com/life/2017/08/lafitte-greenway-

Statistical Evidence from National and International Survey Data," December 2005, http://www.social-capital.net/docs/file/sport%20and%20social%20capital.pdf.

51. Eric Worby, "The Play of Race in a Field of Urban Desire: Soccer and Spontaneity in Post-apartheid Johannesburg," *Critique of Anthropology* 29, no. 1 (2009): 105–23.

52. Emmarie Huetteman, "Shooting Shines Light on an Annual Baseball Game and a Bipartisan Pastime," *New York Times*, June 14, 2017.

53. 以下を参照のこと：Cass Sunstein, "The Polarization of Extremes," *Chronicle Review*, December 14, 2007. Haidt is quoted in Sean Illing, "Why Social Media Is Terrible for Multiethnic Democracies," Vox, November 15, 2016, https://www.vox.com/policy--and-politics/2016/11/15/13593670/donald-trump-jonathan-haidt-social-media-polarization-europe-multiculturalism.

54. Levi Boxell, Matthew Gentzkow, and Jesse Shapiro, "Is the Internet Causing Polarization? Evidence from Demographics," Working Paper, 2014, http://web.stanford.edu/~gentzkow/research/age-polar.pdf.

55. Gina Potarca, "Does the Internet Affect Assortative Mating? Evidence from the U.S. and Germany," *Social Science Research* 61 (2017): 278–97.

56. Ivan Watson, Clayton Nagel, and Zeynep Bilginsoy, "'Facebook Refugees' Chart Escape from Syria on Cell Phones," CNN, September 15, 2015, https://www.cnn.com/2015/09/10/europe/migrant-facebook-refugees/index.html.

57. 以下を参照のこと：Nicole Ellison, Charles Steinfield, and Cliff Lampe, "The Benefits of Facebook 'Friends': Social Capital and College Students' Use of Online Social Network Sites," *Journal of Computer-Mediated Communication* 12, no. 4 (2007): 1143–68, and Min-Woo Kwon, Jonathan D'Angelo, and Douglas McLeod, "Facebook Use and Social Capital: To Bond, to Bridge, or to Escape," *Bulletin of Science, Technology & Society* 33, no. 1–2 (2013): 35–43.

58. 以下を参照のこと：Tabor Flickinger, Claire DeBolt, Ava Lena Waldman, George Reynolds, Wendy F. Cohn, Mary Catherine Beach, Karen Ingersoll, and Rebecca Dillingham, "Social Support in a Virtual Community: Analysis of a Clinic-Affiliated Online Support Group for Persons Living with HIV/AIDS," *AIDS and Behavior* 21, no. 11 (2017): 3087–99.

第6章　次の嵐が来る前に

1. Jason Samenow, "Harvey Marks the Most Extreme Rain Event in U.S. History," *Washington Post*, August 29, 2017, https://www.washingtonpost.com/news/capital-weather-gang/wp/2017/08/29/harvey-marks-the-most-extreme-rain-event-in-u-s-history/?utm _ term=.94d4e7d 3b7ad.

2. 私の研究アシスタントである、ニューヨーク大学の大学院生のキアラ・ダウズ

Scott, and Marshall Todd, directed by Tim Story, 2002.

39. 都市民族誌学者たちは、黒人理髪店に見られる社会的プロセスを、他の保護された空間（酒場など）でも観察してきた。よく知られる研究は以下の通り：Elijah Anderson, *A Place on the Corner* (Chicago: University of Chicago Press, 1978). アンダーソンは「都会の酒場やバーは、理髪店やデリなどの店と同じように、道路や路地と隣接していて、『都会の村』やゲットーに住む人々にとって重要な集会場所になっている」と書いている。「こうした場所は、しばしば都会の貧困層や労働者階級にとって特別なたまり場であり、よりフォーマルな社交クラブやサークルが中流および上流階級にするのと同じ役割を果たす」(1).
40. コミュニティ組織が地元の日常に与える影響を測定したもっとも没入的な研究は、以下の通り：Robert Sampson, *Great American City: Chicago and the Enduring Neighborhood Effect* (Chicago: University of Chicago Press, 2012), and Patrick Sharkey, *Uneasy Peace: The Great Crime Decline, the Renewal of City Life, and the Next War on Violence* (New York: W. W. Norton, 2018).
41. エルムハースト・コロナ地区は、ニューヨーク市立大学の人類学者ロジャー・サンジェクが率いる素晴らしい研究プロジェクトの場所となった。サンジェクの研究アシスタントのチームは、1980年代前半に、コミュニティ組織が多人種で多文化の地区における集団関係をどのようにかたちづくったかの研究を始めた。彼らはそこにとどまり、日常的な活動に関するフィールドワークを行い、市民団体、教会、地元のイベント、そして地元の政治集会で何がおきたかを1996年まで細かく観察した。主な発見は以下で報告されている：Robert Sanjek, *The Future of Us All: Race and Neighborhood Politics in New York City* (Ithaca, NY: Cornell University Press, 1998). エルムハースト・コロナ地区のコミュニティ組織に関する説明は、この研究を大いに引用している。
42. 同上。72.
43. 以下より引用：Roger Sanjek, "Color-Full Before Color Blind: The Emergence of Multiracial Neighborhood Politics in Queens, New York City," *American Anthropologist* 102, no. 4 (2000): 765–66.
44. 同上。766.
45. Victor Turner, *The Ritual Process: Structure and Anti-Structure* (1969; repr., New York: Routledge, 2017). スポーツの人類学の概論については、以下を参照のこと：Kendall Blanchard, *The Anthropology of Sport* (Westport, CT: Bergin & Garvey, 1995).
46. Joseph O'Neill, *Netherland* (New York: Pantheon, 2008).
47. James Wood, "Beyond a Boundary," *New Yorker*, May 26, 2008.
48. 同上。
49. 同様の経験に関する民族誌的な説明については、以下を参照のこと：Anderson, *Cosmopolitan Canopy*.
50. Liam Delaney and Emily Keaney, "Sport and Social Capital in the United Kingdom:

Post, June 10, 2015.

16. Jeff Wiltse, *Contested Waters: A Social History of Swimming Pools in America* (Chapel Hill: University of North Carolina Press, 2007), 1.
17. 同上。 2.
18. Rachaell Davis, "This Tweet Perfectly Sums Up Why Simone Manuel's Olympic Win Is So Important," *Essence*, August 12, 2016, https://www.essence.com/2016/08/12/simone-manuels-why-olympic-win-so-important.
19. Wiltse, *Contested Waters*, 156.
20. "Swimming Pool Clash Reported in St. Louis," *Atlanta Daily World*, July 21, 1950.
21. Yoni Appelbaum, "McKinney, Texas, and the Racial History of American Swimming Pools," *Atlantic*, June 8, 2015, https://www.theatlantic.com/politics/archive/2015/06/troubled-waters-in-mckinney-texas/395150/.
22. Rose Hackman, "Swimming While Black," *Guardian*, August 4, 2015, https://www.theguardian.com/world/2015/aug/04/black-children-swimming-drownings-segregation.
23. 同上。
24. Appelbaum, "McKinney, Texas."
25. 同上。
26. 以下を参照のこと：Robert Flipping Jr., "Blacks Demand Re-opening of Sully's Pool," *New Pittsburgh Courier*, June 7, 1975, and Wiltse, "America's Swimming Pools."
27. "The Court's Swimming Pool Ruling," *Los Angeles Times*, June 16, 1971.
28. Hackman, "Swimming While Black."
29. National Public Radio, "Public Swimming Pools' Divisive Past," May 28, 2007, https://www.npr .org/templates/story/story.php?storyId=10495199.
30. Wiltse, "America's Swimming Pools."
31. Appelbaum, "McKinney, Texas."
32. Orlando Patterson, *Rituals of Blood: The Consequences of Slavery in Two American Centuries* (New York: Basic Books, 1998), 4.
33. 反公共性についてよく知られる文献は以下の通り：Nancy Fraser, "Rethinking the Public Sphere," *Social Text* 25, no. 26 (1990): 56–80, and Michael Warner, "Publics and Counterpublics," *Public Culture* 14, no. 1 (2002): 49–90.
34. Melissa Harris-Lacewell, *Barbershops, Bibles, and BET: Everyday Talk and Black Political Thought* (Princeton, NJ: Princeton University Press, 2004), 163, 200.
35. William Grier and Price Cobbs, *Black Rage* (New York: Basic Books, 1968), 88.
36. St. Clair Drake and Horace Cayton, *Black Metropolis: A Study of Negro Life in a Northern City* (1945; repr., Chicago: University of Chicago Press, 2015), 438, 461.
37. Harris-Lacewell, *Barbershops, Bibles, and BET*, 198.
38. *Barbershop*, story written by Mark Brown; screenplay written by Mark Brown, Don D.

4. 同上。37, 18.
5. 以下を参照のこと：William Julius Wilson, *The Truly Disadvantaged* (Chicago: University of Chicago Press, 1987), and Douglas Massey and Nancy Denton, *American Apartheid* (Cambridge, MA: Harvard University Press, 1993).
6. 2000年代の二極化についての指導的文章は以下：Morris Fiorina, Samuel Abrams, and Jeremy Pope, *Culture War*? (New York: Pearson Longman, 2005). 1996年、社会学者のポール・ディマジオ、ジョン・エバンズ、ベタニー・ブライソンは、アメリカ人は二極化しているという幅広い主張を裏づける証拠はほとんどないことを示した。だとすれば、なぜ、これほど多くの人が社会の分裂を感じていたのか。彼らは複数の理由を示している。これには、アメリカ人の政治的信念が激しくなっている、メディアがより二極化した意見を見せるようになった、人々がかつての対立を忘れて過去を理想化している、などの可能性が含まれる。以下を参照のこと：Paul DiMaggio, John Evans, and Bethany Bryson, "Have Americans' Social Attitudes Become More Polarized?," *American Journal of Sociology* 102, no. 3 (1996): 690–755.
7. 格差と階級分離については、以下を参照のこと：Sean Reardon and Kendra Bischoff, "Income Inequality and Income Segregation," *American Journal of Sociology* 116, no. 4 (2011): 1092–153. On the filter bubble, see Eli Pariser, *The Filter Bubble* (New York: Penguin Press, 2011).
8. Shanto Iyengar and Sean Westwood, "Fear and Loathing Across Party Lines," *American Journal of Political Science* 59, no. 3 (2015): 690–707.
9. Pew Research Center, "Partisanship and Political Animosity in 2016," June 22, 2016, http://www.people-press.org/2016/06/22/partisanship-and-political-animosity-in-2016/.
10. 労働組合に関するデータは以下より：Gerald Mayer, Union Membership Trends in the United States (Washington, DC: Congressional Research Service, 2004). 引用は以下より：Peter Bearman and Delia Baldassarri, "Dynamics of Political Polarization," *American Sociological Review* 72 (October 2007): 787. 社会階級内での結婚（「同類結婚」）の増加については、以下を参照のこと：Robert Mare, "Educational Homogamy in Two Gilded Ages," *Annals of the American Academy of Political and Social Science* 663 (2016): 117–39.
11. Cass Sunstein, *#Republic: Divided Democracy in the Age of Social Media* (Princeton, NJ: Princeton University Press, 2017), 91–92.
12. 以下を参照のこと：Elijah Anderson, *The Cosmopolitan Canopy: Race and Civility in Everyday Life* (New York: W. W. Norton, 2011).
13. 以下より引用：https://www.cnn.com /2017/03/20/health/iceland-pool-culture/.
14. Dan Kois, "Iceland's Water Cure," *New York Times Magazine*, April 19, 2016.
15. Jeff Wiltse, "America's Swimming Pools Have a Long, Sad, Racist History," *Washington*

Sideris et al., *Placemaking for an Aging Population*, chap. 4.

41. David Sillito, "Finns Open Playgrounds to Adults," *BBC News*, February 8, 2006, http://news.bbc.co.uk/2/hi/4691088.stm.
42. ロジャー・ハーツの幼年時代と遊びに関する多くの素晴らしい論文の中でも、以下を参照のこと：*Children's Participation: From Tokenism to Citizenship* (Florence: UNICEF International Child Development Center, 1992) and "Containing Children: Some Lessons on Planning for Play from New York City," *Environment and Urbanization* 14, no. 2 (2002): 135–48.
43. Pamela Wridt, "An Historical Analysis of Young People's Use of Public Space, Parks and Playgrounds in New York City," *Children, Youth and Environments* 14, no. 1 (2004): 100–20.
44. 同上。 99–100.
45. The City Project, *Olmsted Report Parks, Playgrounds, and Beaches for the Los Angeles Regions, 1930s and Today*, 2015, https://www.cityprojectca.org/blog/archives/39416.
46. The City Project, *Healthy Parks, Schools and Communities: Green Access and Equity for Los Angeles County*, 2011, http://www.mapjustice.org/images/LosAngelesENGLISH.pdf.
47. Jamie Pearce, Elizabeth Richardson, Richard Mitchell, and Niamh Shortt, "Environmental Justice and Health: The Implications of the Socio-Spatial Distribution of Multiple Environmental Deprivation for Health Inequalities in the United Kingdom," *Transactions of the Institute of British Geographers* 35, no. 4 (2010): 522–39.
48. リチャード・ミッチェルの自然に関する研究がいかに進化したかについては、以下を参照のこと：Florence Williams, *The Nature Fix: Why Nature Makes Us Happier, Healthier, and More Creative* (New York: W. W. Norton, 2017), chap. 7.
49. 実際、イズリントンの男性の寿命は、イングランドの他の地域の男性よりも３年短く、女性は１年短い。以下を参照のこと："Introduction to Islington," a report from the National Health Service, http://www.islingtonccg.nhs.uk/jsna/Introduction-and-The-Islington-Population-JSNA-200910.pdf.

第５章　違いを忘れられる場所

1. 「第１次」集団と「第２次」集団に関する有名な説明は、以下より：Charles Cooley, *Social Organization* (New York: Charles Scribner's Sons, 1909), chap. 3. アリストテレスとプラトンの言葉については、同類性ついてよく知られる社会学の論文より：Miller McPherson, Lynn Smith-Lovin, and James Cook, "Birds of a Feather: Homophily in Social Networks," *Annual Review of Sociology* 27 (2001): 415–44.
2. William Kornblum, *Blue-Collar Community* (Chicago: University of Chicago Press, 1974).
3. 同上。 66.

Homeowners," *Chicago Tribune*, November 28, 2016.

30. 以下を参照のこと："Chicago City Hall Green Roof" at the Conservation Design Forum website, https://www.cdfinc.com/Chicago-City-Hall-Green-Roof. 屋上庭園の電力節約量については議論がある。最大で月1万ドルとしているリポートもあれば、年間5000ドル程度とするリポートもある。
31. APHAの報告書「*Improving Health and Wellness Through Access to Nature*」は、誰もが使える公共の緑地などの社会的インフラをつくって脆弱な土地の手入れをすることは、弱者や弱者グループをターゲットとするよりも、地域の健康やウェルビーイングの改善に役立つことを示した最近の複数の研究の1つ。この10年ほど、自然環境で時間を過ごすことの恩恵について、昔から幅広く信じられてきた認識の科学的証拠を示す研究が大量に発表されている。すなわちそれは社会の結束を高め、身体的な活動を奨励し、人々を元気にする。また、肥満リスクを低下させ、ストレスや不安や怒りや悲しみを低下させる。子どもの場合、注意欠如・多動を防止する。病気の人の回復を早める。
32. チャールズ・ブラナスとジョン・マクドナルドによると、「送電網、浄水施設、建築基準法、そして車道の再設計は、多くの（おそらくどんな）プログラムよりも大衆の健康を増進する働きがある」。以下を参照のこと：Charles Branas and John MacDonald, "A Simple Strategy to Transform Health, All Over the Place," *Journal of Public Health Management and Practice* 20, no. 2 (2014): 157–59.
33. Eugenia South, Michelle Kondo, Ross Cheney, and Charles Branas, "Neighborhood Blight, Stress, and Health: A Walking Trial of Urban Greening and Ambulatory Heart Rate," *American Journal of Public Health* 105, no. 5 (2015): 909–13.
34. 同上。913.
35. United Nations, *World Population Ageing 2013*, 38, http://www.un.org/en/development / desa/population/publications/pdf/ageing/World PopulationAgeing2013.pdf.
36. World Health Organization, National Institute on Aging at the National Institutes of Health, *Global Health and Aging*, NIH Publication 11-7737, October 2011, http://www.who.int/ageing/publications/global_health .pdf.
37. Anastasia Loukaitou-Sideris, Lené Levy-Storms, and Madeline Brozen, *Placemaking for an Aging Population*, UCLA Luskin School of Public Affairs, June 2014, https://www.lewis.ucla.edu/wp-content/uploads/sites /2/2015/04/Seniors-and-Parks-8-28-Print_reduced.pdf.
38. 寿命に関するデータは以下より：World Health Organization's Atlas, which uses 2015 data. See http://gamapserver.who.int/gho/interactive_charts/mbd/life_expectancy/atlas.html.
39. 以下の結論を参照のこと：Eric Klinenberg, *Going Solo: The Extraordinary Rise and Surprising Appeal of Living Alone* (New York: Penguin Press, 2012).
40. これらの事例はすべて、以下で発表されたケーススタディより：Loukaitou-

What the World Can Learn from Drug Policy Change in Switzerland," Open Society Foundations, 2010.
17. William Cloud and Robert Granfield, "Conceptualizing Recovery Capital: Expansion of a Theoretical Construct," *Substance Use & Misuse* 43, no. 12–13 (2008): 1971–86.
18. Jürgen Rehm, Ulrich Frick, Christina Hartwig, Felix Gutzwiller, Patrick Gschwend, and Ambros Uchtenhagen, "Mortality in Heroin-Assisted Treatment in Switzerland 1994–2000," *Drug and Alcohol Dependence* 79, no. 2 (2005): 137–43.
19. Salaam Semaan, Paul Fleming, Caitlin Worrell, Haley Stolp, Brittney Baack, and Meghan Miller, "Potential Role of Safer Injection Facilities in Reducing HIV and Hepatitis C Infections and Overdose Mortality in the United States," *Drug and Alcohol Dependence* 118, no. 2 (2011): 100–10.
20. Csete, "From the Mountaintops," 4.
21. Francie Diep, "Inside North America's Only Legal Safe Injection Facility," *Pacific Standard*, August 30, 2016.
22. Brandon Marshall, Michael Jay Milloy, Evan Wood, Julio Montaner, and Thomas Kerr, "Reduction in Overdose Mortality After the Opening of North America's First Medically Supervised Safer Injecting Facility: A Retrospective Population-Based Study," *Lancet* 377, no. 9775 (2011): 1429–37.
23. Chloé Potier, Vincent Laprévote, Françoise Dubois-Arber, Olivier Cottencin, and Benjamin Rolland, "Supervised Injection Services: What Has Been Demonstrated? A Systematic Literature Review," *Drug and Alcohol Dependence* 145 (2014): 48–68.
24. S usan Zalkind, "The Infrastructure of the Opioid Epidemic," CityLab, September 14, 2017, https://www.citylab.com/equity/2017/09/methadone-mile/539742/.
25. 同上。
26. 米農務省は「食の砂漠」を、都市部で、住民500人以上または人口の3分の1以上がスーパーマーケット、スーパーセンター、または大型の食料雑貨店から800メートル以上離れた場所に住んでいるエリアと分類している。地方では、この距離が16キロ以上となる。ニューヨーク大学の大学院生で本書のリサーチアシスタントを務めたデララム・タキアは米農務省の食料アクセス研究地図のデータを使って低所得層居住地区の割合を計算した。
27. 以下のインタラクティブ地図を参照のこと：Chicago Urban Agriculture Mapping Project, http://cuamp .org/#/searchGardens?q=-1&q=-2&community=-1&ward=-1&boardDistrict=-1&municipality=-1.
28. American Public Health Association, *Improving Health and Wellness Through Access to Nature*, November 5, 2013, https://www.apha.org/policies-and-advocacy/public--health-policy-statements/policy-database/2014/07/08 /09/18/improving-health-and-wellness-through-access-to-nature.
29. 以下を参照のこと：Robert Channick, "4,000 Empty Lots on Sale for $1 to Chicago

"Understanding the Rural-Urban Differences in Nonmedical Prescription Opioid Use and Abuse in the United States," *American Journal of Public Health* 104, no. 2 (2014): 52–59.

4. Curtis Florence, Chao Zhou, Feijun Luo, and Likang Xu, "The Economic Burden of Prescription Opioid Overdose, Abuse, and Dependence in the United States, 2013," *Medical Care* 54, no. 10 (2016): 901–6.
5. German Lopez, "How to Stop the Deadliest Drug Overdose Crisis in American History," Vox, August 1, 2017, https://www.vox.com/science-and-health/2017/8/1/15746780/opioid-epidemic-end.
6. Josh Katz, "Drug Deaths in America Are Rising Faster Than Ever," *New York Times*, June 5, 2017.
7. Max Blau, "STAT Forecast: Opioids Could Kill Nearly 500,000 Americans in the Next Decade," STAT, June 27, 2017, https://www.statnews.com/2017/06/27/opioid-deaths-forecast.
8. Another is the massive increase, pushed by pharmaceutical companies, in the prescription of these painkillers. See, for example, Sam Quinones, *Dreamland: The True Tale of America's Opiate Epidemic* (New York: Bloomsbury, 2015).
9. Anne Case and Angus Deaton, "Rising Morbidity and Mortality in Midlife Among White Non-Hispanic Americans in the 21st Century," *Proceedings of the National Academy of Sciences* 112, no. 49 (2015): 15078–83.
10. Anne Case and Angus Deaton, "Mortality and Morbidity in the 21st Century," *Brookings Papers on Economic Activity*, Spring 2017, 397–443.
11. 同上。429–30.
12. Tristen Inagaki, Lara Ray, Michael Irwin, Baldwin Way, and Naomi Eisenberger, "Opioids and Social Bonding: Naltrexone Reduces Feelings of Social Connection," *Social Cognitive and Affective Neuroscience* 11, no. 5 (2016): 728–35.
13. Katherine McLean, " 'There's Nothing Here' Deindustrialization as Risk Environment for Overdose," *International Journal of Drug Policy* 29 (2016): 19–26.
14. Michael Zoorob and Jason Salemi, "Bowling Alone, Dying Together: The Role of Social Capital in Mitigating the Drug Overdose Epidemic in the United States," *Drug and Alcohol Dependence* 173 (2017): 1–9.
15. ジャーナリストのマーゴット・タルボットは、ウエストバージニアにおけるオピオイド依存症に関する衝撃的な記事で、公共の場所（公園や運動場を含む）で薬物を服用したり過剰摂取したりする人々が急増している一因は、もし過剰摂取をした場合誰かに見つけてもらい、救急車を呼んでもらいたいからだと報告している。以下を参照のこと：Margot Talbot, "The Addicts Next Door," *New Yorker*, June 5, 2017.
16. スイスの実験については以下からの引用：Joanne Csete, "From the Mountaintops:

University Students," Sex Roles 37, no. 5 (1997): 451–57.
19. Jeffrey DeSimone, "Fraternity Membership and Binge Drinking," *Journal of Health Economics* 26, no. 5 (2007): 950–67.
20. Lisa Wade, "Why Colleges Should Get Rid of Fraternities for Good," *Time*, May 19, 2017, http://time .com/4784875/fraternities-timothy-piazza/.
21. 最近のある研究によると、アメリカのもっとも有名な大学都市の多く（バークレー、チャペルヒル、アナーバー、エバンストンなど）は、アメリカでもっとも人種による学力格差が大きい街の上位にランクされることがわかった。以下を参照のこと：Sean Reardon, Demetra Kalogrides, and Ken Shores, "The Geography of Racial/Ethnic Test Score Gaps," CEPA Working Paper No. 16-10, Center for Education Policy Analysis, Stanford University, 2017.
22. Arnold Hirsch, *Making the Second Ghetto: Race and Housing in Chicago*, 1940–1960 (1983; repr., Chicago: University of Chicago Press, 2009), 147.
23. 大学の安全な空間から出ないようにと指示されたことについての、体験的報告は以下を参照のこと：Loïc Wacquant, *Urban Outcasts: A Comparative Sociology of Advanced Marginality* (Cambridge: Polity Press, 2008).
24. 以下を参照のこと：https://arts.uchicago.edu/arts-public-life/arts-block.
25. 同上。
26. Jeremy Selingo, "Demystifying the MOOC," *New York Times*, October 29, 2014.
27. John Horrigan, "Lifelong Learning and Technology," Pew Research Center, March 22, 2016, http://www.pewinternet.org/2016/03/22/lifelong-learning-and-technology/.
28. Chen Zhenghao, Brandon Alcorn, Gayle Christensen, Nicholas Eriksson, Daphne Koller, and Ezekiel Emanuel, "Who's Benefiting from MOOCs, and Why," *Harvard Business Review*, September 22, 2015.
29. Dhawal Shal, "By the Numbers: MOOCS in 2016," Class Central, December 25, 2016, https://www.class-central.com/report/mooc-stats-2016/.
30. Stephen Kosslyn, "Minerva Delivers More Effective Learning. Test Results Prove It," Medium, October 10, 2017, https://medium.com/minerva-schools/minerva-delivers-more-effective-learning-test-results-prove-it-dfdbec6e04a6.

第4章　健康なコミュニティ

1. American Society of Civil Engineers, *2017 Infrastructure Report Card*, https://www. infrastructurereport card.org/americas-grades/.
2. US Centers for Disease Control and Prevention, "Vital Signs: Overdoses of Prescription Opioid Pain Relievers—United States, 1999–2008," *Morbidity and Mortality Weekly Report* 60, no. 43 (2011): 1487.
3. Katherine Keyes, Magdalena Cerdá, Joanne Brady, Jennifer Havens, and Sandro Galea,

学はより中心的になってきた。現在、アメリカの大学では毎年2040万人の学生（2年制大学がおよそ730万人、4年制が1340万人)、アメリカの人口の約6%が学んでいる。英国では200万人以上（人口の3.5%）が大学で学んでいる。カナダでは約170万人（人口の5%）が大学に行っている。彼らの経験は通常重要であり、しばしば柱となる。アメリカの大学生に関しては、以下の報告書を参照のこと：*Fast Facts* from the National Center for Education Statistics, https://nces.ed.gov/fast facts/display.asp?id=372. For the United Kingdom, see http://www.universitiesuk.ac.uk/policy-and-analysis/reports/Documents/2014/patterns-and-trends-in-uk-higher-education-2014.pdf. For Canada, see http://www.univcan.ca/universities/facts-and-stats/.

10. 以下を参照のこと：Michael Rosenfeld, *The Age of Independence: Interracial Unions, Same-Sex Unions, and the Changing American Family* (Cambridge, MA: Harvard University Press, 2007).
11. Paul Venable Turner, *Campus: An American Planning Tradition* (Cambridge, MA: MIT Press, 1984), 9–10.
12. 同上。12.
13. 同上。17.
14. 同上。47. 驚くべきことに、最初期の大学は、入植者の家族の未来のリーダーを教育する目標に加えて、しばしば「先住民族に宣教活動を行うという目標に突き動かされていた」とターナーは書いている。(18).
15. 以下を参照のこと：Jordan Friedman, “11 Colleges Where the Most Students Join Fraternities,” *US News & World Report*, October 25, 2016, https://www.usnews.com/education/best-colleges/the-short-list-college/articles/2016-10-25/11-colleges -where-the-most-students-join-fraternities.
16. Elizabeth Allan and Mary Madden, *Hazing in View: College Students at Risk*, March 11, 2008, https://www.stophazing.org/wp-content/uploads/2014/06/hazing _in_view_web1.pdf.
17. 以下を参照のこと：John Hechinger and David Glovin, “Deadliest Frat’s Icy ‘Torture’ of Pledges Evokes Tarantino Films,” Bloomberg News, December 30, 2013, https://www.bloomberg.com/news/articles/2013-12-30/deadliest-frat-s-icy-torture-of-pledges-evokes-tarantino-films. また、以下も参照のこと：Also see Richard Pérez-Peña and Sheryl Gay Stolberg,“Prosecutors Taking Tougher Stance in Fraternity Hazing Deaths,” *New York Times*, May 8, 2017, https://www.nytimes.com/2017/05/08/us/penn-state-prosecutors-fraternity-hazing-deaths.html.
18. 以下を参照のこと：Catherine Loh, Christine Gidycz, Tracy Lobo, and Rohini Luthra, “A Prospective Analysis of Sexual Assault Perpetration: Risk Factors Related to Perpetrator Characteristics,” *Journal of Interpersonal Violence* 20 (2005): 1325–48, and Leandra Lackie and Anton de Man, “Correlates of Sexual Aggression Among Male

Nature Fix: Why Nature Makes Us Happier, Healthier, and More Creative (New York: W. W. Norton, 2017).

45. Frances Kuo and William Sullivan, "Environment and Crime in the Inner City: Does Vegetation Reduce Crime?," *Environment and Behavior* 33, no. 3 (2001): 343–67.

46. サリバンとクオはレベッカ・レビーン・コイリーと共著した論文で、緑地がないということは社会的交流の機会が少ないことを意味する場合があると主張する。2人はアイダ・B・ウェルズとロバート・テイラー・ホームズの両方での木々や植生に関する観察データに基づき、木々がある屋外のほうが、木々がない屋外よりも人々がいる可能性が高いことを発見し、屋外空間における自然要素は人々を屋外に招き寄せるとともに、身の回りの環境についてより大きな当事者意識を抱かせると結論づけている。Rebekah Levine Coley, William Sullivan, and Frances Kuo, "Where Does Community Grow?: The Social Context Created by Nature in Urban Public Housing," *Environment and Behavior* 29, no. 4 (1997): 468–94.

第3章　学びを促すデザイン

1. Deborah Meier, "In Education, Small Is Sensible," *New York Times*, September 8, 1989.

2. 同上。

3. Julie Bosman, "Small Schools Are Ahead in Graduation," *New York Times*, June 30, 2007.

4. Samuel Freedman, *Small Victories: The Real World of a Teacher, Her Students, and Their High School* (New York: Harper & Row, 1990).

5. 同上。20.

6. InsideSchools, "Seward Park Educational Campus," October 2011, https://new.insideschools.org/component/schools/school/93.

7. 以下を参照のこと：National Education Association, "Research Talking Points on Small Schools," http://www.nea .org/home/13639.htm; Jonathan Supovitz and Jolley Bruce Christman, "Small Learning Communities That Actually Learn: Lessons for School Leaders," *Phi Delta Kappan* 86, no. 9 (2005): 649–51; and Craig Howley, Marty Strange, and Robert Bickel, "Research About School Size and School Performance in Impoverished Communities," ERIC Digest (Charleston, WV: ERIC Clearinghouse on Rural Education and Small Schools, December 2000).

8. MDRCの小規模学校に関する研究は、以下の報告書にまとめられている："Frequently Asked Questions About MDRC's Study of Small Public High Schools in New York City," October 2014, https://www.mdrc.org/publication/frequently-asked-questions-about-mdrc-s-study-small-public-high-schools-new-york-city.

9. Richard Dober, *Campus Design* (New York: John Wiley & Sons, 1992), 280, 8. ドーバーは高等教育を、現代社会における「文化変容の共通基盤」とみなし、近年、大

31. World Bank, *Making Brazilians Safer: Analyzing the Dynamics of Violent Crime*, 78, http://documents.worldbank.org/curated/en/252761468015010162/pdf/707640ESW0REVI0ics0of0Violent0Crime.pdf.
32. 同上。 chap. 3.
33. Teresa Caldeira, *City of Walls: Crime, Segregation, and Citizenship in São Paulo* (Berkeley: University of California Press, 2000), 1–2.
34. Karina Landman, "Gated Communities in South Africa: The Challenge for Spatial Planning and Land Use Management," *Town Planning Review* 75, no. 2 (2004): 158–59.
35. 同上。 162.
36. João Costa Vargas, "When a Favela Dared to Become a Gated Condominium: The Politics of Race and Urban Space in Rio de Janeiro," *Latin American Perspectives* 33, no. 4 (2006): 49–81.
37. 以下を参照のこと：Vincent Carroll, "The Mindless Roasting of ink!," *Denver Post*, December 1, 2017, https://www .denverpost.com/2017/12/01/unfair-roasting-of-ink-coffee-for-gentrification-sign/.
38. 熱波のときの商業的密度の保護効果に関する私の知見は観察調査によるが、その後、定量分析によって立証された。以下を参照のこと：Christopher Browning, Danielle Wallace, Seth Feinberg, and Kathleen Cagney, "Neighborhood Social Processes, Physical Conditions, and Disaster-Related Mortality: The Case of the 1995 Chicago Heat Wave," *American Sociological Review* 71, no. 4 (2006): 661–78.
39. Shlomo Angel, "Discouraging Crime Through City Planning," Working Paper 75, Institute of Urban and Regional Development, University of California, Berkeley, 1968.
40. たとえば犯罪学者のジェームズ・ウォーは、小売店が地域の犯罪率に与える長期的なインパクトを研究して、アルコール関連の店と銀行のほうが多くの犯罪をもたらすが、カフェやレストランのような「サードプレイス」は地域をより安全にすることを発見した。James Wo, "Community Context of Crime: A Longitudinal Examination of the Effects of Local Institutions on Neighborhood Crime," *Crime & Delinquency* 62, no. 10 (2016): 1286–312.
41. Andrew Papachristos, Chris Smith, Mary Scherer, and Melissa Fugiero, "More Coffee, Less Crime? The Relationship Between Gentrification and Neighborhood Crime Rates in Chicago, 1991 to 2005," *City & Community* 10, no. 3 (2011): 215–40.
42. インク！問題に関する引用は以下より：Jean Lotus, "Gentrification Gaffe: Denver Coffee Shop and Ad Agency Apologize," *Denver Patch*, N ovember 25, 2017, https://patch.com/colorado/denver/gentrification-gaffe-denver-coffee-shop-ad-agency-apologize/.
43. Papachristos et al., "More Coffee, Less Crime?," 228–29.
44. クオとサリバンの研究ならびに、自然が健康にもたらす恩恵を明らかにする他の多くの研究は、以下にわかりやすくまとめられている：Florence Williams, *The*

18. オランダの社会学者キース・カイザーの研究チームは、小さな都市空間に落書きとゴミがあるとルール違反が増えるのかを調べる一連の実験を行った。割れ窓理論を裏づける「強力な証拠はこれまでのところ見つかっていない」と彼らは認めつつ、その実験では、無秩序のサインは、より犯罪的行動の増加につながった。彼らは他の場所でも、割れ窓理論の有効性を調べる研究が行われることを呼びかけてきたが、現実の環境で無秩序をつくる許可を得るのは容易ではなく、これまでのところ、この理論が有効であることを示す証拠は弱いものしか得られていない。以下を参照のこと：Kees Keizer, Siegwart Lindenberg, and Linda Steg, "The Spreading of Disorder," *Science* 322, no. 5908 (2008): 1681–85.
19. Harcourt, *Illusion of Order*, 8.
20. 以下を参照のこと：Robert J. Sampson and Stephen W. Raudenbush, "Seeing Disorder: Neighborhood Stigma and the Social Construction of 'Broken Windows,'" *Social Psychology Quarterly* 67, no. 4 (2004): 319–42, and Franklin Zimring, *The City That Became Safe: New York's Lessons for Urban Crime and Its Control* (New York: Oxford University Press, 2012).
21. Wilson and Kelling, "Broken Windows."
22. 以下を参照のこと：Kevin Quealy and Margot Sanger--Katz, "Comparing Gun Deaths by Country: The U.S. Is in a Different World," *New York Times*, June 13, 2016. For useful synopses of the data on gun violence, see https://everytownresearch.org/gun-violence-by-the-numbers/#DailyDeaths.
23. Keizer, Lindenberg, and Steg, "The Spreading of Disorder."
24. William Spelman, "Abandoned Buildings: Magnets for Crime?," *Journal of Criminal Justice* 21, no. 5 (1993): 481–95, and Lance Hannon, "Extremely Poor Neighborhoods and Homicide," *Social Science Quarterly* 86, no. S1 (2005): 1418–34. Both articles are summarized in John MacDonald, "Community Design and Crime: The Impact of Housing and the Built Environment," *Crime and Justice* 44, no. 1 (2015): 333–83.
25. Charles Branas, Michelle Kondo, Sean Murphy, Eugenia South, Daniel Polsky, and John MacDonald, "Urban Blight Remediation as a Cost-Beneficial Solution to Firearm Violence," *American Journal of Public Health* 106, no. 12 (2016): 2158–64.
26. ブラナスと同僚は、荒廃した土地は銃を隠すのに好都合なため環境整備によって銃による殺人は減少すると考えたが、他の暴力犯罪の現象は仮定していなかった。同上。
27. 同上。
28. 同上。2163.
29. 同上。2162.
30. Ciro Biderman, João M. P. De Mello, and Alexandre Schneider, "Dry Laws and Homicides: Evidence from the São Paulo Metropolitan Area," *Economic Journal* 120, no. 543 (2010): 157–82.

は57エーカーの空間に、人種と貧困に起因する全ての問題と困難、そして私たちの社会がこれまでこうした問題に対処してきた無能と無関心と敵意の全てを凝縮している」。(3).

2. 1957年の91%という入居率は、以下に報告されている：Roger Montgomery, "Pruitt-Igoe: Policy Failure or Societal Symptom," in *The Metropolitan Midwest: Policy Problems and Prospects for Change*, ed. Barry Checkoway and Carl Patton (Champaign: University of Illinois Press, 1985), 229–43.
3. Oscar Newman, *Creating Defensible Space* (Washington, DC: US Department of Housing and Urban Development, Office of Policy Development and Research, 1996), 10.
4. Colin Marshall, "Pruitt-Igoe: The Troubled High-Rise That Came to Define Urban America," *Guardian*, April 22, 2015.
5. Newman, *Creating Defensible Space*, 11.
6. 同上。
7. 同上。
8. Jane Jacobs, *The Death and Life of Great American Cities* (New York: Vintage, 1961), 35.
9. Newman, *Creating Defensible Space*, 11.
10. 同上。25, 11–12.
11. これはセントルイスに限定されない。ニューマンによると、ニューヨーク市では、ブラウンズビルにある低層公営住宅の住民は、近くにある高層のヴァンダイク公営住宅の住民よりも、犯罪全般に遭遇した経験が34%、屋内犯罪に遭遇した経験は74%少なかった。ニューマンはこれをもっぱら建物のデザインのせいだとしているが、その後の研究で、2つの公営住宅では居住世帯が微妙に異なることが示されている。ヴァンダイクは、複数の子どもを持つシングルマザー世帯がはるかに多いことから、大人の目が届かない未成年者が多いこと（確立された犯罪リスク要因だ）を意味していた。以下を参照のこと：Fritz Umbach and Alexander Gerould, "Myth #3: Public Housing Breeds Crime," in *Public Housing Myths: Perception, Reality, and Social Policy*, ed. Nicholas Dagen Bloom, Fritz Umbach, and Lawrence Vale (Ithaca, NY: Cornell University Press, 2015), 64–90.
12. Oscar Newman, *Defensible Space* (New York: Macmillan, 1972), 25.
13. C. Ray Jeffery, *Crime Prevention Through Environmental Design* (Beverly Hills, CA: Sage Publications, 1971), 177, 19.
14. John MacDonald, "Community Design and Crime: The Impact of the Built Environment," *Crime and Justice* 44, no. 1 (2015): 333–383.
15. James Q. Wilson and George Kelling, "Broken Windows," *Atlantic*, March 1982.
16. 以下より引用：Bernard Harcourt, *Illusion of Order: The False Promise of Broken Windows Policing* (Cambridge, MA: Harvard University Press, 2001), 3.
17. Joseph Goldstein, "Street Stops Still a 'Basic Tool,' Bratton Says," *New York Times*, March 4, 2014.

Wiegand, *Part of Our Lives: A People's History of the American Public Library* (New York: Oxford University Press, 2015), 1.

10. Mario Small, *Unanticipated Gains: Origins of Network Inequality in Everyday Life* (New York: Oxford University Press, 2009), 115–16.
11. 社会的機構としての学校に関しては、以下を参照のこと：John Dewey, *The School and Society* (1900; repr., Chicago: University of Chicago Press, 2013), and *The Child and the Curriculum* (1902; repr., Chicago: University of Chicago Press, 2013), and Anthony Bryk and Mary Erina, *The High School as Community: Contextual Influences and Consequences for Teachers and Students* (Madison, WI: National Center of Effective Secondary Schools, 1988).
12. 以下など参照のこと：Judith Rich Harris, "Where Is the Child's Environment? A Group Socialization Theory of Development," *Psychological Review* 102, no. 3 (1995): 458–89.
13. John Cacioppo et al., "Marital Satisfaction and Break-ups Differ Across On-line and Off-line Meeting Venues," *Proceedings of the National Academy of Sciences* 110, no. 25 (2013): 10135–40.
14. 2012年5月のアトランティック誌の特集記事 "Is Facebook Making Us Lonely?"（フェイスブックは私たちを孤独にしているのか）で、スティーブン・マーケは現代人の分裂状態について異例の極端な主張をしている。「私たちは前例のない孤立化に苦しんでいる」「お互いからこれほど切り離されたことはなかったし、これほど孤独になったことはない。ますます斬新な交流方法に飲みこまれた世界で、私たちは現実の社会をどんどん失っている。私たちはお互いにコネクトするほど、孤独になるという、加速する矛盾の中に生きている」と彼は書いている。
15. Claude Fischer, *Still Connected: Family and Friends in America Since 1970* (New York: Russell Sage Foundation, 2011).
16. Keith Hampton, Lauren Sessions, and Eun Ja Her, "Core Networks, Social Isolation, and New Media," *Information, Communication, and Society* 14, no. 1 (2011): 130–55.
17. Sherry Turkle, *Reclaiming Conversation: The Power of Talk in a Digital Age* (New York: Penguin Press, 2015), 3.
18. danah boyd, *It's Complicated: The Social Lives of Networked Teens* (New Haven, CT: Yale University Press, 2014), 21.

第2章　犯罪を減らすインフラ

1. よく知られるプルイット・アイゴーの社会学的分析としては、以下がある：Lee Rainwater, *Behind Ghetto Walls: Black Families in a Federal Slum* (New Brunswick, NJ: AldineTransaction, 1970). レインウォーターによると、「プルイット・アイゴー

者のための集合住宅や社交クラブも建設された。

第1章　図書館という宮殿

1. ニューヨーク大学のルーディン交通センターは、公共交通機関を使って1時間で仕事に行けるかを調べたランキングで、イーストニューヨークをブルックリン区で最下位、ニューヨーク市全体でも最下位付近としている。以下を参照のこと：Sarah Kaufman, Mitchell Moss, Jorge Hernandez, and Justin Tyndall, "Mobility, Economic Opportunity and New York City Neighborhoods," November 2015, https://wagner.nyu.edu/files/faculty/publications/JobAccessNov2015.pdf.
2. 以下を参照のこと：Neal Krause, "Neighborhood Deterioration and Social Isolation in Later Life," *International Journal of Aging and Human Development* 36, no. 1 (1993): 9–38.
3. 高齢化に関する人口統計については、以下を参照のこと：Administration on Aging, *A Profile of Older Americans, 2015*, https://www.acl.gov/sites/default/files/Aging%20and%20Disability%20in%20America/2015-Profile.pdf/; and Renee Stepler, "Smaller Share of Women Ages 65 and Older Are Living Alone," Pew Research Center, February 18, 2016, http://www.pew social trends.org/2016/02/18/smaller-share-of-women-ages-65-and -older-are-living-alone/. ひとり暮らしの高齢者の衝撃的な増加については、以下を参照のこと：Eric Klinenberg, *Going Solo: The Extraordinary Rise and Surprising Appeal of Living Alone* (New York: Penguin Press, 2012).
4. 以下を参照のこと：Lisa Berkman and Thomas Glass, "Social Integration, Social Networks, Social Support, and Health," in *Social Epidemiology*, ed. Lisa Berkman and Ichiro Kawachi (New York: Oxford University Press, 2000), 137–73, and John Cacioppo and William Patrick, *Loneliness: Human Nature and the Need for Social Connection* (New York: W. W. Norton, 2008).
5. ロバート・パットナムが社会関係資本をつくる人々や組織に関する共著で、支部図書館に1章を割いていることは注目に値する。以下を参照のこと：Robert Putnam and Lewis Feldstein, with Don Cohen, *Better Together: Restoring the American Community* (New York: Simon & Schuster, 2003).
6. 以下を参照のこと：John Horrigan, "Libraries 2016," Pew Research Center, September 9, 2016, http://www.pewinternet.org/2016/09/09/libraries-2016/.
7. 図書館の利用に関するデータは、以下より引用：David Giles, *Branches of Opportunity*, Center for an Urban Future, January 2013, https://nycfuture .org/pdf/Branches_of_Opportunity.pdf. ジャイルスによると、2002–2011年、ニューヨーク市図書館プログラムの参加者は40%、プログラムは27%増加した。
8. 同上。
9. ピュー・リサーチセンターのリポートは、以下に引用されいてる：Wayne

12. Susan Leigh Star, "The Ethnography of Infrastructure," *American Behavioral Scientist* 43, no. 3 (1999): 380–82.
13. Ashley Carse, "Keyword: Infrastructure—How a Humble French Engineering Term Shaped the Modern World," in *Infrastructures and Social Complexity: A Companion*, ed. Penny Harvey, Casper Bruun Jensen, and Atsuro Morita (London: Routledge, 2016).
14. スモールビジネスや商店が日々の社会生活をかたちづくるかについてよく知られるのは、ジェイン・ジェイコブズ著『アメリカ大都市の死と生』(邦訳・鹿島出版会）だろう。近年は、高名な社会学者イライジャ・アンダーソンがさまざまなバックグラウンドの人が「場所を共有するだけでなく、お互いのプレゼンスを探す場所」であり、しばしば人間関係を構築する場所として、「コスモポリタン・カノピー」と呼ぶものについて書いている。アンダーソンはフィラデルフィアのレディング・ターミナル・マーケットやリッテンハウス・スクエアなど多集団が交流する場所と、監視や疑念や社会的分離を特徴とする場所とで調査活動を行っている。以下を参照のこと：Elijah Anderson, *The Cosmopolitan Canopy: Race and Civility in Everyday Life* (New York: W. W. Norton, 2011).
15. Marshall Brain and Robert Lamb, "What Is a Levee?," https://science.howstuffworks.com/engineering/structural/levee.htm.
16. Mario Small, *Unanticipated Gains: Origins of Network Inequality in Everyday Life* (New York: Oxford University Press, 2009).
17. Stéphane Tonnelat and William Kornblum, *International Express: New Yorkers on the 7 Train* (New York: Columbia University Press, 2017).
18. MassObservation, *The Pub and the People* (1943; repr., London: Cresset Library, 1987), 17.
19. Ray Oldenburg, *The Great Good Place: Cafés, Coffee Shops, Bookstores, Bars, Hair Salons and Other Hangouts at the Heart of a Community* (Cambridge, MA: Da Capo Press, 1989).
20. 以下を参照のこと：Vanessa Quirk, "The 4 Coolest 'High Line' Inspired Projects," *ArchDaily*, July 16, 2012, https://www.archdaily.com/254447/the-4-coolest-high-line-inspired-projects.
21. 最近、インフラ投資を擁護する複数の本が刊行されている。これには以下が含まれる：Rosabeth Moss Kanter, *Move: How to Rebuild and Reinvent America's Infrastructure* (New York: W. W. Norton, 2016), Henry Petroski, *The Road Taken* (New York: Bloomsbury, 2016), and Gretchen Bakke, *The Grid* (New York: Bloomsbury, 2016); ただしこれらは社会的インフラの価値について注意喚起してはいない。
22. アンドリュー・カーネギーが図書館への投資を始めると、さほどたたないうちに、ヨシフ・スターリンがソ連で「人々のための宮殿」の建設を開始した。このプロジェクトの最大の遺産はモスクワの壮麗な地下鉄駅だ。その多くに大理石と巨大なシャンデリア、モザイク、彫刻の装飾が施されている。ソ連の労働

原注

序章　　社会的インフラが命を救う

1. Eric Klinenberg, *Heat Wave: A Social Autopsy of Disaster in Chicago* (Chicago: University of Chicago Press, 2002) からの引用。
2. Dirk Johnson, "Heat Wave: The Nation; In Chicago, Week of Swelter Leaves an Overflowing Morgue," *New York Times*, July 17, 1995 からの引用。
3. James House, Karl Landis, and Debra Umberson, "Social Relationships and Health," *Science* 241, no. 4865 (1988): 540–45.
4. 以下からの引用：Emanuela Campanella, "We All Live in a Bubble. Here's Why You Step Out of It, According to Experts," *Global News*, February 4, 2017, https://globalnews.ca/news/3225274/we-all- in- why - you- experts/; Sreeram Chaulia, "Why India Is So Unhappy, and How It Can Change," *TODAYonline*, April 3, 2017, https://www.todayonline.com/commentary/why-india-so-unhappy-and-how-it-can-change; "Class Segregation 'on the Rise,'" *BBC News*, September 8, 2007, http://news.bbc.co.uk/2/hi/uk_news/6984707.stm; Rachel Lu, "China's New Class Hierarchy: A Guide," *Foreign Policy*, April 25, 2014, https://foreignpolicy.com/2014/04/25/chinas- guide/; "Private Firms Filling Latin America's Security Gap," *Associated Press Mail Online*, November 24, 2014, http://www.dailymail.co.uk/wires/ap/article- 2847721/ Americas -security-gap.htm.
5. Martin Filler, "New York: Conspicuous Construction," *New York Review of Books*, April 2, 2015.
6. Evan Osnos, "Doomsday Prep for the Super-Rich," *New Yorker*, January 30, 2017.
7. John Dewey, *The Public and Its Problems* (1927; repr., University Park: Pennsylvania State University Press, 2012), 157.
8. Charles Murray, *Coming Apart: The State of White America, 1960–2010* (New York: Crown Forum, 2012), 12, 22, 283.
9. Peter Marsden, ed., *Social Trends in American Life* (Princeton, NJ: Princeton University Press, 2012).
10. ボランティアの減少については、以下を参照のこと：Bureau of Labor Statistics, "Volunteering in the United States, 2015," https://www.bls.gov/news .release/volun.nr0.htm.
11. Claude Fischer, *Still Connected: Family and Friends in America Since 1970* (New York: Russell Sage Foundation, 2011), 93.

［写真クレジット］

p.13　スワードパーク図書館
photo credit: Eric Klinenberg

p.23　ニューロッツ図書館のボウリングチーム
photo credit: Eric Klinenberg

p.85　ウエストフィラデルフィアの空き地を整地してできた公園
photo credit: Eric Klinenberg

p.121　スワードパーク図書館の幼児向けプログラム
photo credit: Eric Klinenberg

p.167　シカゴ、イングルウッド地区のグローイング・ホーム・アーバン・ファーム
photo credit: Andy Collings. Used by permission.

p.205　運動場は競争の場であるだけでなく、共通の基盤（コモングラウンド）をつくる
photo credit: Public domain

p.247　ハリケーン・ハービーで浸水した教会員の家を掃除したウィルクレスト・バプテスト教会のボランティア
photo credit: Wilcrest Baptist Church. Used by permission.

p.287　スタブロス・ニアルコス財団文化センター
photo credit: Stavros Niarchos Foundation. Used by permission.

[著者紹介]

エリック・クリネンバーグ
Eric Klinenberg

ニューヨーク大学の社会学教授、パブリック・ナレッジ研究所所長。

最初の本「Heat Wave：シカゴでの社会の剖検災害」は、6つの学術賞を受賞。2冊目の著書「空中戦：アメリカのメディアをコントロールするための戦い」は、「良心ある市民のための本」と称賛される（Kirkus）。同書で示した調査結果について米国議会にも報告した。本や学術記事に加えて、ニューヨーカー、ニューヨークタイムズマガジン、フォーチュン、ワシントンポストなどに寄稿多数。

[訳者紹介]

藤原朝子
Tomoko Fujiwara

学習院女子大学非常勤講師。

訳書に『THE LONELY CENTURY』（ダイヤモンド社）、『プラットフォーム革命』『ステレオタイプの科学』（英治出版）など。慶大卒。

[英治出版からのお知らせ]
本書に関するご意見・ご感想を E-mail (editor@eijipress.co.jp) で受け付けています。
また、英治出版ではメールマガジン、Web メディア、SNS で新刊情報や書籍に関する記事、
イベント情報などを配信しております。ぜひ一度、アクセスしてみてください。

メールマガジン：会員登録はホームページにて
Web メディア「英治出版オンライン」：eijionline.com
X / Facebook / Instagram：eijipress

集まる場所が必要だ

孤立を防ぎ、暮らしを守る「開かれた場」の社会学

発行日	2021 年 12 月 31 日　第 1 版　第 1 刷
	2023 年 12 月 18 日　第 1 版　第 4 刷
著者	エリック・クリネンバーグ
訳者	藤原朝子（ふじわら・ともこ）
発行人	原田英治
発行	英治出版株式会社
	〒150-0022 東京都渋谷区恵比寿南 1-9-12 ピトレスクビル 4F
	電話　03-5773-0193　　FAX　03-5773-0194
	http://www.eijipress.co.jp/
プロデューサー	桑江リリー
スタッフ	高野達成　藤竹賢一郎　山下智也　鈴木美穂　下田理
	田中三枝　平野貴裕　上村悠也　石﨑優木　渡邉吏佐子
	中西さおり　関紀子　齋藤さくら　荒金真美　廣畑達也
	木本桜子
印刷・製本	中央精版印刷株式会社
校正	小林伸子
装丁	竹内雄二

ISBN978-4-86276-307-5　C0036　Printed in Japan